한국어학의 이해

한국어학의 이해

한국어학의 이해

박상규 · 한성일 · 김진호 · 김준희 · 김희지 공저

도서출판 역락

이 저서는 2010학년도 경원대학교 교내 연구비 지원을 받아 출판되었음

머리말

개설서로서의 『한국어학의 이해』는 한국어를 전공하는 국내 외 학생 및 전공자에게는 필수 교재로서 매우 중요한 위치를 차지하는 것은 물론, 한국어학을 강의하는 사람에게 있어서도 중요한 책일 것이다.

이 책의 집필진들은 모두 젊은 불혹지년의 나이로서 삼십대에 이미 어학분야에서 문학박사 학위를 취득하여 각기 대학 강단과 어학연구소에서 10여 년 동안 후진 양성 및 연구 저술활동에 불철주야 노력하여 온 신진학자들이다. 필자가 40세에 경원대학교 교수로 부임하여 이 젊은이들을 학부에서 만나 사제지정(師弟之情)을 나누었다. 이제 그 인연이 이십년이 지나 모두 걸출한 학자로 성장하였으니 이 모두가 하늘이 주신 가연이 아니고 무엇이겠는가? 필자는 이제 감히 나와 이들을 모두 '성남학파(城南學派)'라고 부르고 싶다.

생각하면 이 모두가 경원대학을 설립하였던 원계 故 김동석 총장님과 나날이 학교 발전을 위해 애쓰시는 이길여 총장님의 후덕이 아닌가 싶다. 앞으로 우리들은 여기에 만족하지 않고 끊임없는 노력과 자기 성찰을 마음에 새기어 훌륭한 사제지간의 정을 보람된 교과서로 보답할 것을 다짐하며 글을 맺는다.

앞으로도 선학·동학·후학의 아낌없는 조언과 비판을 감내하려고 한다.

2010년 1월 31일
경원대학교 세종관 一山堂 연구실에서
박상규 드림

책을 펴내면서

　해방이 된지 올해로 65주년이 된다. 그동안 우리 '국학'의 총본산이라고 일컫는 '국어국문학'의 비약적 발전은 실로 눈부시다. 그 가운데서 국어학은 새로운 서구의 이론과 더불어서 그 변화의 속도가 하루가 다르게 빨라졌다. 국내의 언어적 변화 역시도 외부적 영향과 맞물려서 상당히 빠르게 진척되어 왔다. 이러한 시점에서 한국어학을 어떻게 효율적으로 연구 방법론을 찾아 연구하느냐에 대한 문제는 많은 선학들의 연구 주제였으며 오늘날에도 끊임없이 토론되고 있다. 그래서 본 개설서의 필자들은 다소나마 이러한 사정을 감안하여 집필을 하려고 하였다. 여기에 대한 책임은 전적으로 필자들에게 있음을 알린다.

　최근 시중 서점에서 '한국어학개설'이라는 제목으로 출간된 책들을 가끔 보게 된다. 과거 50~60년대에는 한국의 위상이 지금과는 상당히 달랐기에 이러한 책의 제목도 국내용으로 '국어학개설'이나 '국어학개론'처럼 출간되었다. 그러나 90년대 들어와서는 '한국어학의 이해' 등과 같이 '한국어'라는 제목을 강조하였으며, 전공자뿐만 아니라 일반 독자층을 의식하여 '이해'라는 단어를 사용하고 있다. 21C는 국제화 시대라고 한다. 이 시기에 어떻게 하면 '한국어학'을 보다 정확하면서도 빠르게 이해시키고, 그러면서도 '대중화'에도 기여할 수 있을 것인가. 이런 문제를 잘 소화시킬 수 있는 전문적인, 그리고 대중적인 필독서를 마련한다는 것은 결코 쉬운 일은 아니겠지만, 필자와 우리 집필진들은 현장의 경험을 잘 살리면서도 젊은 학생들과 신진학자들이 만남의 광장에서 즐겨 대화하는 형식처럼 친근하게 책자를 꾸며 보려 하였다.

이 책은 2부로 구성되었다.

1부는 '이론'편으로, 총론, 음운론, 형태론, 통사론, 의미론, 국어사, 방언론, 문자론, 응용국어학 등 가장 핵심적인 분야를 알기 쉽게 짧은 글로 표현하였으며, 2부는 '실제'편으로, 국어학을 공부하면서 가장 궁금했던 현실적 문제들을 집필진 나름대로 과감하고 탄력 있는 필체로 접근하였다.

끝으로 우리 집필진들은 위의 성과에 만족하지 않고 보다 넓은 국어의 분야라는 대양(大洋)에 뛰어 들어 보다 세계적인 '한국어학'의 필독서가 되도록 최선을 다할 것을 다짐하면서 보다 이론적이면서도 현장적인 관점에 접근하도록 시도하려고 다짐하여 본다.

2010년 1월 31일
성남 복정동 一山堂 연구실에서
집필진 대표 一山 박상규 드림

차 례

제1부 한국어학의 이론

제1부 한국어학의 이론

제1장 │ 총 론

한국어학이란 한국어를 연구대상으로 하는 언어학이다. 그러므로 우리의 관심은 한국어의 특징이 무엇인지를 밝히는 데 있다. 물론 그 이전에 우리가 먼저 이해해야 할 것은 "언어란 무엇인가?" 하는 것이다. 왜냐하면 한국어도 수많은 언어 중의 하나로 언어의 일반적 특성을 공유하고 있기 때문이다.

언어를 단순히 '의사소통의 수단' 정도로 생각하기 쉽다. 그러나 언어는 '인간문화의 총체'로 언어를 올바로 이해하려면 그 언어를 사용하는 인간의 정신세계를 탐구해야만 한다. 그만큼 언어는 매우 심오한 존재이다. 이것이 언어 연구가 중요한 이유이기도 하다.

이 장에서는 언어와 한국어의 정의, 언어의 특징, 한국어학의 영역과 연구방법 등에 대해 살펴보기로 한다.

1. 언어와 한국어

현재 지구상에는 6,800개 정도의 언어가 존재한다고 한다. 그 가운데 90%는 사용자가 10만 명 미만의 언어이고, 이중 50% 이상이 50년 이내에 사멸될 것이라는 보고도 있다. 최근에 와서 유네스코에서는 사라져 가는 언어들을 보존하려는 노력을 시도하고 있으나 현대문명의 발달로 수많은 동식물이 멸종해 가는 것처럼 우리가 이름도 들어보지 못한 많은 언어들이 멸종 위기에 있다.

앞서 말했듯이 언어는 인간문화의 총체이기 때문에 그 언어를 통해 우리는 인간을 이해할 수 있다. 따라서 언어를 보존하는 것은 바로 인류의 정신적 문화자산을 보존하는 것과 다를 바 없다.

현재 우리가 사용하는 언어의 기원을 정확하게 알 수는 없으나, 18세기 이후에 시작된 비교연구에 의해서 언어의 친족관계들이 규명되기 시작했다. 한 조상에서 분기된 것으로 보이는 언어들을 어족(語族, language family)이라고 하는데 이제까지 알려진 세계의 언어를 18개의 대어족으로 분류할 수 있다. 가장 많은 사용인구를 가지고 있는 것은 인도-유럽어족(Indo- European family)으로 전 세계인구의 3분의 1이 사용하며, 한국어가 속해있는 어족은 알타이어족(Altai family)으로 여기에는 터키어, 몽골어, 만주-퉁구스어 등이 속한다. 한국어는 유형적으로는 조사나 어미가 발달해 있는 첨가어에 속하는데, 이는 알타이어의 공통 특징이기도 하다. 일반적으로 인도-유럽어족은 굴절어에 속하고, 중국어 등은 고립어에 해당한다. 한국어는 알타이어족에서 가장 먼저 갈라져 나온 것으로 알려져 있는데, 현재 사용 인구수로는 세계 13위 정도에 해당한다.

우리는 한국어를 일반적으로 국어(國語, national language)라고 부르는데, 영어, 중국어, 프랑스어라는 용어를 볼 때, 한국어라는 용어가 더 적당하다고도 할 수 있다. 혹자는 '국어'는 모국어로서의 우리말을 가리키고, '한국어'는 외국어로서의 한국어를 가리키는 것으로 구분하기도 하는데, 우리말이라는 의미로 한국어를 사용해도 무방하다고 본다.

우리가 한국어라고 할 때 그 영역을 어디까지 한정지을 수 있을까 고민해야 하는데 대체로 시기, 지역, 어원이라는 세 가지 기준이 필요할 것 같다. 첫째, 시기적으로 우리 문자가 만들어지기 전에 한자와 향찰 등으로 기록된 언어표현도 당연히 한국어의 영역에 포함되어야 한다. 둘째, 지역적으로 서울을 중심으로 하는 표준어뿐만 아니라 한반도에 고루 분포되어 있는 다양한 지역방언들도 한국어의 영역에 포함된다. 20~30년 전만 하더라도 표준어 중심의 언어정책을 펴면서, 지역방언을 열등한 언어로 치부하기도 했었지만, 지역방언에 담긴 한국인의 정신적 자산의 중요성을 인식하게 되면서 지역방언을 보존하는 일이 중요하다는 사실을 인식하게 된 것은 다행한 일이다. 셋째, 어원적으로 고유어, 한자어, 외래어(한자어를 제외한) 등도 모두 한국어의 영역에 포함된다. 우리는 2천 년 가까이 한자어를 사용해 왔고, 이미 한자어는 우리말 속에 동화되어 고유어처럼 사용되고 있기 때문에 한국어의 영역에 포함시키는 것은 당연하다. 한자어를 제외한 외래어들은 대체로 일본어를 통해서 수입되었는데, 많은 어휘가 이미 한국어로 동화되어 쓰이고 있고, 지금도 수많은 외래어가 차용되어 우리식의 의미로 사용되고 있다. 따라서 외래어도 당연히 한국어의 영역에 포함되어야 한다.

언어들은 각기 그 고유한 특질을 가지고 있으며, 한국어도 한국어만의 고유한 특질이 있다. 물론 언어 사이에는 공통점도 많이 있다. 자음과 모음이 있다는 것은 어느 언어에나 있는 공통된 특질이다. 음소나 음절을 인식하는 방법에 다소 차이가 있기는 하지만 공통적인 점이 더 많고, 음소, 음절, 단어, 문장의 언어 형식을 가지고 있다는 점도 공통점이다. 이와 같이 언어들은 공통점과 차이점을 가지고 있는데, 전자를 언어의 보편성이라 하고, 후자를 언어의 특수성이라고 한다.

언어학은 각기 다른 언어들의 보편성을 찾아 체계화하는 학문이라고 할 수 있다. 반면 한국어학은 한국어가 지니는 언어의 보편성뿐만 아니라 독자성을 체계화하는 개별언어학이다. 사실 언어학은 개별언어들의 연구성과를 바탕으로 축적되는 것이기 때문에 한국어학의 이론수립은 언어학 이론수립의 중요한 바탕이 된다.

2. 언어의 특징

인간만이 언어를 가지고 있다고 한다. 동물들이 사용하는 의사소통 수단은 본능적이고 저급한 수준의 기호에 불과하다는 것이 인간들이 생각이다. 그러나 과연 그럴까? 인간의 언어 못지않은 훌륭한 의사소통을 가진 동물이 존재하는데도 불구하고 우리 인간이 그것을 모르는 것은 아닐까?

현재까지의 연구로는 인간의 언어와 같은 창의적 수단을 사용하는 동물은 발견되지 않았으며, 발견된 동물들의 의사소통 수단도 인간의 언어에 비해 한 차원 아래에 머물러 있다. 그렇다면 언어와 동물의 의사소통 수단에는 어떤 차이가 있는지 언어의 특징을 중심으로 살펴보겠다.

첫째, 언어에는 기호성이 있다. 언어는 인간의 발성기관을 통해 나오는 말소리로 이루어지며 이러한 말소리에는 일정한 뜻이 담겨 있어야 한다. 이렇게 언어는 말소리와 뜻(의미)이 결합된 기호체계이다. 소쉬르(Saussure)는 소리 요소를 시니피앙(signifiant)으로, 의미 요소를 시니피에(signifie)로 설명하였다.

둘째, 언어에는 자의성(arbitrariness)이 있다. 소리와 뜻의 결합은 언어마다 다르게 실현된다. 이것은 소리와 뜻의 결합이 필연적이 아니고 임의적이라는 것을 뜻하는데, 언어의 이러한 특성을 자의성이라고 한다. 이를 흔히 '제멋대로성'이라고 하는데, 동일한 대상(뜻)을 언어마다 자기들 마음대로 다양한 기호(소리)로 표현하기 때문이다.

이러한 자의성은 언어가 사회적 약속이라는 사회성과 밀접한 관련을 갖는다. 중국의 철학자 순자(荀子)는 "명칭은 본래 정해진 것이 없고 사회적 약속에 따라 명명되는 것"이라고 하였다. 결국 우리가 언어를 배우는 것은 그 사회 구성원들의 약속을 배우는 것이다.

셋째, 언어는 창조성을 지닌다. 인간은 유한한 언어요소를 가지고 무한한 언어활동을 창조적으로 생성해 낼 수 있다. 어린 아이가 말을 배울 때 이러한 창조성이 이루어진다. '나는 학교에 간다'는 문장을 배우면 '나' 대신에 '너, 우리' 등을 사용할 줄 알게 되고, '학교' 대신에 '집, 교회, 시장' 등을 넣어 사용할 줄 알게 된다. 이러한 습득은 물론 규칙적으로 만들어진다. 촘스키(Chomsky)는 이러한 창조성을 '끝없는 생산성'이라고 부르며 인간은 언어를 모방과 학습에 의해 습득하는 것이 아니라 선천적으로 타고난 언어능력을 통해 습득한다고 하였다. 그는 우리 머릿속 어디엔가 보편적인 언어습득 장치(LAD)가 존재한다고 주장한다.

넷째, 언어는 역사성이 있다. 언어는 끊임없이 사라지고 생겨나며 변화한다. 지금 이 순간에도 우리가 인식하지 못하는 사이에 언어는 변화하고 있다. 인터넷 상에서 무수히 많은 통신언어들이 생겨나고 있고, 신조어들이 만들어지고 있다. 경음화 현상이 지나칠 정도로 진행되고 있으며 모음 /ㅔ/와 /ㅐ/의 합류가 이루어져, /·/의 소멸과 같은 현상이 곧 이루어질 수도 있다.

3. 한국어학의 연구대상과 방법

우리가 사용하는 언어, 즉 말은 하나이지만 사실 두 가지 속성을 지니고 있다. 하나는 우리 머릿속에 갈무리된 말이고 다른 하나는 사람이 실제로 부려 쓴 말이다. 소쉬르는 이것을 랑그(langue)와 파롤(parole)이라고 하였다. 랑그는 우리 머릿속에 사회적으로 약속된 언어목록의 체계라고 할 수 있고, 파롤은 우리가 그 목록에서 필요한 것을 골라 실제 발화한 것이라고 할 수 있다. 촘스키도 이와 비슷한 것으로 언어능력(linguistics competence)과 언어수행(linguistics performance)이란 용어를 사용하고 있다.

소쉬르는 인간이 모방과 학습에 의해 언어를 습득한다고 보았고, 촘스키는 언어능력을 선천적으로 타고 나는 것으로 보았다. 따라서 소쉬르의 랑그는 모방과 학습에 의해서 머릿속 어딘가에 차곡차곡 축적된 언어목록이라고 한다면, 촘스키의 언어능력은 언어를 무한히 생성해 낼 수 있는 인간 정신의 능력이라고 할 수 있다.

소쉬르의 구조주의 언어학과 촘스키의 생성주의 언어학에서는 랑그만을 언어학의 연구대상으로 삼았다. 즉 인간의 머릿속에 저장된 이상적 모습의 언어만이 연구할 가치가 있는 것이다. 예를 들어 한국어의 경우 '나는 밥을 먹었다'와 같이 '주어＋목적어＋서술어'의 순으로 오는 것이 올바른 문장이다. 그런데 만약 누군가가 '밥을 먹었어 나는' 이나 '먹었어 밥을 나는'과 같이 한국어의 일반적 어순에 맞지 않게 발화했다면 이것은 올바르지 않은 문장이 되고, 이러한 문장은 연구대상이 되지 못한다. 발음의 경우에도 '손잡이[손잡이]'가 표준발음인데, 누군가가 [손잽이]라고 발화했다면 그것은 잘못된 발음이고, [손잡이]라고 발음하도록 가르쳐야 한다.

그러나 우리가 올바른 어순이라고 하는 것과 올바른 발음이라고 하는 것도 우리 머릿속에 저장된 이상적 문법과 발음을 언어학자들이 귀납적 방법을 통해 재구한 것일 뿐 절대적인 것은 아니다. 머릿속에 있는 이상형이 다양한 형태로 표출되어도 의사소통은 가능하다. 아니 오히려 의도적으로 표출되는 경우도 있을 수 있다. 이러한 흐름 속에서 1960년대 등장한 화용론에서는 '파롤' 차원의 언어에 관심을 갖게 되었다. 즉 실제 발화된 다양한 언어현상들을 언어학의 분석대상으로 삼기 시작한 것이다.

따라서 개별언어학에 속하는 한국어학에서도 랑그 차원의 언어뿐만 아니라 파롤 차원의 다양한 한국어의 언어현상들을 연구대상으로 삼는다.

연구대상의 선정과 함께 필요한 것이 '이것을 어떻게 연구할 것인가?' 하는 방법론이다. 언어학에서는 한 시대의 언어현상을 연구하는 공시적 방법론과 여러 시대에 걸쳐 그 변화양상을 연구하는 통시적 방법론을 활용하였다. 예를 들어 15세기 한국어의 모음체계를 연구한다거나, 21세기 한국어의 모음체계를 연구하는 것은 공시적 방법에 의한 것이다. 반면에 15세기부터 21세기까지의 한국어 모음체계의 변천과정을 연구하는 것은 통시적 방법에 의한 것이다. 전자의 방법에 의한 언어학을 공시언어학(共時言語學, synchronic linguistics), 후자의 방법에 의한 언어학을 통시언어학(通時言語學, diachronic linguistics)이라고 한다.

4. 한국어학의 연구분야

한국어학은 한국어를 연구대상으로 하는 언어학이기 때문에 한국어학의 연구분야는 언어학의 연구분야와 일치한다.

언어학의 연구분야는 관점에 따라 몇 가지 방식으로 분류할 수 있다. 먼저 언어는 '형식'과 '내용'으로 이루어진다고 볼 때, 언어형식을 이루고 있는 '음소-음절-형태소-단어-문장' 등이 연구분야가 될 수 있다. 우선 말소리에 해당하는 '음소'와 '음절'을 연구하는 분야를 음운론(音韻論, phonology)이라고 한다. 그리고 '형태소'와 '단어'의 생성을 연구하는 분야를 형태론(形態論, morphology)이라고 하고, '문장'이 만들어지는 과정을 연구하는 분야를 통사론(統辭論, syntax)이라고 한다. 일반적으로 좁은 의미에서의 문법론(文法論, grammar)은 형태론과 통사론을 포함하고, 넓은 의미에서는 음운론까지도 포함한다.

이러한 언어의 형식들에는 당연히 '내용(의미)'이 담기게 되는데, 언어형식에 담긴 의미를 연구하는 분야를 의미론(意味論, semantics)이라고 한다. 1960년대 이후 등장한 의미론은 주로 단어의 의미를 규명하는 데 중점을 두었기에, 어휘론(語彙論)이라는 분야에서 의미가 연구되기도 하였다. 의미론은 랑그 차원의 단어나 문장의 의미에만 초점을 두었는데,

실제 발화되는 파롤 차원의 언어의미에 관심을 두는 화용론(話用論, prag-matics)의 등장으로 그 영역이 확대되었다.

이상의 언어학의 하위분야를 언어학의 4대 영역이라고 하는데, 한국어학에도 그대로 적용된다.

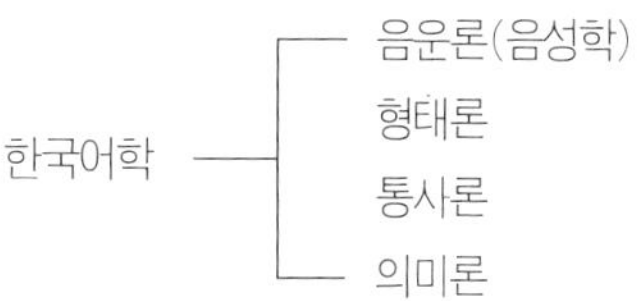

전통언어학에서는 언어형식의 최상위를 '문장'으로 보았는데, 1960대 이후 등장한 텍스트언어학(textlinguistics)에서는 문장 이상의 단위인 '텍스트(text)'를 언어학의 연구대상으로 확대했다. 이로 인해 최근에는 텍스트분석이나 담화(談話, discourse) 분석이 한국어학의 하위분야로 자리매김하고 있다.

언어는 항상 구체적인 언어사회 속에서 사용되기 때문에 언어사회 내에서도 여러 다양한 층을 가지고 사용된다. 나이, 성별, 직업, 계층 등의 사회적 요인에 의해 다양한 형태로 나타나며, 지역적 차이에 의해서도 다양한 형태로 나타난다. 전자를 '사회방언'이라 하고 후자를 '지역방언'이라고 한다. 이러한 언어사회의 다양성을 연구하여 그것의 특성을 분석하는 것을 목적으로 하는 분야가 사회언어학(sociolinguistics)이다. 일반적으로 전통적 방언학(方言學 dialectology)은 흔히 '사투리'라고 불리는 지역방언의 차이에 관심을 두는 분야인데 반해 사회언어학은 지역방언에도 관심을 갖지만 보다 중점적 관심대상은 사회방언이다. 한국어학에서도 방언학이 하위부류로 자리매김해 왔고, 90년대 이후에는 사회언어학 분야에 대한 관심이 증대되면서, 한국어학의 새로운 분야로 자리매김하고 있다.

앞서 한국어가 알타이어족에 속한다고 하였는데, 소쉬르의 구조주의 언어학이 등장하기 이전의 언어학은 비교언어학(比較言語學, comparative linguistics)이 주류를 이루었다. 비교언어학은 다른 언어와의 비교를 통해 그들의 친족관계를 규명하여 언어의 계통을 밝히는 것을 목표로 한다. 흔히 한 언어의 계통을 밝힐 때는 계통론(系統論)이란 표현을 사용한다.

한국어학의 또 다른 분야로 문자론(文字論)이 있다. 문자론은 주로 문자가 어떻게 만들어졌으며 역사적으로 어떻게 발달되었는지에 대해 관심을 갖는다. 우리는 세계에서 유래를 찾아 볼 수 없는 과학적이고 독창적인 한글이라는 문자를 가지고 있기 때문에 한글의 제자원리와 과학성 등은 한국어학의 중요한 연구대상이 된다.

이밖에도 모국어 화자를 위한 국어교육론과 외국어로서의 한국어교육론, 그리고 한글맞춤법 규정, 표준어규정, 외래어규정 등을 다루는 국어정책론 등도 한국어학의 중요한 연구영역이라고 할 수 있다.

참고문헌

고종석(1999), 『국어의 풍경들』, 문학과 지성사.
김순경(2003), 『지구촌 언어여행』, 학문사.
변광수 편저(2003), 『세계 주요언어』(개정증보판), 도서출판 역락.
이익섭(2000), 『국어학 개설』(재판), 학연사.
이익섭 외(1997), 『한국의 언어』, 신구문화사.
전정례(1999), 『언어와 문화』, 박이정.

1. 음운론이란

음운론(音韻論, phonology)이란 일상생활에서 말을 하거나 들을 때에 쓰는 말소리의 체계와 기능을 연구하는 학문이다. 우리가 일상생활에서 쓰는 말소리에는 일정한 규칙이 있고, 그러한 말소리는 말의 뜻을 변별하는 기능을 한다. 그런데 이러한 말소리의 체계는 언어에 따라 다소 다르고 그 기능도 달라지는 경우가 많다.

또한 같은 한국사람이라 해도 지역에 따라, 나이에 따라 같은 단어를 달리 소리 내는 경우를 흔히 볼 수 있다. 그 이유는 무엇일까? 왜 말소리는 시대에 따라 변하고 동시대에서도 사람에 따라 달라지는 것일까? 이러한 의문에 대한 답을 제시하는 것이 음운론의 목표가 될 것이다.

음운론의 연구대상은 당연히 말소리이다. 그런데 이 말소리는 두 가지 얼굴을 하고 있다. 소쉬르가 언어를 랑그(langue)와 파롤(parole)의 두 가지 차원으로 이해한 것처럼 말소리도 랑그 차원의 말소리와 파롤 차원의 말소리가 존재한다. 즉 심리적 말소리인 '음소(phoneme)'와 실제 발화된 물리적 소리인 '음성(phone)'이 그것이다.

사람들이 이해하는 소리는 심리적 말소리인 '음소'다. 예를 들어 강의실에 있는 50명의 학생들에게 '학교'라는 단어를 소리 내게 했을 때, 실제 물리적 소리는 모두 다를 수밖에 없다. 이 소리들을 기계로 분석하면 그 차이를 쉽게 알 수 있다. 그러나 어느 누구도 그 소리를 다르게 인식하지 않는다. '감기'라고 했을 때, 미국사람들의 경우 1음절의 /k/와 2음절의 /g/를 분명히 다르다고 인식한다. 그러나 한국 사람들은 절대 그렇게 인식하지 않는다. 그것은 말소리에 대한 체계가 언어마다 다르기 때문이고, 그 이유는 말소리를 심리적으로 인식하기 때문이다.

이와 같이 물리적인 말소리인 '음성'을 연구하는 분야를 음성학(音聲學, phonetics)이라고 한다. 음성학의 주된 관심 대상은 말소리를 낼 때 발음기관이 어떻게 움직이며, 말소리를 전달하는 음파의 물리적 특성은 무엇이며, 말소리를 청취하는 방법은 무엇인지에 있다.

음성학의 목적이 물리적인 말소리에 대한 연구에 있다면, 음운론의 목적은 심리적인 말소리인 음소를 연구하는 것이다. 한국어음운론의 연구대상은 한국어의 음소목록과 한국어 음소의 체계, 공시적 관점에서 한국어 음운의 변동과 그 원인, 통시적 차원에서의 음운의 변동 양상과 그 원인 등이다.

2. 말소리의 생성

음성학은 말소리를 생성하고, 전달하며, 인식하는 과정에 따라 '조음

음성학', '음향음성학', '청취음성학'으로 분류할 수 있다. 그런데 음파의 흐름을 연구하는 음향음성학이나 청자의 청각신경을 연구하는 청취음성학은 특별한 기계장치나 해부학의 지식이 필요하다. 따라서 우리가 다루고자 하는 음성학은 주로 조음음성학에 한정된다. 여기서는 말소리를 만들어 내는 발음기관과 말소리가 만들어지는 과정에 대해 간략히 살펴보겠다.

2.1. 발음기관

다음 그림은 말소리를 만드는 데 관계되는 발음기관을 보여 준다.

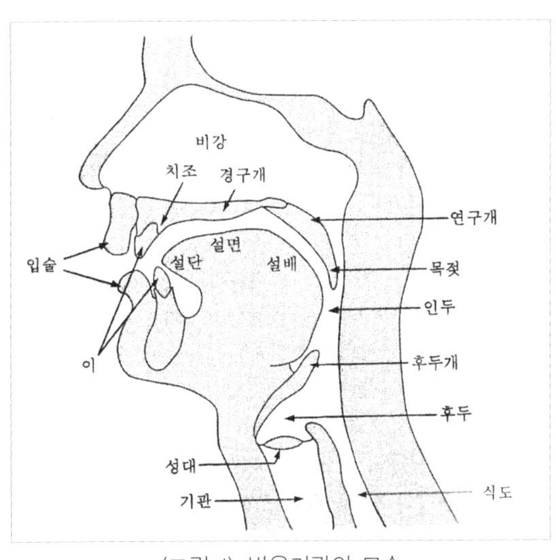

〈그림 1〉 발음기관의 모습

먼저, 발동기관인 폐에서 올라온 공기가 가장 먼저 만나는 발음기관이 성대이다. 성대는 인대와 근육과 점막으로 이루어졌는데 운동을 통해 붙었다 떨어졌다 한다. 두 성대가 떨어지면서 만들어지는 두 성대 사이의 간격을 성문(聲門, glottis)이라고 한다. 공기가 성문을 통과하면서 비로소 소리로 만들어진다.

성문을 통과한 소리가 인두를 지나 구개의 끝 부분에 달려 있는 '목젖'과 만나게 된다. 목젖이 목 뒤쪽 인두벽에 붙으면 공기가 콧속(비강)으로 흘러가지 못하면서 입안(구강)에서 입소리가 만들어지고, 반대로 목젖이 축 늘어져 목 앞쪽에 붙어 입소리를 막으면 콧소리(비음)가 된다.

조음기관은 크게 위 조음기관과 아래 조음기관으로 나눌 수 있는데 위 조음기관에는 윗입술, 윗니, 입천장(구개) 등이 해당되고 아래 조음기관에는 아랫입술, 아랫니, 혀 등이 해당한다. 입천장(palate)의 경우 앞쪽의 딱딱한 부분을 경구개(硬口蓋, hard palate)라 하고 뒤쪽의 말랑말랑한 부분을 연구개(軟口蓋, soft palate)라고 한다.

혀의 경우는 뾰족한 앞 끝인 혀끝, 말을 하지 않을 때 입천장에 닿아 있는 혀 표면의 앞 부분인 혓날, 그리고 혓몸, 혀의 깊숙한 뒷부분인 혀뿌리로 나뉜다.

2.2. 말소리의 생성 과정

말소리는 일반적으로 발동, 발성, 조음의 과정을 통해 만들어진다. 발동 과정이란 말소리를 만들어내기 위해 기류, 즉 공기를 조달하는 과정을 말한다. 대부분의 말소리는 폐에서 내뿜는 기류를 이용하여 만들어진다. 한국어의 말소리는 모두 폐에서 나오는 기류를 통해 만들어진다.

폐 이외의 발동기관으로 연구개와 성문이 있다. 연구개에서 만들어지는 대표적인 말소리는 흡착음(click)인데 혀를 차는 소리에 해당한다. 성문에서 만들어지는 소리에는 방출음(ejective)과 내파음(implosive) 등이 있다.

발성과정은 폐에서 올라온 기류가 성대에서 조절되는 과정을 의미한다. 성문을 완전히 닫아서 기류를 완전히 막기도 하고, 일부를 흘러가게 할 수도 있고, 성대를 붙였다 떨어뜨렸다를 반복하면서 기류를 진동시킬 수도 있다.

이러한 발성과정에서 성대의 진동을 동반하는 소리인 유성음(voiced sound)과 성대의 진동을 동반하지 않는 무성음(voiceless sound)이 만들어진다. 말소리 가운데 모음은 모두 유성음으로 실현되며, 자음 가운데 파열음이나 마찰음은 일반적으로 무성음으로 나는 것이 보통이고, 유음과 비음은 유성음으로 실현된다.

자음의 경우 유무성 외에 기식(aspiration)의 정도에 따라 분류될 수 있다. 기식이란 파열음이 개방되어 공기가 방출되고 난 뒤 후두에서 어지러운 기류가 만들어지는 것을 말한다. 좀 더 쉽게 설명하면, 추운 날 손바닥에 내뿜는 따뜻한 입김이 기식과 흡사하다. 기식이 있는 소리를 유기음, 없는 소리를 무기음이라고 한다. 자음은 성대의 긴장(tenseness) 유무에 의해서 연음(비긴장음)과 경음(긴장음)으로 구분할 수 있다.

(1) 한국어의 양순 파열음 체계

ㅂ p	ㅍ pʰ	ㅃ p'
(무성 무기 연음)	(무성 유기 경음)	(무성 무기 경음)

한국어 말소리의 경우 기식성의 여부와 긴장성 여부에 따라 삼계열의 대립체계를 지니게 되는데, 기식성 여부에 따라 무기음인 평음과 경음, 그리고 유기음인 격음으로 구분되고, 기식성 여부에서는 구분되지 않는 평음과 경음은 긴장성 여부에 따라서 구분된다(신지영·차재은, 2003).

　끝으로 조음과정은 성대에서 조달된 기류가 성도(聲道)를 지나면서 다양한 소리고 변형되는 과정을 말한다. 말소리는 조음과정에 의해 크게 자음(consonant)과 모음(vowel)으로 분류되는데, 자음은 기류가 구강 통로의 중앙부에서 방해를 받으며 나는 소리이고, 모음은 아무런 방해를 받지 않고 나는 소리를 말한다.

3. 음운체계

3.1. 한국어의 자음체계

　한국어의 자음은 조음(調音)위치와 조음방법, 즉 소리가 만들어지는 위치와 방법에 따라 분류할 수 있다. 다음 도표를 보면 그 체계를 쉽게 이해할 수 있다.

〈표 1〉 한국어의 자음체계

		양순음	치조음	경구개음	연구개음	성문음
파열음	평음	ㅂ p	ㄷ t		ㄱ k	
	경음	ㅃ p'	ㄸ t'		ㄲ k'	
	격음	ㅍ pʰ	ㅌ tʰ		ㅋ kʰ	
파찰음	평음			ㅈ ʧ		
	경음			ㅉ ʧ'		
	격음			ㅊ ʧh		
마찰음	평음		ㅅ s			ㅎ h
	경음		ㅆ s'			
비　음		ㅁ m	ㄴ n		ㅇ ŋ	
유　음			ㄹ r			

먼저 조음 방법에 따른 분류에 대해 살펴보기로 하자. 파열음(破裂音, plosive)은 폐쇄음이라고도 하는데 폐에서 나온 공기가 아무런 방해를 받지 않고 흐르다가 양입술, 윗니 뒤쪽 그리고 딱딱한 입천장에서 꽉 막혔다가 일순간에 터지면서 나는 소리를 말한다. 한국어의 경우 'ㅂ, ㄷ, ㄱ' 등이 이에 해당한다.

파찰음(破擦音, affricate)은 파열음과 마찰음의 특성을 합쳐놓은 소리라고 할 수 있다. 처음에는 연한 입천장의 앞부분에서 공기가 완전히 차단되었다가 그곳을 아주 조금만 열어 그 좁아진 사이로 공기가 지나가면서 나는 소리를 말한다. 한국어의 경우 'ㅈ, ㅉ, ㅊ'가 이에 해당한다.

마찰음(摩擦音, fricative)은 파열음처럼 입안의 어느 지점이 완전히 막히지 않고 막힐 듯 말 듯 아주 좁아진 사이로 공기가 마찰을 일으키면서 나오는 소리를 말한다. 한국어의 경우 윗니 뒤쪽의 'ㅅ, ㅆ'과 성문음 'ㅎ'이 이에 해당한다.

이상의 파열음, 파찰음, 마찰음은 장애를 받으며 나오는 소리이기 때문에 흔히 장애음(障碍音)이라고 한다.

여기서 주목할 것은 한국어의 파열음과 파찰음은 영어와 같은 무성음과 음성음의 대립이 없는 대신 평음(平音) 'ㅂ, ㄷ, ㅈ, ㄱ', 격음 'ㅍ, ㅌ, ㅊ, ㅋ', 경음 'ㅃ, ㄸ, ㅉ, ㄲ'의 삼계열의 대립이 있다. 격음은 기식(氣息, aspirate)이 있는 소리이고, 경음은 성대의 긴장이 있는 소리라고 할 수 있다.

이와 같이 한국어와 영어의 체계가 달라 말소리에 대한 언중들의 인식이 다르다. 가령 한국인들은 '바보'의 첫 'ㅂ'과 두 번째 'ㅂ'의 차이를 인식하지 못한다. 그러나 영어권 화자들은 첫 'ㅂ'은 무성음으로, 어중의 'ㅂ'은 유성음으로 인식한다.

유음(流音)은 혀끝이 연한 입천장에 닿으면 일단 공기의 흐름이 차단되고, 이때 혀의 양옆으로 빈 공간이 생기게 되고 그곳을 공기가 지나가면서 나는 소리이다. 한국어의 'ㄹ'이 이에 해당하는데 모음 사이에서는 '다리'[tari]처럼 [r]로 실현되며 음절말(즉 받침자리)에서는 '달'[tal]처럼 [l]로 실현된다. 이 두 소리는 음소로 대립되는 것이 아니라 이음(異音)의 관계에 있기 때문에 한국인은 이 두 소리를 구별하지 못하며, 영어의 'l'과 'r'을 한 가지 소리로 인식한다.

비음(鼻音)은 '콧소리'라고 해서 공기가 입이 아닌 코를 통해 나오면서 발화되는 소리를 말한다. 한국어의 경우 'ㅁ, ㄴ, ㅇ'이 이에 해당한다.

다음은 조음위치에 따른 분류에 대해 살펴보자. <표 1>을 보면 '양순음, 치경음, 경구개음, 성문음'이 있는데 입술부터 목구멍까지의 구강 모습을 떠올리면 쉽게 이해할 수 있다. 먼저 양 입술에서 나는 소리는 양순음(兩脣音, bilabial), 윗니 뒤쪽에 혀의 끝 부분이 닿는 자리의 소리를 치조음(齒槽音, alveolar)이라고 한다. 혀로 입천장을 훑어 들어가면, 앞 부분에 딱딱한 입천장을 느낄 수 있는데, 이 부분에서 나는 소리를 경구개음(硬口蓋音, palatal)이라고 하고, 그 뒤쪽으로 가서 말랑말랑한 입천장에서 나는 소리를 연구개음(軟口蓋音, velar)이라고 한다. 음운규칙에서 말하는 구개음화는 경구개음화를 가리킨다. 끝으로 성문음(聲門音, glottal)은 성문에서 나는 소리를 말한다. 한국어의 경우 'ㅎ'이 이에 해당한다.

3.2. 한국어의 모음체계

한국어의 모음은 『표준발음법』(1988)에 의하면 단모음 10개, 이중모음 11개, 도합 21개로 이루어져 있다. 단모음은 혀의 전후위치와 혀의 높이 그리고 입술의 모양에 의해 분류할 수 있는데 이를 표로 정리하면 다음과 같다.

<표 2> 한국어의 모음체계

	전설모음		중설모음		후설모음	
	평 순	원 순	평 순	원 순	평 순	원 순
고 모 음	ㅣ i	ㅟ y	ㅡ ɨ			ㅜ u
반고모음	ㅔ e	ㅚ ø				ㅗ o
반저모음	ㅐ …		ㅓ ə			
저 모 음			ㅏ a			

먼저 혀의 높이에 의한 모음을 살펴보면, 고모음(高母音)은 혀가 가장 높은 위치에서 발음되는 모음으로, 입은 거의 닫혀져서 발음되기 때문에 폐모음(閉母音)이라고도 한다. 그리고 혀의 높이가 낮아지면서 반고모음(半高母音), 반저모음(半低母音)으로 발음되고 가장 낮은 위치에서 발음되는 것이 저모음(低母音)이다. 이때 입이 가장 크게 벌어지기 때문에 개모음(開母音)이라고도 한다. 따라서 'ㅣ－ㅔ－ㅐ－ㅏ'를 차례대로 발음해 보면 혀가 위에서 점점 아래로 내려가고, 동시에 입은 점점 더 벌어짐을 느낄 수 있다.

모음의 두 번째 분류기준은 '혀의 전후위치'다. 혀의 맨 앞에서부터 전설(前舌), 중설(中舌), 후설(後舌)로 나눌 수 있다. 마지막으로 발음할 때 입술이 동그란 모양이 되는 경우를 원순모음(圓脣母音)이라고 하고, 입술이 평평한 모양이 되는 경우를 평순모음(平脣母音)이라고 한다.

이들 모음 중 특히 주목해야 하는 것은 'ㅟ'와 'ㅚ'를 『표준발음법』에서 단모음으로 규정하면서도 동시에 이중모음으로 발음하는 것을 허용하고 있다는 점이다. 이는 이들이 각각 [wi]와 [we]로 발음하는 일이 많은 현실을 반영한 것이다.

이중모음(二重母音)은 단모음이 반모음과 결합된 것으로 처음의 발음과 마지막 발음이 달라진다. 가령, 'ㅑ'는 처음은 'j'로 시작해서 끝은 'ㅏ'로 끝난다. 반모음(半母音, semi-vowel)은 흔히 '활음(滑音, glide)'이라고 하는 것으로 완벽한 모음도 아니고, 완벽한 자음도 아닌 중간적 성질을 지닌다.

한국어의 이중모음은 'ㅢ'를 제외하고는 반모음이 단모음의 앞에 오는 상향(上向) 이중모음이다. 따라서 하향(下向) 이중모음인 'ㅢ'가 현재 발음이 다소 불안한 상태에 있어 환경에 따라 'ㅣ'나 'ㅔ'로 발음되기도 한다.

   (2) 한국어의 이중모음
      ㄱ. (j계 ; 상향)　　ㅑ ㅕ ㅛ ㅠ ㅒ ㅖ
      ㄴ. (W계)　　　　ㅘ ㅝ ㅙ ㅞ
      ㄷ. (j계 ; 하향)　　ㅢ

3.3. 한국어의 운소

음운(音韻)은 '말의 뜻을 분별하는 소리의 최소 단위'를 의미한다. 그런데 음운은 분절할 수 있는 음소(音素, phomeme)와 운소(韻素, prosodeme)를 아우르는 개념이다. 지금까지 살핀 자음과 모음은 분절될 수 있는 것으로 '음소'에 해당이 되며, 음의 강약, 음장, 고저, 억양 등은 분절되지는 않지만 말의 뜻을 분별하는 소리의 단위로서 '운소'에 해당한다. 중국어의 '성조(聲調)', 영어의 '악센트'나 '억양' 그리고 한국어의 '음장

(音長, length)’ 등이 대표적이다. 한국어의 경우 말(馬)과 말:(言), 눈(眼)과 눈:(雪) 등은 음장에 의해 뜻이 변별된다. 그러나 이러한 음장의 구분은 최근에 와서 불분명해지는 경향을 보이고 있어 한국어에서 음장이 운소로서의 지위가 흔들리고 있다.

한국어에서는 억양(抑揚, intonation)도 운소로서의 역할을 하고 있다. 즉 문장의 끝을 높이느냐 낮추느냐 아니면 평탄하게 끝내느냐에 따라 각각 의문문(↗), 명령문(↘), 평서문(→)의 의미를 지닌다.

4. 음절구조

음절(音節, syllable)은 음소들이 모여서 만들어지는 단위이다. 모음은 스스로 한 음절을 이루나 자음은 모음과 결합하여야 한 음절을 이룬다. 반모음은 혼자서 음절을 이룰 수 없다. 따라서 한국어의 음절구조는 4가지 유형이 있고, 반모음이 들어가는 경우를 따로 계산하면 8가지 유형이 된다.

(3) 한국어의 음절구조
    ㄱ. 모음　　　　　　　이, 예, 왜
    ㄴ. 자음＋모음　　　　가, 소, 쥐
    ㄷ. 모음＋자음　　　　알, 옥, 왕
    ㄹ. 자음＋모음＋자음　밤, 굴, 닭

음절은 우리 언어생활에서 매우 중요한 단위다. 우리가 자음과 모음을 따로 분석해 내기는 하지만 우리가 일상생활에서 적용하는 최소의 단위는 오히려 음절이다. 음절은 모음이 오는 중성을 음절핵(nucleus)으로 삼아 초성과 종성에 자음이 결합하여 만들어진다. 예를 들어 '할아버지'는 '하–라–버–지'라는 네 개의 음절로 이루어진다. 이때 기억해야 할 것은 종성의 자음은 1음절의 종성이 아니라 2음절의 초성이 된다는 점이다.

영어의 경우는 풀어쓰기를 하기 때문에 음절의 경계가 불분명할 경우가 많지만 한국어의 한글은 '한강'처럼 음절단위로 모아쓰는 방식을 채택하고 있어 음절의 경계가 명확하다. 인터넷 등에서 띄어쓰기를 하지 않아도 읽는 데 큰 어려움이 없고 의미를 이해할 수 있는 것도 이런 특징 때문이다.

음절도 음운처럼 심리적 단위이다. 따라서 언어마다 음절을 이해하는 방식도 모두 다르다. 예를 들어 영어의 'milk'는 영어권 화자에게는 모음이 하나이기 때문에 1음절로 인식된다. 그러나 한국어에서는 어두와 음절말에 자음군(子音群)을 허용하지 않기 때문에 '밀크'에 삽입이나 탈락이 용이한 무표 모음 'ㅡ'를 넣어 '밀크'라는 2음절로 인식한다. 일본어는 CV언어로 종성에는 비음을 제외하고는 자음을 허용하지 않는다. 따라서 일본어 화자들에게는 /l/과 /k/가 모둔 음절의 초성으로 인식된다. 따라서 역시 무표 모음 'u'를 넣어 'miruku'와 같이 3음절로 인식하게 되는 것이다(신지영 외, 2003).

한국어의 이러한 음절 구조 때문에 영어의 cream, spring, text 등을 한글로 전사하려면 '크림, 스프링, 텍ㅅ트'처럼 하지 못하고, 자음군 사이에 무표 모음 'ㅡ'를 넣어 '크림, 스프링, 텍스트'처럼 전사하는 것이다(이익섭 외, 1997).

5. 음운규칙

　음소들이 모여서 음절을 이루고 단어를 이루고 이들이 다시 문장을 이루어 나갈 때 음소들은 그 놓이는 자리에 따라 어떤 제약을 받기도 하고 상호간에 어떤 영향을 주고받으면서 변화하는 현상을 음운의 변동이라고 하고, 이를 규칙화한 것을 음운규칙(音韻規則)이라고 한다. 대체적으로 음운의 변동은 '경제성의 원리'로 설명할 수 있는데, 즉 발음을 쉽고 명확하게 하려는 욕구에서 비롯된다고 할 수 있다.

5.1. 분포의 제약

　음소에 따라서는 그 놓이는 자리가 제약을 받는 수가 있는데, 한국어의 경우에는 어두와 음절말에서의 제약이 특히 두드러진다.

　한국어에는 어두에 [ŋ]이 올 수 없다. 영어에도 ng로 시작되는 단어가 없는 것으로 볼 때 보편적 언어현상으로 볼 수 있다. 흔히 두음법칙(頭音法則)이라고 불리는 규칙에서 알 수 있듯이 한국어에는 뒤에 'ㅣ'나 'ㅑ, ㅕ, ㅛ, ㅠ' 등의 모음이 올 때 어두에 'ㄹ'이나 'ㄴ'이 오는 것을 꺼린다. '라디오, 뉴스'와 같은 외래어나 '라면'과 같은 신조어 '냠냠' 등의 예외가 있지만 이러한 제약은 상당히 규칙적이다. 아울러 앞서 살폈듯이 한국어의 어두에는 자음이 하나밖에 올 수 없어 어두자음군을 허용하지 않는다. 이러한 어두의 제약은 알타이제어의 공통특질의 하나이기도 하다.

　한국어의 경우 음절말에는 자음이 하나 밖에 올 수 없을 뿐 아니라 그 자리에 올 수 있는 음소도 7개로 한정되어 있다. 흔히 음절의 끝소

리규칙이라고 불리는 이 현상은 중화현상의 한 종류로 다음 절에서 상
술하도록 하겠다.

5.2. 중화

한국어에서는 표기에서는 모든 자음들을 음절 끝에 쓸 수 있지만, 발
음할 때는 그 가운데 대표음인 'ㄱ, ㄴ, ㄷ, ㄹ, ㅁ, ㅂ, ㅇ'의 7개만 올
수 있다. 이를 '음절의 끝소리규칙'이라고 한다.

> (4) ㄱ. 부엌[부억], 밖[박]　　　　　　ㅋ, ㄲ → ㄱ
> 　　ㄴ. 밭[받]　　　　　　　　　　　ㅌ → ㄷ
> 　　ㄷ. 앞[압]　　　　　　　　　　　ㅍ → ㅂ
> 　　ㄹ. 옷[옫], 있다[읻따], 젖[젇], 빛[빋]　　ㅅ, ㅆ, ㅈ, ㅊ → ㄷ

이상에서 보면 파열음의 격음과 경음은 해당 평음으로 바뀌고, 마찰
음과 파찰음은 모두 'ㄷ'으로 바뀐다. 이렇게 되면 '낫[낟], 낯[낟], 낯
[낟]' 등이 동음어가 되어 의미의 변별기능을 잃게 된다. 이렇게 말소리
가 특정한 조건에서 변별기능을 잃고 구별되지 않게 되는 것을 중화(中
和, neutralization)라고 한다.

중화는 음절말 위치에서 실현되기 때문에 어떤 단어 뒤에 모음으로
시작되는 조사나 어미가 오면 중화규칙이 적용되지 않는다. 다만 모음
으로 시작되는 것이 실질형태소일 때는 중화현상이 일어난다.

> (5) ㄱ. 옷+이(형식형태소) → [오시]
> 　　ㄴ. 옷+안(실질형태소) → [오단]

5.3. 동화

　동화(同化, assimilation)란 말소리와 말소리가 이어져 나올 때 어느 한 쪽의 말소리가 다른 쪽 말소리의 영향을 받거나, 쌍방이 서로 영향을 주어 같은 성질의 말소리로 바뀌는 현상을 말한다.

　한국어의 동화 현상에는 '비음화(鼻音化)', '유음화(流音化)', '구개음화(口蓋音化)' 등이 있다. 비음화와 유음화는 '비음, 유음'이 아닌 자음이 그 앞이나 뒤에 '비음, 유음'이 오게 되면 각각 '비음'과 '유음'으로 바뀌는 현상을 말한다. 그리고 구개음화는 구개음이 아닌 자음 'ㄷ, ㅌ'이 뒤에 모음 'ㅣ'나 반모음 'j'이 오면 구개음 'ㅈ, ㅊ'으로 변하는 현상을 말한다. 각각의 예를 표로 정리하면 다음과 같다.

〈표 3〉 동화현상의 용례

	용　례			비　고
비 음 화	종로　（ㅇ＋ㄹ）	☞ [종노]	（ㅇ＋ㄴ）	순행동화
	국민　（ㄱ＋ㅁ）	☞ [궁민]	（ㅇ＋ㅁ）	역행동화
	닫는다　（ㄷ＋ㄴ）	☞ [단는다]	（ㄴ＋ㄴ）	
	밥물　（ㅂ＋ㅁ）	☞ [밤물]	（ㅁ＋ㅁ）	
	국력→국녁 （ㄱ＋ㄴ）	☞ [궁녁]	（ㅇ＋ㄴ）	상호동화
유 음 화	찰나　（ㄹ＋ㄴ）	☞ [찰라]	（ㄹ＋ㄹ）	순행동화
	신라　（ㄴ＋ㄹ）	☞ [실라]	（ㄹ＋ㄹ）	역행동화
구개음화	해돋이 （ㄷ＋ㅣ）	☞ [해돋이]	（ㅈ）	역행동화
	같이　（ㅌ＋ㅣ）	☞ [가치]	（ㅊ）	

　순행동화(順行同化)는 종로[종노]의 경우처럼 앞 음절의 끝소리가 뒤 음절의 첫소리에 영향을 주는 경우를 말한다. 역행동화(逆行同化)는 순행 동화의 반대로 뒤 음절의 첫소리에 영향을 받아 앞 음절의 끝소리가 변

화하는 경우를 말한다. 상호동화(相互同化)는 앞 음절의 끝소리와 뒤 음절의 첫소리가 서로 영향을 주어 쌍방이 모두 변화하는 경우를 말한다. 이때 '신라[실라]'처럼 앞뒤 소리가 같은 소리로 바뀌는 것을 완전동화(完全同化)라고 하고, '국민[궁민]'처럼 같은 계열의 소리로 바뀌는 것을 부분동화(部分同化)라고 한다.

이 밖에 '아비 → 애비', '손잡이 → 손잽이', '죽이다 → 쥑이다' 등과 같이 모음 'ㅏ, ㅓ, ㅗ, ㅜ'가 뒤의 모음 'ㅣ'나 'j'의 영향으로 'ㅐ, ㅔ, ㅚ, ㅟ'로 바뀌는 현상을 'ㅣ역행동화(逆行同化)' 또는 '움라우트(umlaut)'라고 한다. 움라우트가 반영된 어형은 표준어로 인정하지 않고 있지만 '올창이 → 올챙이'처럼 역사적으로 이른 시기에 굳어진 어형들은 표준어로 인정되고 있다. 현대한국어에서 남부지방으로 갈수록 움라우트현상이 많이 나타나고 있다.

모음조화(母音調和, vowel harmony)도 일종의 동화현상이라고 할 수 있는데, 앞 음절의 모음과 뒤 음절의 모음이 양성모음(ㅏ, ㅗ)은 양성모음끼리, 음성모음(ㅓ, ㅜ, ㅡ, ㅣ)은 음성모음끼리 어울리는 현상을 말한다. 15세기에는 모음조화가 철저히 지켜졌지만 지금은 '깍+아', '먹+어', '비+어' 등 어간과 어미가 결합할 경우와 '사각사각, 졸졸' 등의 의성어, '출랑출랑, 말랑말랑' 등의 의태어 등에서만 지켜지고 있다. 특히 의성어와 의태어에서는 비교적 잘 지켜지면서 어감(語感)을 세밀하게 표현하는 데 기여하고 있다.

5.4. 축약, 탈락, 첨가

음운축약은 두 음절이 한 음절로 축약되는 현상이다. '아이 → 애'처

럼 두 개의 단모음이 한 개의 단모음으로 축약되는 경우도 있고, ‘피어
서→펴서’처럼 두 단모음이 이중모음이 되면서 한 음절로 주는 경우
도 있다. 자음축약은 흔히 ‘거센소리되기’라고 불리는 것으로 평음이
‘ㅎ’과 결합하여 거센소리(격음)로 바뀌는 현상을 말한다.

음운탈락의 경우도 모음과 자음 모두에서 일어나는데, 모음탈락의 경
우는 ‘아’ 탈락과 ‘으’ 탈락이 있고, 자음탈락의 경우는 ‘ㄹ’ 탈락이 대
표적이다.

음운첨가의 경우는 ‘입고[입꼬]’에서 볼 수 있는 ‘된소리되기’가 대표
적이다. 음절말의 파열음 다음에 장애음이 오면 그 장애음은 반드시 된
소리로 발음되는 규칙이다. 음운첨가의 또 다른 유형은 ‘사잇소리현상’
이다. 명사와 명사의 결합해서 합성명사가 되는 과정에서 ‘산길[산낄]’
처럼 된소리가 첨가되거나, ‘나뭇잎[나문닙]’처럼 ‘ㄴ’ 소리가 첨가된다.

음운첨가의 예에서 음운론적 조건이 아니라 형태론적 조건이 작용하
는 경우가 있다. ‘갈 곳이→갈 꼬시’처럼 관형사형 어미 ‘-ㄹ’ 다음에
오는 장애음이 된소리로 발음되는 현상이 있다. 또 ‘신고→신꼬’처럼
어간말음이 ‘ㄴ, ㅁ’(및 ‘ㄵ, ㄻ’)인 것들은 뒤에 오는 어미의 첫 장애음
들을 된소리로 바꾸는 현상도 있다.

이들을 정리하면 다음 표와 같다.

<표 4> 축약, 탈락, 첨가 현상의 용례

유형＼구분	용　례	비　고
음운축약	아이(ㅏ+ㅣ)　☞ 애(ㅐ) 피어서(ㅣ+ㅓ)　☞ 펴서	모음축약
	닿+(고, 다, 지)　☞ 다[코, 타, 치] :ㅎ+'ㄱ, ㄷ, ㅈ'　☞ 'ㅋ, ㅌ, ㅊ'	자음축약
음운탈락	가+아서　☞ 가서('아' 탈락) 쓰+어　☞ 써 ('으' 탈락)	모음탈락
	솔+나무　☞ 소나무 ('ㄹ'탈락) 바느질, 다달이, 마소 등	자음탈락
음운첨가	입+고[입꼬], 앞+길[압낄]	된소리되기
	산+길[산낄], 나무+잎[나문닙]	사잇소리현상
	갈 곳이→갈 꼬시, 만날 사람→만날 싸람 신고→신꼬, 앉지→안찌	형태론적 조건

참고문헌

김진호(2006), 『재미있는 한국어 이야기』, 박이정.
배주채(2003), 『한국어의 발음』, 삼경문화사.
신지영·차재은, 『우리말 소리의 체계』, 한국문화사.
이익섭(2000), 『국어학 개설』(재판), 학연사.
이익섭 외(1997), 『한국의 언어』, 신구문화사.
정연찬(1997), 『개정 한국어음운론』, 한국문화사.
조오현 외(2008), 『한국어학의 이해』, 소통.

제3장 ┃ 형태론

1. 형태론이란

형태소는 뜻을 가진 가장 작은 말의 단위이다. 이를 쪼개면 그 뜻을 잃어버리게 되고, 따라서 언어형식의 가장 기초적인 단위가 된다. 이러한 형태소는 하나 또는 둘 이상이 결합하여 더 큰 언어형식을 이루는데, 이를 형태론적 구성이라고 한다. 그리고 이러한 과정을 결합과정이라고 하는데 형태론(morphology)은 결합과정에서 일어나는 제반 문법현상을 연구하는 분야이다.

(1) ㄱ. 밤
　　ㄴ. 밤이
　　ㄷ. 깊었다

(1ㄱ)의 '밤'은 하나의 형태소로 이루어졌다. (1ㄴ)은 '밤'과 '-이' 두 개의 형태소가 결합되었다. (1ㄷ)은 '깊-', '-었-', '-다'의 세 개의 형

태소가 결합되었다. 이렇게 하나 또는 둘 이상의 형태소가 결합하여 형태론적 구성을 이룬다.

2. 형태소

형태소는 형태론적 구성을 이루는 기본 단위이다. 뜻을 가진 가장 작은 말의 단위이므로 더 이상 쪼개면 그 뜻을 잃어버리게 된다.

(2) 하늘이 파랗다

(2)의 문장에서 '하늘이'는 '하늘'과 '-이'로 나눌 수 있고, 이 두 언어형식은 각자의 뜻을 갖는다. 그러나 '하늘'을 '하'와 '늘'로 나누면 '하늘'이라는 본래의 의미를 가질 수 없다. 그러므로 '하늘'은 더 이상 쪼갤 수 없는 가장 작은 의미단위이다.

한 형태소의 형태가 언제나 일정하게 실현되는 것은 아니다. 예를 들어 '하늘'은 어떠한 환경에 놓여도 그 모양이 변하지 않는다. 그러나 어떤 형태소는 그것이 놓이는 환경에 따라 그 모양이 다르게 실현되기도 한다.

(3) ㄱ. 하늘-이 / 새-가
    ㄴ. 하늘-을 / 새-를
    ㄷ. 하늘-과 / 새-와

(3ㄱ)에서 주격조사 '-이, -가'는 동일한 문법적 기능은 갖는 하나의

형태소이다. 그런데 앞에 놓이는 형태소의 끝소리가 자음인지 모음인지에 따라 결합하는 조사가 달라진다. (3ㄴ)의 목적격 조사 '-을, -를', (3ㄷ) 공동격 조사 '-와, -과'도 마찬가지로 결합하는 형태소의 환경에 따라 그 형태가 달라지게 된다. 이렇게 같은 형태소가 놓이는 환경에 따라 다르게 실현된 형태를 '변이형태'라고 한다.

한 형태소가 여러 가지 변이형태로 변화하는 조건은 크게 두 가지로 볼 수 있다. 먼저 앞에 결합하는 형태소의 종성이 자음이냐 모음이냐, 또는 양성모음이냐 음성모음이냐 하는 음성적 조건에 따라 한 형태소가 달리 실현되는 것이다.

> (4) ㄱ. 먹-었-다 / 막-았-다
> ㄴ. 먹-어 / 막-아
> ㄷ. 먹-어라 / 막-아라

위 (3)의 예들은 앞에 놓이는 형태소의 종성이 자음이냐 모음이냐에 따라 다르게 실현되는 형태소의 변이형태들이고, (4ㄱ)에서 과거를 실현하는 '-었-, -았-'이나 (4ㄴ)의 연결어미인 '-어, -아', 그리고 (4ㄷ)의 명령어미 '-어라, -아라'는 앞에 결합하는 동사의 어간 모음이 양성모음이냐 음성모음이냐에 따라 달리 나타나는 예이다.

그러나 다음은 음성적 조건이 아니라 앞말의 형태에 따라 동일한 형태소가 달리 실현되는 예이다.

> (5) ㄱ. 가-거라 / 오-너라 / 하-여라
> ㄴ. 하-여 / 푸르-러

(5ㄱ)에서 명령 어미 '-거라 / -너라 / -여라'는 (5ㄷ)의 예와 달리 결합하는 동사의 어간이 '가-, 오-, 하-'일 경우에 실현되는 형태인 것이다. 마찬가지로 (5ㄴ)의 연결어미도 함께 결합하는 동사의 어간이 양성이냐 음성이냐에 따라 달리 실현되는 (4ㄴ)과 달리 '하-' 뒤에 오는 '-여'과 '푸르-' 뒤에 오는 '-러'로 실현되고 있다. 이렇게 형태소의 형태적 조건이 가져오는 변이형태를 '형태적 변이형태'라고 하고 음성적 조건이 가져오는 변이형태를 '음성적 변이형태'라고 한다.

이러한 변이형태들 가운데 하나를 대표로 삼아 표기하게 되는데, 이를 기본형태라고 한다. 이 기본형태는 결합하는 형태소의 음성적 또는 형태적 조건에 따라 다양한 변이형태를 실현하는 것으로 설명할 수 있어야 한다. 따라서 기본형을 선택하는 기준은 여러 변이형태 중 기본형태에서 변이형태로 실현되는 과정을 설명하는데 타당성이 더 많은 것, 분포량이 더 많은 것, 그리고 변천 과정을 고려하여 정한다.

형태소는 자립성의 유무, 의미 특성, 형태론적 구성에서의 의미 비중이라는 세 가지 기준에 따라 여러 가지 유형의 형태소로 나눌 수 있다.

자립성의 유무에 따른 분류는 발화과정에서 그 형태소가 독립적으로 쓰일 수 있느냐 다른 형태소와 결합하여야만 쓰일 수 있느냐를 뜻한다. 따라서 독립적으로 쓰일 수 있으면 자립형태소, 다른 형태소와 결합하여 쓰이는 형태소를 의존형태소로 나눈다.

    (6) ㄱ. 하늘이 파랗다
       ㄴ. 수영장, 선생님

(6ㄱ)에서 '하늘'은 자립형태소이고 '-이', '파랗-', '-다'는 의존형태

소이다. 일반적으로 한국어의 명사, 대명사, 수사, 부사, 감탄사는 대개 자립형태소이고 동사나 형용사의 어간이나 조사, 그리고 의존 명사는 대개 의존형태소이다.

의미 특성에 따른 분류는 형태소의 의미가 실질적인 의미인지 문법적 의미인지에 따라 실질형태소와 문법형태소로 분류하는 것을 뜻한다. 대개 명사, 대명사, 수사, 관형사, 부사, 그리고 동사, 형용사의 어간 등이 실질형태소이고 조사나 어미, 접미사 등이 문법형태소이다. (6ㄱ)에서 '하늘', '파랗-'은 실질형태소이고, '-이', '-다'는 문법형태소이다.

의미비중에 따른 분류는 형태론적 구성을 이루는 형태소들이 중심의미를 갖는지, 중심의미를 갖는 형태소를 의미적으로 돕는 형태소인지에 따라 어근형태소와 접사형태소로 나누는 것이다. 예를 들어 (6ㄴ)의 '수영', '선생'은 중심의미를 나타내는 어근형태소이고, '장', '님'은 중심의미를 더해주는 접사형태소이다.

대체로 국어의 실질형태소는 자립형태소이고, 문법형태소는 의존형태소이다. 그러나 국어의 동사나 형용사는 실질적인 뜻을 가지고 있지만 독립적으로 쓰일 수 없고 반드시 어미와 함께 쓰여야 하는 의존형태소이다.

(7) 형태소의 분류—"동수는 어제 수영장에 갔었다."
   ㄱ. 의미특성에 따라
    ┌ 실질형태소(어휘형태소) : 동수, 어제, 수영장, 가
    └ 문법형태소(형식형태소) : -는, -에, -었-, -었-, -다
   ㄴ. 자립성에 따라
    ┌ 자립형태소 : 동수, 어제, 수영장
    └ 의존형태소 : 는, 에, 가, 었, 었, 다

ㄷ. 형태론적 구성에서 의미 비중에 따라
┌어근형태소 : 동수, 어제, 수영, 가
└접사형태소 : 장, 는, 에, 었, 다

3. 단어

단어란 가장 널리 쓰이는 일상용어이면서 문법용어이다. 언어 습득은 대개 단어를 시작으로 하며 외국어를 습득할 때에도 가장 기본적인 단위는 단어이다. 문법 기술에 있어서도 단어는 기본적인 단위가 된다. 형태소와 달리 단어는 문법적인 분석 없이도 쉽게 파악할 수 있다.

가장 일반적인 단어의 정의는 '최소 자립형식(a minimal free from)'이다. 이것은 단어가 다른 요소와의 결합 없이 문장에서 단독으로 쓰일 수 있다는 것을 의미한다. 단어는 하나나 둘 이상의 형태소로 이루어지는데, 그 내부에 휴지(pause)나 분리 가능성(isolability)이 없다.

(8) ㄱ. 산, 강, 봄
ㄴ. 앞치마, 신발주머니

(8ㄱ)의 예들은 모두 하나의 형태소로 이루어진 단어이다. (8ㄴ)은 '앞+치마', '신발+주머니'라는 두 개의 형태소로 이루어진 단어이다. 그러나 이들 두 개의 형태소 사이에 (9ㄴ)처럼 어떤 휴지가 들어간다거나 (10ㄴ)처럼 이들 사이에 새로운 형태소를 결합하여 다른 단어를 만들지 못한다.

(9) ㄱ. 짧은 앞치마
　　ㄴ. *앞짧은치마

(10) ㄱ. 큰 신발주머니
　　ㄴ. *신발 큰주머니

　이러한 단어의 조건은 국어의 조사나 의존명사, 동사, 형용사 등을 단어로 설명하는 데 어렵게 만든다. 예를 들어 조사나 의존명사의 구속성은 자립형식이라는 조건을 위배하고, 동사나 형용사의 분리 가능성은 단어가 휴지나 분리 가능성이 없다는 특성과 다르기 때문이다.

(11) ㄱ. 철수가, 밥을
　　ㄴ. 수, 줄, 바……
　　ㄷ. 공부하다, 걸어가다

　(11ㄱ)의 조사 '-가'나 '-을'은 '철수'나 '밥'과 달리 반드시 선행요소를 필요로 한다는 점에서 자립성이 없다. (11ㄴ)의 의존명사들 역시 '먹을 수 있다, 갈 줄 모른다, 아는 바가 없다' 등에서 보는 것처럼 선행요소와 함께 하나의 구를 이루고 있기 때문에 독립적인 의미는 갖고 있으면서도 자립형식이 되지 못한다. (11ㄷ)은 모두 하나의 단어이나 '공부는 하다, 걸어만 가다' 등으로 다른 요소들의 개입이 가능하다. 따라서 이러한 예외적인 현상들은 단어의 경계를 객관적으로 정의하는 일이 얼마나 어려운 것인지를 보여주고 있다.
　국어의 단어를 정의한 논의들은 대개 조사나 어미를 중심으로 전개되었다. 조사나 어미를 모두 단어로 인정하는 분석체계와 조사와 어미 모두 단어로 인정하지 않는 종합체계, 그리고 조사는 단어로 인정하고

어미는 인정하지 않는 절충체계로 나눌 수 있는데 이를 정리하면 다음과 같다.

<표 1> 단어분석 체계

| | 철수가 밥을 먹다 | | | | | | 비고 |
	1	2	3	4	5	6	
1계열 : 분석적 (주시경 계열)	철수	가	밥	을	먹	다	조사, 어미 단어 인정
2계열 : 절충적 (최현배 계열)	철수	가	밥	을	먹다		조사만 인정(현행)
3계열 : 종합적 (정렬모 계열)	철수가		밥을		먹다		조사, 어미 불인정

현행 학교문법에서는 절충체계를 취하고 있는데, 이러한 관점에서는 조사가 겹쳐 나올 때 단어의 개수를 몇 개로 할 것인지, 그리고 영형태소를 인정할 것인지 등의 문제들을 고려해야 한다.

4. 단어를 만드는 방법

단어는 그 형성 방식에 따라 단일어(simple word)와 복합어(complex word)로 나눈다. 단일어는 '강, 산, 꽃' 등과 같이 하나의 형태소로 이루어진 단어이고, 복합어는 '꽃밭, 신발주머니, 맨손, 짓밟다, 길이' 등과 같이 두 개 이상의 형태소로 이루어진 단어를 말한다. 복합어는 다시 어근과 접사가 결합하여 이루어진 '파생어(derived word)'와 둘 이상의 어근이 결합하여 이루어진 '합성어(compound word)'로 나눌 수 있다.

(12) ㄱ. 강, 산, 꽃

ㄴ. 맨손, 짓밟다, 길이

ㄷ. 꽃밭, 신발주머니

(12ㄱ)은 하나의 형태소로 이루어진 단일어이고 (12ㄴ)의 ‘맨＋손’은 ‘맨-’이라는 접두사와 ‘손’이라는 어근으로 이루어진 파생어이다. ‘짓＋밟다’ 역시 ‘짓-’이라는 접두사와 ‘밟다’라는 어근으로 이루어진 파생어이며, ‘길이’는 ‘길다’라는 형용사의 어근 ‘길-’과 ‘-이’라는 명사형 접미사가 결합하여 이루어진 파생어이다. (12ㄷ)의 ‘꽃밭’은 ‘꽃＋밭’이라는 두 개의 어근이 결합한 합성어이고, ‘신발주머니’ 역시 ‘신발’과 ‘주머니’라는 어근이 결합한 합성어이다.

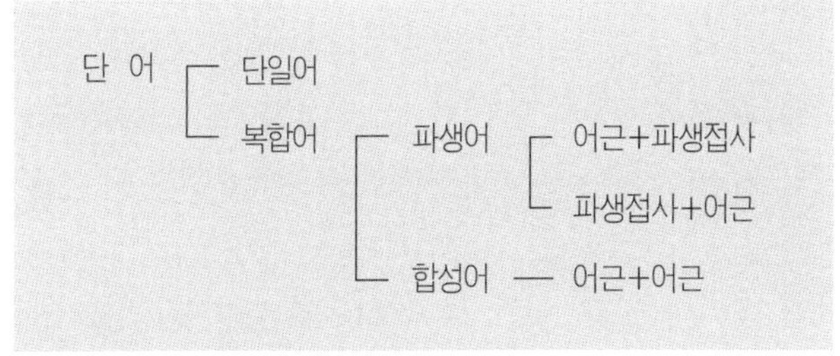

4.1. 파생어

파생어는 어근과 접사로 이루어진 단어이다. 접사는 그것이 놓이는 위치에 따라 어근의 앞에 결합하는 접두사와 어근의 뒤에 결합하는 접미사로 나뉘고, 그것의 기능에 따라 통사적 접사와 어휘적 접사로 나눌 수 있다. 통사적 접사는 문장의 통사구조를 바꿀 수 있으며 어휘적 접사는 문장의 통사구조는 바꾸지 못하고 중심의미에 부차적 의미를 덧붙이는 기능을 한다.

　일반적으로 접두사는 단어의 품사는 바꾸지 못하지만 어근의 의미를 제한하여 다른 의미를 만든다. 문법적인 의미보다 어휘적인 의미가 더 두드러지며 파생어의 품사는 뒤에 오는 요소에 따라 결정된다. 또한 접미사에 비해 그 수가 적고, 대개 명사, 동사, 형용사에 분포하며 관형사성 접두사와 부사성 접두사로 나누어진다.

　　　(13) 명사와 주로 결합하는 접두사
　　　　　군, 맏, 맨, 풋, 참, 시, 외, 암, 수

　　　(14) 동사나 형용사와 주로 결합하는 접두사
　　　　　새 / 시 / 샛 / 싯, 되

　　　(15) 명사와 동사 형용사 모두 결합하는 접두사
　　　　　덧, 짓, 치, 헛

　그에 비해 접미사는 그 수가 많고 의미를 더하는 기능 이외에도 문법적인 성질을 바꾸는 기능도 한다. 따라서 그 품사가 결합하는 접미사에 따라 결정되는 것이 일반적이다. 접미사는 많은 단어와 결합하여 새로운 단어를 만드는데, 이들 중에는 생산적인 것과 그렇지 못한 것이 있다. 예를 들어 '지붕'이라는 단어는 '집＋웅'으로 분석할 수 있는데 이때의 '-웅'은 '집'과만 결합하는 제한적 접미사이고, 명사를 만드는 접미사 '-음'이나 '-개' 등은 분포상의 제약이 적은 생산적인 접미사로 볼 수 있다.

(16) 명사형성 접미사
개 / 게, 이, 음, 기, 질, 장이 / 쟁이

(17) 동사 형성 접미사
하다, 거리다, 이, 히, 리, 기, 우, 구, 추

(18) 형용사 형성 접미사
하다, 답다, 스럽다

(19) 부사 형성 접미사
이, 오 / 우

4.2. 합성어

합성어는 두 개 이상의 어근이 결합하여 이루어진 복합어이다. 합성어는 다음의 기준에 따라 분류할 수 있다. 먼저, 최종적으로 구성되는 합성어의 품사가 무엇이냐에 따라 합성 명사, 합성 동사, 합성 형용사, 합성 관형사, 합성 부사로 나눌 수 있다. 그리고 앞의 어근과 뒤의 어근의 의미상 결합 방식에 따라 대등 합성어, 종속 합성어, 융합 합성어로 나뉘고 마지막으로 어근과 어근의 형식적 결합 방식이 우리말의 통사적 구성 방식과 일치하는지에 따라 통사적 합성어와 비통사적 합성어로 나눌 수 있다.

(20) 최종적으로 구성되는 합성의 품사가 무엇이냐에 따라
  • 합성 명사 : 돌다리, 새해
  • 합성 동사 : 값나가다, 들어가다
  • 합성 형용사 : 낯설다, 높푸르다

• 합성 관형사 : 한두, 두세
• 합성 부사 : 곧잘, 하루빨리

(21) 앞의 어근과 뒤의 어근의 의미상 결합 방식에 따라
• 대등합성어 : 앞뒤, 똥오줌
• 종속합성어 : 돌다리, 도시락밥
• 융합합성어 : 춘추, 연세

(22) 어근과 어근의 형식적 결합방식에 따라
• 통사적 합성어 : 새책, 작은형, 힘들다, 돌아가다
• 비통사적 합성어 : 접칼, 오르내리다, 부슬비

이렇게 만들어진 합성어는 구나 절의 구성과 구분하기 어려운 경우
가 있다.

(23) ㄱ. 큰 형 / 큰형
    ㄴ. *키가 작은 큰 형 / 키가 작은 큰형
    ㄷ. 그 큰 형, 큰 그 형 / *큰그형
    ㄹ. [키가 큰] 형 / *[키가 큰]형

(23ㄱ)은 키가 큰 형을 의미하는 구와 첫째 형을 의미하는 합성어로
해석될 수 있는데 이 경우에는 이들의 의미 변화 유무와 구성 요소가
분리되는지, 그리고 다른 성분과의 통사적 결합 관계를 점검하여 구분
하여야 한다.

5. 품사

품사란 단어를 공통된 문법적 성질에 따라 분류한 것이다. 문장 구성 차원이 아니라 단어의 문법적 형태(form)과 기능(function), 그리고 의미(meaning)라는 세 가지 기준을 단계적으로 적용하여 단어를 분류한다. 학교문법에서는 9품사로 나누는데 영어나 일본어 등 다른 언어의 품사 분류와는 차이가 있다.

먼저 '형태'란 단어의 형태에 변화가 있는지 없는지에 관한 것으로 굴곡을 하느냐, 하지 않느냐를 살핀다. 대개 동사나 형용사, 그리고 서술격 조사 '-이다'를 제외한 나머지는 형태의 변화가 없다. 두 번째로 '기능'이란 문장에서 하는 역할이 무엇이냐는 것이다. 예를 들어 '철수가 책을 읽는다'라는 문장에서 '철수가'는 '읽었다'라는 행위의 주체가 되는 것이고, '책을'은 그 행위의 대상이 되는 것이다. 세 번째로 '의미'란 개별 단어가 어떤 의미를 가지고 있느냐인데 이는 형식적 의미를 포함하는 것이다. 그러나 의미상의 분류 기준은 분류의 객관성에 있어 명확한 기준이 될 수 없으므로 부차적인 기준이 된다.

(24) 형태 : 품사의 형태에 변화가 있느냐
　　• 불변어 : 명사, 대명사, 수사, 관형사, 부사, 감탄사, 조사('이다'
　　　　　　는 예외)
　　• 변화어 : 동사, 형용사

(25) 기능 : 문장 내에서 하는 역할이 무엇이냐
　　• 체언 : 명사, 대명사, 수사
　　• 용언 : 동사, 형용사
　　• 수식언 : 관형사, 부사

• 독립언 : 감탄사
• 관계언 : 조사

(26) 의미 : 개별 단어가 어떤 의미를 가지고 있느냐
  • 명사 : 사물의 이름을 나타내는 단어.
  • 대명사 : 명사를 대신하여 쓰이는 단어.
  • 수사 : 사물의 수량이나 차례를 나타내는 단어.
  • 동사 : 사물의 움직임을 나타내는 단어.
  • 형용사 : 사물의 성질이나 상태를 나타내는 단어.
  • 감탄사 : 화자의 부름, 느낌, 놀람, 대답을 나타내는 단어.
  • 관형사 : 체언에 얹힘.(다른 것과의 관계 속에서 의미 파악됨)
  • 부사 : 용언이나 관형사나 다른 부사에 얹힘.
  • 조사 : 체언에 붙어 돕는다는 의미.

5.1. 체언-명사, 대명사, 수사

체언은 그 형태가 변하지 않으며 문장에서 주체나 대상의 역할을 할 수 있는 품사로 의미에 따라 다음과 같이 나눈다.

명사는 그 사물의 이름 및 명칭을 나타내고, 대명사는 사물의 이름을 직접 부르지 않고 대신하는 말이다. 수사는 사물의 수량이나 순서를 가리키는 말이다. 이들 각각의 품사들의 다양한 종류를 표로 보이면 다음과 같다.

〈표 2〉 명사의 분류

	1차 분류	2차 분류	예 시	비 고
명 사	자립명사	보통명사	하늘, 구름, 사탕, 사과 등	
		고유명사	맹산, 한강, 영국, 서울 등	
	의존명사	–	것, 데, 수, 줄, 바, 이 등	

〈표 3〉 대명사의 분류

	1차 분류	2차 분류	3차 분류	예 시	비 고
대명사	인 칭 대명사	1인칭	–	나, 저, 짐(朕), 과인(寡人), 본인, 소생(小生) 등	
		2인칭	–	너, 자네, 당신, 댁, 임자, 그대, 어른, 어르신 등	
		3인칭	근 칭	이, 이+'이, 사람, 분, 어른' 등	
			중 칭	그, 그+'이, 사람, 분, 어른' 등	
			원 칭	저, 저+'이, 사람, 분, 어른' 등	
			미 지 칭	누구, 어느 분	
			부 정 칭	아무, 아무 분	
			재 귀 칭	자기, 당신	
	지 시 대명사	사물 지시	사물지시	이, 그, 저+것	
			미 지 칭	무엇, 어느 것	
			부 정 칭	아무것	
		장소 지시	장소지칭	여, 거, 저+기	
			미 지 칭	어디	
			부 정 칭	아무데	

〈표 4〉 수사의 분류

	1차 분류	2차 분류	3차 분류	예 시	비 고
수 사	양수사	정 수	고유어	하나, 둘 …열, 스물 …아흔 …아흔 아홉.	
			한자어	영(零), 일(一) …백(百) …천(千) ….	
		부정수	고유어	한둘, 두셋, 서너, 예닐곱 ….	
	서수사	정 수	고유어	첫째, 둘째, 세째 …열째, ….	
			한자어	제일(第一), 제이(第二) …제십(第十) ….	
		부정수	고유어	한두째, 두세째 …너덧째 ….	

5.2. 용언-동사, 형용사

이들은 어근을 포함하고 있으며, 어미의 형태가 변화하여 다양한 활용어미를 취할 수 있다. 이들을 묶어서 용언이라고 하는데, '용언'이란 '체언'에 대응하며, 체언에 대한 서술 작용의 기능어이다. 동사는 사물의 움직임이나 자연의 작용을 의미하고, 형용사는 사물의 성질이나 상태를 나타낸다. 즉 '학교에 가다', '공이 굴러가다'의 '가다, 굴러가다'는 동사이고, '하늘이 파랗다', '꽃이 예쁘다'의 '파랗다, 예쁘다'는 형용사이다.

형태소가 자립성의 기준에 따라 '자립·의존형태소'로 나누어진 것처럼, 용언도 이 기준에 따라 '본용언'과 '보조용언'으로 구별한다. '본용언'이란 문장의 주체에 대한 직접적 서술의 기능을 하고 있다면 '보조용언'은 본용언을 도와주어 특별한 의미만을 덧붙여주는 기능을 하는 것이다.

〈표 5〉 보조용언의 분류

	의 미	예 문	비 고
않다, 말다, 못하다.	부 정	철수는 춤을 추지 않는다. 동물은 말을 하지 못한다.	
가다, 오다, 있다.	진 행	사과가 붉게 익어 간다. 배움이가 숙제를 하고 있다.	
하다, 만들다.	사 동	재우에게 짐을 지게 하다. 철수가 공부하게 만들어라.	
있다. 계시다.	상 태	철수는 늘 집에 앉아 있다. 할아버지께서는 책을 보시고 계시다.	
두다, 놓다.	보 유	책을 차에 얹어 두었다. 야구공을 장갑 속에 넣어 놓았다.	

	의 미	예 문	비 고
보다, 싶다.	추 측	영희가 도서관에 가는가 보다. 그 사람의 키가 좀 큰가 싶다.	
지다, 되다.	피 동	사람은 결국 죽게 된다.	
싶다.	희 망	한국시리즈에서 삼성이 이겼으면 싶다.	

5.3. 수식언 – 관형사, 부사

'수식'이란 말은 어떤 것을 꾸민다는 뜻으로, '수식언'은 그러한 기능을 하는 단어를 가리킨다. '관형사'와 '부사'가 해당하는데, 전자는 오직 체언(새 집, 헌 집)만을 수식하고, 후자는 주로 용언을 수식하지만 경우에 따라서 부사나 관형사를 꾸미기도 한다.

(27) 새 집, 헌 집
(28) ㄱ. 매우 예쁘다.
    ㄴ. 매우 빨리 달린다.
    ㄷ. 매우 큰 새

관형사는 어떤 대상을 가리키는 지시관형사, 사물의 성질이나 상태를 꾸며주는 성상관형사, 수량이나 순서라는 수 개념을 가진 수관형사로 나누고, 부사는 문장 전체를 수식하는 문장 부사와 특정 성분을 수식하는 성분 부사로 나눌 수 있다.

5.4. 관계언 – 조사

조사는 앞에 놓이는 단어와 결합하여 문법적인 관계를 나타내거나 의미를 덧붙이는 기능을 한다. 이들은 자립성은 떨어지지만 독립적인 품사로 분류되어 그 기능과 의미에 따라 분류된다. 문법적인 관계를 나타내는 격조사와 의미를 더해주는 보조조사, 그리고 특수조사, 접속 조사 등으로 분류하는데 관점에 따라 다양한 분류체계를 갖는다.

(29) 조사의 분류(조오현 외, 2008)

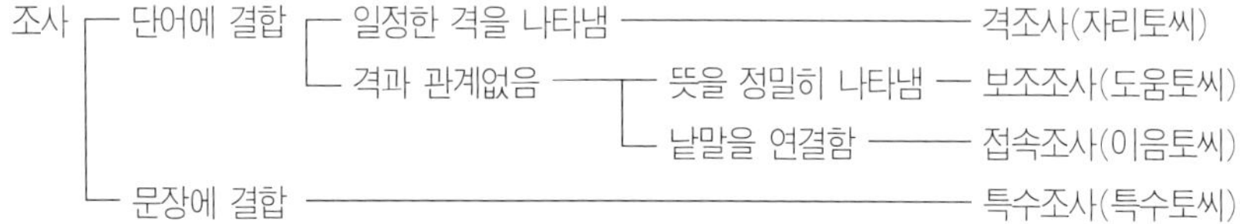

5.5. 독립언–감탄사

독립언이란 문장과 직접적인 관계없이 독립적으로 사용하는 단어이다. 주로 느낌이나 부름, 대답 등을 나타내는 '감탄사'라고 한다. 그 자체만으로 화자의 감정과 의지를 나타내기 때문에 독립된 문장과 같은 기능을 하게 된다.

(30) ㄱ. 여보, 철수야.
　　 ㄴ. 예, 네.
　　 ㄷ. 아!, 우와!

참고 문헌

권재일(1992), 『한국어 통사론』, 민음사.
임지룡 외(2005), 『학교문법과 문법교육』, 박이정.
정경일 외(2000), 『한국어 탐구와 이해』, 박이정.
조오현 외(2008), 『한국어학의 이해』, 소통.
조오현 외(2009), 『한국어의 어제 그리고 오늘』, 도서출판 역락.
허 웅(1983), 『국어학』, 샘문화사.

1. 통사론이란

형태론적 구성은 하나 또는 둘 이상이 모여 더 큰 언어형식을 이룬다. 이것을 통사론적 구성이라고 하는데 이러한 과정을 통합과정이라고 한다. 통합과정에서 일어나는 제반 문법현상을 다루는 분야를 통사론(syntax)이라고 한다.

(1) ㄱ. 높은 산
    ㄴ. 높은 산이 하얗게 변했다.

(1ㄱ)의 형태론적 구성은 '높은'이 '산'을 꾸며주는 관계로 통합되고 (1ㄴ)은 네 개의 형태론적 구성이 통사론적 구성을 이루면서 하나의 완성된 문장을 이루고 있다. 통사론은 어절이 모여 문장을 구성하는 원리를 연구하는 학문이다.

$$\text{형태소} \rightarrow \text{형태론적 구성} \rightarrow \text{통사론적 구성} \rightarrow \text{문장}$$
$$\text{(결합과정)} \qquad\qquad\qquad \text{(통합과정)}$$

문장은 우리의 생각이나 감정을 완전하게 나타낼 수 있는 가장 기본적인 단위이다. 문장은 통사론적 구성에서 가장 큰 언어 형식이며 그 자체로서 독립적이다. 그러므로 문장은 의미상으로는 완결된 내용을 갖추고, 형식상으로는 문장이 끝났음을 나타내는 표지를 취한다. 문장을 이루는 구성 요소들은 기능에 따라 보다 작은 단위들로 나눌 수 있고 이들은 계층적으로 관계를 맺고 있다.

문장은 어절, 구, 절로 구성한다. 어절은 문장을 구성하는 기본문법 단위로 대개 띄어쓰기 단위와 같다. 구는 두 개 이상의 어절이 모여서 하나의 의미 단위를 이룬 것으로 자체 내에 주어와 서술어 관계를 형성하지 못하는 문법 단위이다. 절은 둘 이상의 어절이 모여 하나의 의미 단위를 이루고, 주어와 서술어를 갖고 있으나 독립적으로 사용되지 못하는 문법 단위이다.

(2) ㄱ. 동수는 학교에 간다.

    ㄴ. <u>그 여자가</u> 잠을 <u>잘 잔다.</u>
       주어(구)   서술어(구)

    ㄷ. 선생님은 <u>동수가 모범생임을</u> 아신다.
             주어 – 서술어 (절)

    ㄹ. <u>동수는 모범생이고,</u> <u>연수도 모범생이다.</u>
       주어   서술어   주어   서술어

(2ㄱ)의 문장은 세 개의 어절로 이루어진 문장이다. (2ㄴ)은 다섯 개의 어절이 모여 '그 여자가'라는 주어구와 '잘 잔다'라는 서술어구로 이

루어진 문장이다. (2ㄷ)은 '동수가 모범생이다'라는 문장이 전체 문장 안에 포함되어 절을 이루고 있는 문장이고 (2ㄹ)은 '동수는 모범생이고' 라는 절이 '연수도 모범생이다'라는 문장과 연결되어 있는 문장이다.

2. 문장 성분

  문장은 일정한 문법적 기능을 하는 요소들로 이루어진다. 이렇게 문 장을 구성하는 요소들을 문장 성분이라고 하는데 문장 성분은 대개 어 절 단위와 일치한다. 문장에서 가장 중심이 되는 성분은 서술어이다. 이 서술어의 성격에 따라 다양한 문장을 만들게 되고, 서술어를 중심으 로 다른 성분들이 직접적 혹은 간접적으로 연결된다.

  문장을 이루는 가장 필수적인 성분을 주 성분이라고 하고, 주 성분의 내용을 꾸며주는 부속 성분, 그리고 다른 문장 성분과 직접적인 관계가 없는 성분을 독립 성분이라고 한다.

>   (3) 문장 성분
>   • 주 성분–주어, 서술어, 목적어, 보어
>   • 부속 성분–관형어, 부사어
>   • 독립 성분–독립어

2.1. 서술어

  서술어는 문장의 중심 성분으로 주체를 서술한다. '어찌하다, 어떠하 다, 무엇이다'로 나타나며 서술어의 성격에 따라 문장 성분들이 나타나는 수가 다르다. 대개 청자에 대한 의향, 청자나 문장의 주체에 대한 존대, 시제 등의 문법 현상이 서술어에 표현된다.

(4) ㄱ. 연수가 예쁘다.
    ㄴ. 연수가 밥을 먹는다.
    ㄷ. 연수는 학생이다.

(4ㄱ)은 '어떠하다'라는 형용사 구문이고 (4ㄴ)은 '어찌하다'라는 동사 구문이며 (4ㄷ)은 '학생+이다'라는 '무엇이다' 구문이다. 이때 상황이나 시제, 주체나 청자 등의 환경을 고려하여 여기에 문법형태소를 결합하면 된다.

서술어는 대개 하나의 형태론적 구성으로 이루어지는 경우와 두 개의 형태론적 구성이 결합하여 통사론적 구성을 이루는 경우가 있다. 즉, 본용언과 본용언, 본용언과 보조용언으로 이루어진다. 일반적으로 형용사는 하나의 문장 성분을 갖지만 '같다, 다르다, 닮다' 등 몇몇 형용사는 두개의 문장 성분을 갖는다.

(5) ㄱ. 연수는 학교에 밥을 먹고 간다.
    ㄴ. 연수는 여행을 가고 싶다.
    ㄷ. 연수는 동수와 다르다.

2.2. 주어

주어는 서술하는 주체를 나타내는 문장 성분으로 필수적 성분이다. '무엇이 어떠하다, 무엇이 어찌하다, 무엇이 무엇이다'에서 '무엇이'에 해당하는 것으로 대개 체언에 주격 조사가 결합하여 실현된다. 주격조사 이외에도 '-께서, -에서, -서' 및 영형태소로도 실현되고 보조조사만으로도 실현된다. 국어에는 특별히 주어가 두 개인 이중 주어 문장이 나타나기도 하는데 관점에 따라 다르게 설명할 수 있다.

(6) ㄱ. 연수는 학교에 간다.
　　 ㄴ. 할아버지께서 집에 오셨다.
　　 ㄷ. 학교에서 학부모들을 초청하였다.
　　 ㄹ. 너 어디에 있니?
　　 ㅁ. 연수가 다리가 길다.

2.3. 목적어

목적어는 주어 이외의 서술어가 요구하는 문장 성분의 하나로 주로 타동사가 서술어로 쓰일 때 그 동작의 대상이 되는 성분이다. 체언에 목적격 조사가 결합하여 실현되고 보조조사만으로도 목적어를 만들 수 있으며, 목적격 조사가 생략되기도 한다. 이중 주어와 마찬가지로 한 문장에 목적어가 두 개인 이중 목적어 구문도 나타난다. 때로는 목적격 조사가 표면적으로 나타나지만 의미상 목적어가 아닌 성분을 나타내기도 한다.

(7) ㄱ. 연수는 밥을 먹는다.
　　 ㄴ. 연수는 밥 먹었니?
　　 ㄷ. 동수는 고기만 좋아한다.
　　 ㄹ. 동수는 책을 두 권을 샀다.
　　 ㅁ. 연수는 학교를 간다.

2.4. 보어

보어는 서술어의 주체인 주어와 동작 대상인 목적어 이외에 문장에서 필수적으로 나타나는 주성분이다. 일반적으로 서술어가 필수적으로 요구하는 것을 보어라 설정한다면 서술어에 따라 필수적으로 요구하는 성분이 있는 서술어들과 결합하는 성분들을 모두 보어로 설정해야 하지만, 현행 학교 문법에서는 '되다, 아니다'와 같은 불완전 서술어가 필요로 하는 '-이, -가'가 결합된 성분만을 인정한다.

    (8) ㄱ. 물이 얼음이 되었다.
        ㄴ. 가구는 과학이 아니다.
        ㄷ. 물이 얼음으로 되었다.

2.5. 관형어

관형어는 체언으로 된 주어, 목적어를 꾸며주는 기능을 한다. 서술어와 직접적인 관계를 맺지 않으며, 문장에 필수적으로 실현되지 않는 부속 성분이다. 관형어는 관형사에 의해 실현되는 경우와 체언에 관형격 조사 '-의'가 결합하여 실현되는 경우, 용언의 어간에 관형사형 전성 어미를 결합하여 실현되는 경우, 그리고 체언과 체언을 결합하여 실현되는 경우가 있다.

    (9) ㄱ. 새 옷을 입었다.
        ㄴ. 동수의 옷은 크다.
        ㄷ. 예쁜 꽃이 피었다.
        ㄹ. 학교 정문에서 만나자.

관형어는 부속성분이므로 수의적으로 나타나는 것이지만 수식받는 명사가 의존명사일 경우에는 필수적으로 나타난다.

(10) 동수 것보다 연수 것이 더 크다.

2.6. 부사어

부사어는 용언을 비롯하여 관형사나 다른 부사를 수식하는 부속 성분이다. 일반적으로 부사나 체언에 부사격 조사가 결합하여 실현된다. 부사어는 문장의 한 성분으로 서술어의 의미를 한정하여 꾸미는 성분 부사어와 문장 전체를 꾸며 주는 문장 부사어로 나눌 수 있다.

(11) ㄱ. 비가 소리없이 내린다.
     ㄴ. 동수가 빠르게 걷는다.
     ㄷ. 동수는 아주 빨리 걸었다.
     ㄹ. 확실히 동수는 빠르다.

2.7. 독립어

독립어는 문장의 어느 성분과도 직접적인 관련이 없는 독립된 성분이다. 뒤에 오는 성분과 어울려 하나의 문장을 이루지만 이들과 구조적인 상관관계는 없다. 독립어는 주로 문장의 앞에 오지만 때로는 문장의 뒤에 놓이는 경우도 있다. 감탄사, 체언에 호격조사가 결합한 형태 그리고 접속사 등에 의해 실현된다.

(12) ㄱ. 동수야, 선생님께서 부르신다.
　　　ㄴ. 빨리 일어나라, 연수야.
　　　ㄷ. 우와! 눈이 온다.

3. 문장의 구조

하나의 문장은 주어와 서술어의 개수에 따라 단순문과 복합문으로
나누어진다. 주어와 서술어가 한 번 나타나는 것은 단순문이고 주어와
서술어의 관계가 두 번 이상 나타나는 것을 복합문이라고 한다. 단순문
이 모여 복합문이 만들어지는데 이러한 과정을 문장의 확대라고 한다.

(13) 문장의 유형

문장을 확대하는 방법에는 두 가지 방법이 있다. 먼저 두 개의 단순
문이 순차적으로 연결되는 방법과 하나의 단순문을 절로 바꾸어 다른
문장의 성분으로 만드는 방법이다. 따라서 두 개 이상의 단순문을 연결
하는 방식에 따라 접속문과 내포문으로 분류한다.

(14) ㄱ. 동수는 학교에 간다. 연수는 집에 간다.
　　　ㄴ. 동수는 학교에 가고, 연수는 집에 간다.
　　　ㄷ. 동수는 연수가 집에 가기를 바란다.

(14ㄱ)은 한 문장에 서술어와 주어가 하나씩인 단순문이다. 이 두 개의 단순문을 순차적으로 연결하여 (14ㄴ)의 접속문을 만들었고, (14ㄷ)은 '연수가 집에 간다'라는 단순문을 '연수가 집에 가기'라는 명사절로 바꾸어 '동수는 바란다'라는 문장 안에 하나의 성분으로 포함시킨 내포문이다.

3.1. 접속문

접속문은 단순문을 둘 이상 연결하여 만든 문장이다. 앞에 놓인 문장을 선행절이라 하고 뒤에 따르는 문장을 후행절이라 하는데, 접속문 구성은 선행절과 후행절의 의미관계에 따라 대등 접속문과 종속 접속문으로 나눈다. 이때 대등과 종속의 의미는 선행절의 연결어미에 의해 실현되고, 선행절과 후행절 사이의 의미 관계를 고려하여 다양한 제약이 따른다.

대등 접속문은 선행절과 후행절의 의미관계가 대등하여 '나열, 대조, 선택' 등의 의미를 갖는다. 주로 '-고, -며 / -지만, -나 / -든지' 등의 연결어미로 실현된다.

> (15) ㄱ. 비가 내리고, 바람이 분다.
> ㄴ. 얼굴은 못생겼지만 마음은 착하다.
> ㄷ. 학교에 가든지, 집에 오든지 해라.

종속 접속문은 선행절과 후행절의 의미 관계가 종속적인 관계로 '이유, 조건, 의도, 양보, 상황, 동시' 등의 의미를 갖는다. 주로 '-(어)서, -(으)니, -(으)니까 / -(으)면, -거든 / -(으)러, -(으)려고 / -(아)도, -더라도/ -는데 / -며, -면서' 등의 연결어미로 실현된다.

(16) ㄱ. 비가 와서 우산을 샀다.
ㄴ. 비가 오면 소풍을 안 갈 것이다.
ㄷ. 밥을 먹으로 식당에 갔다.
ㄹ. 지각을 하더라도 학교에 가야 한다.
ㅁ. 밥을 먹는데 기침이 나왔다.
ㅂ. 학교에 가면서 전화를 했다.

접속문을 만드는 과정에서 대등 접속문과 종속 접속문은 서로 다른 제약현상을 보인다. 대등 접속문의 경우 선행절과 후행절의 위치가 바뀌어도 별다른 의미 차이가 없지만, 종속적으로 이어진 문장은 선행절과 후행절의 위치를 바꾸면 문장의 의미가 달라진다. 뿐만 아니라 대등 접속문의 경우는 선행절이 후행절 속으로 이동할 수 없지만 종속 접속문의 경우에는 선행절이 후행절 속으로 자유롭게 이동할 수 있어서 부사절로 보기도 한다. 서술어의 품사를 일치시켜야 하는 대등 접속문의 경우나, 시제나 주어일치 제약을 갖는 종속 접속문의 경우 등은 선행절과 후행절의 의미를 고려하여야 한다.

(17) ㄱ. 바람이 불고, 비가 내린다.
ㄴ. 비가 내리고, 바람이 분다.

(18) ㄱ. 비가 와서, 우산을 샀다.
ㄴ. *우산을 사서, 비가 왔다.

(19) ㄱ. *비가 [바람이 불고] 내린다.
ㄴ. 우산을 [비가 와서] 샀다.

3.2. 내포문

　내포문은 하나의 단순문을 절 형식으로 바꾸어 다른 문장 속의 한 성분으로 안긴 복합문 구성이다. 이때 다른 문장 속의 성분으로 바뀐 절은 명사절, 관형절, 부사절, 서술절, 인용절로 기능한다.
　명사절을 안은 내포문은 절 전체가 문장에서 명사처럼 쓰이는 문장으로 명사형 어미 '-(으)ㅁ, -기'를 결합하여 만든다.

　　(20) ㄱ. 그가 떠났음을 알게 되었다.
　　　　ㄴ. 그가 혼자 떠나기란 쉽지 않을 것이다.

　관형절을 안은 내포문은 절 전체가 문장에서 관형어의 기능을 하는 문장이다. 관형사형 어미 '-(으)ㄴ, -는, -(으)ㄹ, -던'을 결합하여 만드는데, 이들 어미는 각각 '과거, 현재, 미래, 회상'을 표현한다. 관형절은 문장 내에 생략되는 성분이 있는지에 따라 생략되는 성분이 있는 관계 관형절과 그 자체로 온전한 문장이 되는 동격 관형절로 나누어진다. 관계관형절은 임의적인 수식 성분이기 때문에 그것이 없어도 문장이 이루어지지만 동격 관형절은 필수적 수식 성분이므로 그것이 생략되면 불완전한 문장이 된다.

　　(21) ㄱ. 동수를 본 사람은 아무도 없다.
　　　　ㄴ. 학교에 <u>가는</u> 사람은 없었다.
　　　　ㄷ. 나는 학교에 <u>갈</u> 일이 걱정이다.
　　　　ㄹ. 길을 <u>가던</u> 사람들이 모두 돌아보았다.

　　(22) ㄱ. 예쁜 꽃이 피었다.

ㄴ. [[(꽃이) 예쁘다] 꽃이 피었다.

ㄷ. ∅꽃이 피었다.

(23) ㄱ. 연수가 합격했다는 소식을 들었다.

ㄴ. [[연수가 합격했다] 소식을 들었다]

ㄷ. ?∅ 소식을 들었다.

부사절을 안은 내포문은 절 전체가 문장에서 부사어의 기능을 하는 문장이다. 부사형 어미 '-이, -게, -도록, -(아)서' 등을 결합하여 만든다. 종속적 접속문의 선행절을 이동하면 부사절 내포문과 동일한 형식으로 볼 수 있다.

(24) ㄱ. 비가 소리도 없이 내린다.

ㄴ. 꽃이 아름답게 피었다.

ㄷ. 동수는 연수가 지나가도록 다리를 올렸다.

ㄹ. 비가 와서 차가 밀린다.

서술절을 안은 문장은 절 전체가 문장에서 서술어의 기능을 하는 문장이다. 서술절은 절을 만드는 표지가 따로 없고 마치 한 문장에 두 개의 주어가 있는 것으로 보인다. 이때 앞에 나오는 주어를 뺀 나머지 부분이 서술절이다.

(25) ㄱ. 동수는 마음씨가 착하다.

ㄴ. 코끼리는 코가 길다.

인용절을 안은 문장은 다른 사람의 말을 인용한 것이 절의 형식으로 나타나는 문장이다. 다른 사람의 말을 직접 인용할 때는 조사 '-라고,

-하고'를 결합하고, 다른 사람의 말을 화자의 표현으로 바꾸어 표현할 때는 조사 '-고'를 결합한다.

> (26) ㄱ. 동수는 학교에 가냐고 물었다.
> ㄴ. 동수는 "학교에 가니?"라고 물었다.
> ㄷ. 동수는 "학교에 가십니까?"하고 물었다.

4. 문법 요소의 기능

4.1. 문장종결법

국어는 문장의 종결어미에 의해 문장의 종류가 결정된다. 그리고 종결어미는 문장을 끝맺는 기능과 함께 청자에 대한 화자의 의향을 표현한다. 종결어미에 따른 국어 문장의 종류는 평서문, 의문문, 명령문, 청유문, 감탄문이다. 이들을 구분하는 기준으로 청자에 대한 화자의 요구가 있는지 없는지 구분하고, 다음으로 그 요구에 행동 수행이 있는지 단지 대답을 요구하는 것인지로 하위분류한다.

(27) 문장종결법(권재일, 1992)

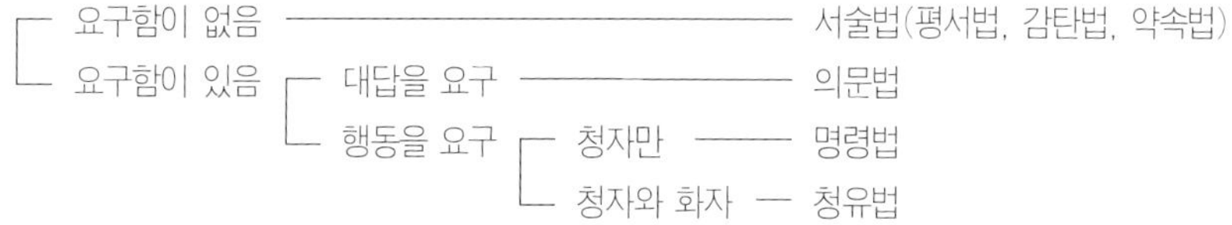

서술법은 화자가 청자에게 특별히 요구하는 바 없이 자신의 생각을

서술하는 방법으로 종결어미 '-다'로 실현한다. 여기에 통사와 의미특성에 따라 평서법과 감탄법, 약속법으로 나눌 수 있다.

의문법은 화자가 청자에게 대답을 요구하면서 문장을 끝맺는 방법이다. 대표적인 종결어미 '-느냐'로 실현하는데 높임의 등급에 따라 다양한 어미가 실현된다. 의문문의 종류로는 의문사가 포함되어 화자의 대답을 요구하는 설명 의문문과 의문사 없이 단순히 긍정이나 부정의 대답을 요구하는 판정 의문문, 그리고 굳이 대답을 요구하지 않고 서술이나 명령의 표현을 하는 수사 의문문 등이 있다.

명령법은 화자가 청자에게 어떤 행동을 하도록 요구하면서 문장을 끝맺는 방법이다. 대표적인 종결어미 '-어라'로 실현한다. 주어는 항상 청자이며 동사만 서술어로 쓸 수 있고 시간 표현의 '-었-, -겠-, -더-' 등과 함께 쓸 수 없다.

청유법은 화자가 청자에게 행동을 함께 하도록 요구하면서 문장을 끝맺는 방법이다. 대표적인 종결어미 '-자'로 실현한다. 주어에 화자와 청자가 함께 포함되며 서술어에는 동사만 올 수 있고, 역시 시간 표현의 '-었-, -겠-, -더-' 등과 함께 쓸 수 없다.

감탄법은 화자가 청자를 인식하지 않고 자신의 느낌이나 생각을 표현하면서 문장을 끝맺는 방법이다. 대표적인 종결어미 '-구나'로 실현하는데, 간접 인용절로 내포문을 이룰 때 고유한 형태가 없는 점을 들어 약속법과 함께 서술법에 포함시키기도 한다.

약속법은 화자가 청자에게 자신의 의사를 드러내며 그 실현을 약속하며 문장을 끝맺는 방법이다. 대표적인 종결어미 '-(으)마'로 실현한다. 감탄법과 함께 서술법에 포함되어 있으나 형태적인 면에서 독자적인 체계를 갖추고 있고, 다른 문장 종결법과 구분되는 특징들을 지닌다

(서정수, 1996). 이들 문장종결법은 모두 높임의 등급에 따라 다양한 종결어미로 표현된다.

>(28) ㄱ. 동수는 학교에 간다.
>　　　ㄴ. 동수가 학교에 가는구나!
>　　　ㄷ. 내가 학교에 가마.
>
>(29) ㄱ. 동수는 학교에 가느냐?
>　　　ㄴ. 동수는 언제 학교에 가느냐?
>　　　ㄷ. 동수가 학교에 가면 얼마나 좋을까?
>
>(30) 동수는 학교에 가라.
>
>(31) 우리 학교에 가자.

4.2. 높임법

높임법은 화자가 청자나 다른 대상을 높이거나 낮추는 정도를 표현하는 방법이다. 주로 종결어미, 선어말어미, 특수 어휘 등에 의해 실현된다. 높이는 대상이 누구이냐에 따라 청자높임법(상대높임법), 주체높임법, 객체높임법으로 분류한다.

상대높임법은 화자가 청자에 대하여 높이거나 낮추어 말하는 방법으로 국어의 높임법 중 가장 발달하였다. 전형적인 문장의 종결 어미에 의해 실현되는 높임의 형식을 격식체라 하여 의례적이고 심리적인 거리감을 나타내고, 상황의존형 어미 '-어, -지, -군' 등에 '-요'를 붙여 실현되는 형식을 비격식체라 하여 친근감을 나타낸다.

<표 1> 상대높임법 체계

구 분	유 형	종결표현	높임 등급	예 문
격 식 체	해라체	-아라, -다, -는다, -자, -렴, -느냐? -니?	아주 낮춤	동수야, 빨리 오너라.
	하게체	-게, -네, -ㅁ세, -는구먼, -는가?	예사 낮춤	김군, 이리 와서 앉게.
	하오체	-오, -소, -구려, -ㅂ시다, -는구려, -오?	예사 높임	여러분! 열심히 공부하시오.
	하십시오체	십시오, 습니다, 십시다. 습니까?	아주 높임	찾아주셔서 감사합니다.
비격식체	해체(반말)	-아, -지, -야, -ㄹ게, -아?, -지?	두루 낮춤	동수야, 빨리 밥 먹어.
	해요체	-아요, -군요, -ㄹ게요, -아요?	두루 높임	도움을 주어 감사해요.

주체높임법은 화자가 문장의 주어를 높이는 방법으로 서술어에 선어말어미 '-으시-'를 붙여 실현한다. 서술의 주체에 해당하는 문장의 주어를 직접적으로 높이는 직접 높임과 주체의 일부나 주체와 밀접한 관련을 가진 경우를 높이는 간접 높임으로 나눌 수 있다. 특수어휘에 의해 실현되는 주체높임이 직접높임에는 사용될 수 있으나 간접 높임에는 특수 어휘를 사용하지 않고 '-으시-'를 사용한다.

(32) ㄱ. 동수가 학교에 간다.
　　　ㄴ. 선생님께서 학교에 가신다.
　　　ㄷ. 선생님께서 편찮으시다.
　　　ㄹ. 선생님께서 손이 아프시다.(*편찮으시다)

객체높임법은 서술의 객체에 해당하는 목적어나 부사어가 지시하는 대상을 높이는 방법으로 몇몇 특수 어휘에 의해 실현되는 것이 일반적이다. 객체높임을 나타내는 조사 '-께'와 동사 '모시다, 드리다, 뵙다, 여쭈다' 등이 있다.

(33) ㄱ. 동수는 친구를 데리고 집에 왔다.
     ㄴ. 동수는 할머니를 모시고 집에 왔다.
     ㄷ. 동수는 할머니께 전화를 드렸다.

4.3. 시제법

시제법은 언어 내용을 전달하는 과정에서 관련을 맺는 시간을 인위적으로 구분하는 언어 표현 방법이다. 발화시에 대한 사건시의 시간적 위치를 기준으로 과거, 현재, 미래를 구분한다. 발화시는 화자가 말을 하고 있는 시점, 즉 언어 내용이 전달되는 시점을 말하고 사건시는 어떤 동작이 일어나는 시점을 말한다. 발화시보다 사건시가 앞서면 과거시제, 발화시와 사건시가 일치하면 현재, 발화시보다 사건시가 후이면 미래시제이다.

시제법은 주로 선어말어미에 의해 실현된다. 과거시제는 선어말어미 '-았/었/였-, -더-'에 의해 실현되고, 과거를 나타내는 어휘들에 의해서도 실현된다. 현재시제는 선어말어미 '-는, (으)ㄴ-'으로 실현되는데 형용사나 서술격 조사의 경우에는 선어말어미가 없이도 실현된다. 역시 '지금'과 같은 어휘로도 현재를 나타낼 수 있다. 미래시제는 선어말어미 '-겠-'에 의해 실현되며, 관형사형 어미와 의존 명사가 결합한 '-ㄹ 것-'이라는 형태로도 실현된다. 마찬가지로 '내일'과 같은 미래를 나타내는 어휘와 함께 실현된다. 시제 어미들은 중복하여 실현될 수 있는데 이때는 '-았/었-겠-더'의 순서를 지킨다.

(34) ㄱ. 동수는 학교에 갔다.
     ㄴ. 동수는 학교에 간다.
     ㄷ. 동수는 학교에 가겠다. 동수는 학교에 갈 것이다.
     ㄹ. 지난밤은 무척 추웠겠더라.

이밖에도 시간과 관련을 맺는 관념에는 시간의 흐름 속에서 일이 일어나는 모습을 나타내는 '양상', 시간과 관련을 맺는 일에 대한 화자의 심리적 태도를 나타내는 '양태' 등이 있다. 양상의 대표적인 표현은 '완료(완결)와 미완료(미완결)'가 있고, 양태의 대표적인 표현으로는 '현실, 회상, 추정, 의지' 등이 있다.

학교문법에서는 어떤 동작이 시간적으로 변화하는 양상으로 '동작상'을 두고 시간의 흐름 속에서 지속되면 '진행', 완전히 끝났으면 '완료'라고 한다. 이들은 보조용언 구성으로 실현되는데 '-고 있-'으로 진행상을 나타내고, '-어 있-'으로는 완료상을 나타낸다. 본 용언과 함께 보조 용언 구성으로 실현한다.

(35) ㄱ. 동수가 학교에 가고 있다.(현재－진행)
     ㄴ. 동수가 의자에 앉아 있다.(현재－완료)
     ㄷ. 동수가 학교에 가더라.(과거－회상)
     ㄹ. 동수는 학교에 갈 것이다.(미래－의지)

4.4. 사동법

문장은 주어가 직접 동작을 하는 것과 다른 사람에게 동작을 시키는 것에 따라 주동문과 사동문으로 나뉜다. 사동법이란 남에게 동작을 하도록 시키는 표현으로 접미사를 결합하여 사동사를 만들거나 '-게 하다, -게 시키다'라는 통사론적 구성으로 실현된다.

파생적 사동사는 접미사를 주동사 어간에 파생접사 '이, 히, 리, 기, 우, 구, 추'를 결합하여 실현한다. 이때 '서다'와 같은 일부 자동사는 두 개의 접미사를 결합하기도 한다.

(36) ㄱ. 책상이 높다.
　　　ㄴ. 책상을 높이다.
　　　ㄷ. 책상을 높게 하다.

(37) ㄱ. 차가 서다.
　　　ㄴ. 차를 세우다.

파생적 사동문과 통사적 사동문은 의미 해석에 있어 조금 다를 수 있다. 파생적 사동문은 대개 직접 사동을 표현하여 사동주가 직접 행위를 하는 것을 의미하고, 통사적 사동문은 간접 사동을 표현하여 사동주가 직접 할 수도 있고 간접적으로 할 수도 있음을 의미한다. 그러나 이 역시도 엄격하게 구분되는 것은 아니다. 그러므로 파생적 사동문과 통사적 사동문의 의미는 용언과 함께 나타나는 다른 문장 성분들과의 의미 관계를 파악해야 한다.

(38) ㄱ. 어머니는 아이에게 옷을 입혔다.
　　　ㄴ. 어머니는 아이에게 옷을 입게 하였다.

4.5. 피동법

문장은 동작이나 행위를 누가 하느냐에 따라 제 힘으로 동작을 하는
것을 나타내는 능동문과 주어가 스스로 행동하지 않고 남의 힘으로 동
작을 당하게 되는 피동문으로 나뉜다.

피동법은 동사의 어간에 파생 접사 '이, 히, 리, 기'를 결합하여 파생
적 피동법을 실현하는데 모든 타동사와 결합하는 것은 아니다. 통사적
피동법은 '-어 지다, -게 되다'라는 통사적 구성으로 실현한다.

(39) ㄱ. 사냥꾼이 호랑이를 잡았다.
ㄴ. 호랑이가 사냥꾼에게 잡혔다.
ㄷ. 드디어 사실이 드러나게 되었다.

능동문에 대응하는 피동문의 의미는 상황에 따라 의미차이가 생기는
데, 수량표현이나 부정 표현이 쓰일 때 의미가 달라지기도 한다.

(40) ㄱ. 두 명의 포수가 토끼 한 마리를 잡았다.
ㄴ. 토끼 한 마리가 두 명의 포수에게 잡혔다.

4.6. 부정법

부정법이란 긍정 표현에 대하여 언어 내용의 의미를 부정하는 방법
이다. 부정부사 '안, 못'을 사용한 짧은 부정문과 부정 용언 '아니하다,
못하다'를 연결어미 '-지'에 결합한 긴 부정문으로 나눌 수 있다. 이밖
에도 주어의 의지에 의해 어떤 동작을 하지 않는 의지부정과 주어의 능
력이 부족하여 어떤 동작을 하지 못하는 능력 부정으로 나눌 수 있다.

　긴 부정문은 명령문이나 청유문에는 쓰이지 못하고 '말다'를 사용하여 대신하고, '모르다, 없다' 같은 특수 부정어는 긴 부정 표현만 가능하다. 부정문에서는 부정이 미치는 범위에 따라 같은 문장이 달리 해석될 수도 있고, 수량을 나타내는 부사와 함께 쓰일 경우 중의적 의미를 나타내기도 한다. 또한 부정의 형식을 취하지만 부정을 나타내지 않고 확인이나 의심의 의미를 나타내는 경우도 있다.

(40)　ㄱ. 동수는 밥을 먹었다.
　　　ㄴ. 동수는 밥을 안 먹었다.
　　　ㄷ. 동수는 밥을 먹지 않았다.

(41)　ㄱ. 동수야, 밥 먹지 마라.(*먹지 않아라, *먹지 못해라)
　　　ㄴ. 동수는 그 사실을 모르지 않는다.(*안 모른다)
　　　ㄷ. 동수는 어제 집에서 밥을 먹지 않았다.
　　　ㄹ. 동수가 밥을 다 먹지 않았다.
　　　ㅁ. 동수가 밥을 먹지 않을까 걱정이다.
　　　ㅂ. 동수가 만화책을 좋아하지 않니?

참고 문헌

권경근 외(2009), 『언어와 사회, 그리고 문화』, 박이정.
권재일(1992), 『한국어 통사론』, 민음사.
서정수(1966), 『현대국어 문법론』, 한양대 출판부.
성광수(2005), 『한국어 표현 문법』, 한국문화사.
이관규(2004), 『개정판 학교문법론』, 도서출판 월인.
임지룡 외(2005), 『학교문법과 문법 교육』, 박이정.
조오현 외(2008), 『한국어학의 이해』, 소통.
한국방송대학교 평생교육원 편(2005), 『외국어로서의 한국어학』, 한국방송대
　　　학교 출판부.

제 5 장 ┃ 의미론

1. 의미론이란

언어는 형식과 내용으로 이루어져 있다. 언어의 형식은 '음운—어휘—문장—담화'의 계층적 구조를 이루고 있고, 이러한 형식 속에 담겨 있는 내용을 '의미'라고 하고, 의미를 연구하는 분야를 의미론(意味論, semantics)이라고 한다.

언어학에서 의미에 대한 연구는 오랫동안 주목받지 못했다. 그 이유는 의미를 객관적으로 정의하는 것이 매우 어려웠기 때문이다. 따라서 20세기 언어연구는 '음운론→통사론→의미론'의 순서로 발전했다. 그러나 의사소통의 핵심은 의미전달에 있기 때문에 의미에 대한 연구는 가장 늦게 출발하였지만 가장 화려한 꽃을 피웠다. 의사소통의 과정에는 반드시 의미가 개입되기 때문에 의미론은 의사소통의 신비를 밝히는 데 기여한다. 또한 의미를 이해하는 데 필요한 '개념화(概念化)'와 같은 정신활동의 비밀을 밝히는 데 기여할 수 있다.

이러한 의미론의 과제를 해결하기 위해서 가장 먼저 '의미란 무엇인가?'에 대한 답을 찾아야 하고, 단어의미의 본질을 이해해야 한다. 그리고 단어들이 문장의미에 어떻게 작용하는가에 대한 검토가 필요하다. 나아가 의미에 담긴 '의도'를 이해하고, 맥락 속에서 의미가 어떻게 작용하는가에 대한 논의가 필요할 것이다.

2. 언어의 의미

2.1. 의미란 무엇인가?

언어는 형식과 내용으로 되어 있는데, 그 내용부분을 의미(意味, meaning)라고 한다. 의미를 명확하게 정의하기는 쉽지 않다. 그래서 의미가 무엇인지에 대해 다양한 견해들이 제시되어 왔는데, 대표적인 것이 '지시설', '개념설', '행동설' 등이다.

먼저 지시설(指示說, referent theory)은 의미를 '지시물' 혹은 '지시관계'로 보는 관점이다. 지시설에서는 언어표현의 의미를 지시물과 동일시하고 있다. 예를 들어 '사과', '개'의 의미는 눈으로 보이는 지시대상으로서의 '사과'와 '개'인 것이다.

지시설은 의미를 아주 명확하게 정의할 수 있다는 장점이 있다. 그러나 동식물과 같은 구체적인 대상인 경우에는 타당성을 갖지만, '불사조', '귀신'과 같이 현실에 존재히지 않는 대상이나 '조사', '접속어' 등과 같이 지시대상이 없는 경우의 의미는 규정할 수 없다는 한계를 지닌다.

이러한 지시설의 한계를 극복하기 위해 등장한 것이 바로 '개념설(概

念說)'이다. 개념설은 의미를 '개념'으로 보는 관점인데, 언어와 사고가 긴밀한 연관성이 있다는 전제에서 출발한 관점이다. 오그덴과 리차즈(C. K. Ogden & I. A. Richards)는 다음과 같은 '의미삼각형'으로 의미를 정의 했다.

〈그림 1〉 의미삼각형

위의 그림에서 상징은 언어기호를, 지시물은 경험체계 속의 대상을, 사고·지시는 개념을 가리킨다. 이 의미삼각형에서 상징과 지시물은 점선으로 표시되었는데, 이것은 이 둘의 관계가 직접적으로 연결되지 않기 때문이다. 즉 어휘는 머릿속의 개념인 사고와 지시를 통해 지시물과 연결된다고 보기 때문에 사고·지시의 부분을 의미로 규정한 것이다. 개념은 '추상화의 과정'을 통해 유추해낸 지시 대상들의 공통적 속성으로, '사과'라고 했을 때 우리 머릿속에 떠오르는 청각영상을 의미한다. 이러한 개념설은 지시설에서 설명할 수 없었던 '불사조, 귀신' 등의 의미와 '조사, 접속어' 등의 의미를 설명할 수 있다는 점에서 상당한 설득력을 지니고 있다. 그렇지만 의미를 개념으로 바꾼 것에 지나지 않고, 그 개념이라고 하는 것도 명확하지 않다는 한계를 지닌다.

행동설은 '자극−반응설'이라고도 하는 것으로 블룸필드(L. Bloomfield) 에 의해 제기된 견해인데, 의미를 화자가 언어를 말하는 상황인 '자극'

과 그 언어형식이 청자에게 불러일으키는 '반응'으로 본다. 예를 들어 "배가 고프다"라는 남편의 자극에 대한 아내의 반응을 의미로 보는 것이다.

행동설은 추상적인 의미를 객관적 상황의 관찰 가능한 대상으로 파악한 점에서 그 의의를 갖는다. 그렇지만 상황이 다양하며, 화자와 청자의 주관성에 따라 자극과 반응이 일치된다는 보장이 없다는 한계가 생긴다. 즉 "배가 고프다"라는 남편의 자극에 '밥을 차려온다', '못들은 척한다', '차려 먹으라고 화를 낸다' 등의 다양한 반응이 있을 경우 어떤 반응이 진정한 의미인지를 알 수 없는 것이다.

2.2. 7가지의 의미유형

하나의 단어는 원래 하나의 의미를 지녔는데, 시간이 지나면서 그 의미가 점차 확대되어 여러 가지 의미를 갖게 된다. 이때 여러 의미 가운데 가장 기본적이고 핵심적인 의미를 '중심의미'라고 하고, 그 밖의 의미를 '주변의미'라고 한다. 예를 들어 '손'이라는 단어의 중심의미는 '신체의 일부인 손(手)'을 가리킨다. 그런데 이 단어의 의미가 '기술', '관계', '일손' 등의 주변의미로 확대된 것이다.

리치(G. N. Leech)는 이러한 의미유형을 좀 더 다양화하여 7가지의 유형을 제시하였는데, 이를 다시 개념적 의미, 연상적 의미, 주제적 의미로 분류하였다. 먼저 개념적 의미란 언어 전달의 중심적 의미로 사전적 의미라고도 한다. 개념적 의미는 외연적 의미이기도 하다. '부인'이라는 단어의 개념적 의미는 '부인'의 속성을 나타내는 의미자질의 집합이라고 할 수 있다.

연상적 의미에는 '내포적 의미', '사회적 의미', '감정적 의미' 등이 포함된다. 내포적 의미는 화자나 청자의 마음속에서 일어나는 각자의 개성적인 체험과 관련된 느낌이나 생각, 또는 정서적 연상에 기초를 둔 의미로 '함축적 의미'라고도 한다. 예를 들어 '부인'은 개념적 의미에서 [+인간], [+성인], [+여성]으로 규정되지만, 일상생활에서 사용되는 '부인'의 의미는 개념적 의미로만 한정되지 않는다.

(1) 저런 여자를 어떻게 '부인'이라고 할 수 있겠니?

위 문장에서 '부인'은 개념적 의미 이외에 '요리나 바느질 또는 육아에 능숙함', '품행이 방정함', '남편에게 공손함' 등의 연상적 의미를 느낄 수 있다(박종갑, 2001).

사회적 의미는 언어사용이 사회적 환경의 차이를 인식하는 데서 나타나는 의미로 문체적 의미의 차이로 이해할 수 있다. 존댓말, 은어, 비속어 등은 그것을 사용하는 사람의 직업이나 사회적 지위를 잘 나타내주며, 사투리가 주는 독특한 느낌도 사회적 의미라고 할 수 있다.

감정적 의미는 화자의 태도나 감정을 알 수 있게 해주는 의미를 말한다. 여기에는 청자나 화제에 대한 화자의 호감도나 공손성의 정도가 반영되어 있다. 예를 들어 "참, 멋있다"라고 할 때, '참'을 더 길게 발음하면 그만큼 감정적 의미가 더욱 드러난다.

반사적 의미는 동일한 표현이 또 다른 개념적 의미의 연상을 일으키는 데서 발생하는 의미이다. 예를 들어 '하나님 아버지'의 경우 교인들은 '아버지'를 '신(神)'의 의미로 쓰지만, 교인이 아닌 사람은 자신의 아버지를 연상하여 '부(父)'의 의미로 받아들이는 경우가 이에 해당한다.

배열적 의미는 한 표현의 의미가 배열된 문맥에 의해 드러나는 것을 가리킨다. 예를 들어 '아름다운 여자'와 '아름다운 남자'라고 했을 때 후자의 '아름다운'은 개념적 의미로 이해되기보다는 배열적 의미로 이해될 수 있다.

주제적 의미는 화자나 필자에 의해 의도된 의미를 말한다. 다음 예와 같이 주로 어순을 바꾸는 등의 강조를 통해서 나타난다.

    (2) ㄱ. 말을 <u>빨리</u> 해라.
       ㄴ. <u>빨리</u> 말을 해라.

2.3. 의미분석의 방법

의미론은 어휘의 의미변화 과정을 규명하는 데서 출발했기 때문에 어휘적 구조를 밝히는 방법론이 발달했다. 대표적인 것이 '낱말밭 이론'과 '성분분석 이론'이다. 두 방법은 상호 보완적인 성격으로 낱말밭 이론이 성분분석의 바탕이 되며, 또 성분분석을 이용하여 하나의 장(場)에 속하는 구성요소들의 의미관계를 밝힐 수도 있다.

성분분석 이론(成分分析理論, componential analysis theory)은 물질을 분자나 원자로 분해하는 것과 같이, 단어의 의미를 의미성분의 결합체로 간주하고 이를 의미성분이라는 더 작은 단위로 분석하는 것을 가리킨다. 성분분석은 관련된 의미장(意味場)을 전제로 하는데, '사람'의 의미장에 속하는 '총각', '처녀'의 경우 다음과 같은 의미성분의 결합체라고 할 수 있다.

(3) ㄱ. 총각 : [＋사람][＋성인][－결혼][－여성]
　　ㄴ. 처녀 : [＋사람][＋성인][－결혼][＋여성]

위와 같이 단어를 의미성분으로 분석하니까 개별단어의 구체적 의미
는 물론이고 '총각'과 '처녀'라는 단어 사이의 관계도 명확하게 나타낼
수 있다는 장점이 있다. 그러나 수많은 어휘를 모두 의미성분으로 분석
한다는 것은 불가능하고, 사람들마다 단어의 의미성분을 규정하는 기준
이 다를 수 있다는 문제가 발생한다. 또한 사물을 이루는 필요하고도
충분한 의미성분을 찾기가 어렵다는 것도 이 이론의 한계로 지적할 수
있다.

앞서도 언급했듯이 이러한 성분분석 이론의 바탕에는 낱말밭 이론이
있다. 개별단어의 의미만을 독립적으로 살피는 것보다는 의미상 그 단
어가 속하는 전체 어휘망 속에서 단어의 의미를 분석하는 것이 더 의미
있고 효과적이기 때문이다.

의미적으로 밀접한 개별단어들의 모임을 '의미장(意味場, semantic field)',
또는 '낱말밭'이라고 하고, 이와 관련된 이론을 장이론(場理論, field theory)
이라고 한다.

이 이론의 핵심은 낱말의 의미는 낱말밭 속의 다른 낱말들과의 상호
관련성에 의해 규정된다는 것이다. 예를 들어 성적표에 표시되는 성적
평가어의 낱말밭을 보자. '수－우－미－양－가'의 경우 각각의 낱말은
모두 긍정적 의미를 나타내는 낱말이다. 그런데 성적평가어의 낱말밭
속에서는 '수'는 '매우 우수함'을 '미'는 '보통'을 '가'는 '낙제'를 의미
하게 된다. 낱말밭 이론은 낱말밭의 내적 구조의 변화과정을 통해 낱말
의 의미가 통시적으로 변화하는 과정을 이해하기 쉽게 설명했다는 공

로를 인정받는다. 또한 개별언어들의 어휘체계에서의 상대적 차이를 파악하는 데 도움을 주었고, 이를 통해 그 언어를 사용하는 문화를 이해할 수 있게 되었다. 가령 한국어와 영어에서 형제자매 관계를 나타내는 낱말밭을 비교해 보자.

한국어	영어
형	brother
오빠	
아우(동생)	sister
언니	
누나	

〈그림 2〉 형제자매를 뜻하는 낱말밭

<그림 2>를 보면 영어의 경우는 성별(性別)만 구분하여 두 단어로 쪼갠 것에 비해, 한국어의 경우는 그 둘을 다시 손위와 손아래로 쪼개었다. 게다가 손위의 경우 비록 그 대상이 같음에도 불구하고 말하는 이의 성별에 따라 그것을 다시 '형'과 '오빠', '언니'와 '누나'고 가르고 있다. 이러한 낱말밭의 차이가 우리에게 시사하는 바는 매우 크다. 즉 한국사회에서는 형제자매 간의 서열이 엄격하고 남녀 간의 차이가 명확한 사회라는 점을 이 낱말밭을 통해 알 수 있다. 반면에 영어권에서는 형제자매 간의 서열이 엄격하지 않으며 남녀를 차별하지 않는 문화라는 것을 미루어 짐작할 수 있다.

낱말밭 이론은 많은 공헌을 했음에도 특수한 용어들을 제외하고는 낱말밭으로 묶을 수 있는 예가 흔치않다는 한계를 지닌다.

3. 어휘의 의미

3.1. 어휘의 의미관계

낱말밭에서 볼 수 있듯이 단어들은 이웃 단어의 의미들과 관계를 맺고 있다. 여기서는 어휘 사이의 의미관계에는 어떤 것들이 있는지 살펴보겠다.

1) 상하관계

상하관계(上下關係)는 단어의 의미 계층구조에서 한 쪽이 다른 한 쪽을 포함하거나 다른 쪽에 포함되는 관계를 말한다.

    (4) 코스모스는 꽃이다.

(4)에서 '꽃'은 상위어이고 '코스모스'는 하위어이다. 상하관계에서는 상위어로 갈수록 의미의 성분이 단순해지고, 하위어로 갈수록 의미의 성분이 증가한다. 즉, '꽃'보다 '코스모스'의 의미성분의 수가 늘어난다는 이야기다. 또한 의미상으로 상위어는 하위어를 포함하지만, 하위어는 상위어를 포함하지 못한다.

2) 유의관계와 대립관계

유의관계(類義關係)는 의미가 비슷한 둘 이상의 단어들이 맺는 관계를 말한다. 과거에는 '의미가 같은 단어'라는 뜻으로 '동의어' 또는 '동의관계'라는 말이 주로 사용되었는데, 엄밀히 말해 의미가 같은 단어는 없다는 의견이 지배적인 현재에는 '동의어'와 '동의 관계' 대신, '유의어'와 '유의 관계'라는 말이 주로 사용되고 있다. 유의어로는 '책방 : 서점', '속옷 : 내의', '금성 : 샛별' 등이 있다.

일반적으로 어떠한 문맥에서도 상호교체가 가능하면 동의어로 볼 수 있고, 그렇지 않으면 유의어로 봐야 한다.

    (5) ㄱ. 철수는 (속옷 / 내의)를 입었다.
        ㄴ. 그녀의 눈은 (*금성 / 샛별)처럼 빛난다.

대립관계(對立關係)는 '남자'와 '여자', '낮'과 '밤', '길다'와 '짧다'와 같이 단어들이 서로 반대되는 의미를 갖는 것을 말한다. 그런데 이러한 관계는 상호 공통된 속성을 많이 갖춘 바탕 위에서 한 가지 속성이 다를 때 성립되는 의미관계로 양립불능관계에 있다고 한다. 그리고 이러한 관계를 형성하는 단어의 짝을 '대립어'라고 한다.

대립어는 우선 '단순이원대립'과 '다원대립'으로 분류할 수 있다. 단순이원대립은 '남자 : 여자'와 같이 양립불능의 항목이 단 두 개뿐인 경우로 진반의어(true antonym)라고 한다. 다원대립은 양립불능관계에 있는 항목이 셋 이상인 경우로 '색채어'가 대표적인 예이다. 모든 색채어는 상호 양립불능관계에 놓인다. 따라서 '하양'의 반의어는 '검정'이 아니다. '하양'은 그것을 제외한 나머지 모두에 대한 반의어가 된다.

대립어를 다른 관점에서 '등급적 반의어'와 '상보적 반의어'로 나눌 수 있다. 대립관계에 있는 두 단어 사이에 중간단계를 가리키는 단어가 있는 경우는 등급적 반의어로, 그렇지 않은 경우는 상보적 반의어라고 할 수 있다. '춥다 : 덥다'는 그 사이에 '쌀쌀하다', '서늘하다', '따뜻하다’ 등의 중간단계가 존재한다. 반면에 ‘살다 : 죽다’의 경우에는 그 사이에 중간단계가 존재하지 않는다.

대립관계는 대립의 기준이 어떤 것이냐에 따라 해당 단어의 반의어가 달라질 수 있는 특징이 있다. ‘어머니’의 대립어를 통상 ‘아버지’라고 하는 것은 ‘성(性)’이라는 기준이 적용된 것이다. 그렇지만 ‘세대’라는 기준을 적용하면 ‘딸’이나 ‘할머니’라는 대립어가 성립될 수 있는 것이다.

3) 다의관계와 동음이의관계

다의어(多義語)는 하나의 단어가 둘 이상의 관련된 의미를 갖고 있는 것을 말한다. 이 경우 관련된 의미는 단어의 기본적이며 원형적인 의미를 근간으로 하여 확장되어 형성된 것이다. ‘손’이라는 단어를 『표준국어대사전』에서 찾아보면 총 13개의 표제어가 실려 있다. 그 중 5개를 제시하면 다음과 같다.

(6) 『표준국어대사전』에 실린 ‘손’표제어
    손01 「명사」
    「1」 사람의 팔목 끝에 달린 부분. 손등, 손바닥, 손목으로 나뉘며 그
        끝에 다섯 개의 손가락이 있어, 무엇을 만지거나 잡거나 한다.
    「2」=손가락.
    「3」=일손「3」.
    「4」 어떤 일을 하는 데 드는 사람의 힘이나 노력, 기술.
    「5」 어떤 사람의 영향력이나 권한이 미치는 범위.

    손02 「명사」
    「1」 다른 곳에서 찾아온 사람.

「2」여관이나 음식점 따위의 영업하는 장소에 찾아온 사람.

「3」지나가다가 잠시 들른 사람.

「4」=손님마마.

손03「명사」『민속』

날짜에 따라 방향을 달리하여 따라다니면서 사람의 일을 방해한다
는 귀신. 초하루와 이튿날은 동쪽, 사흘날과 나흘날은 남쪽, 닷샛날
과 엿샛날은 서쪽, 이렛날과 여드렛날은 북쪽에 있고, 9·10·19·
20·29·30일은 하늘로 올라가기 때문에 손이 없다고 한다. 이사
를 하거나 먼 길을 떠날 때는 손 없는 날과 방향을 택한다.

손04「의존명사」

손아랫사람을 '사람'보다는 낮추고 '자'보다는 좀 대접하여 이르는
말. 지방에 따라서는 한집안에서 손아랫사람의 택호 아래에 쓰기도
한다.

손05「의존명사」

한 손에 잡을 만한 분량을 세는 단위. 조기, 고등어, 배추 따위 한
손은 큰 것과 작은 것을 합한 것을 이르고, 미나리나 파 따위 한
손은 한 줌 분량을 이른다.

위에서 손01, 손02, 손03, 손04, 손05로 항목을 나누고 있는데, 이들
을 동음이의관계(同音異義關係)에 있는 동음어(同音語, homonym)라고 한다.
동음어란 의미가 다른 둘 이상의 단어가 우연히 동일한 소리를 갖고 있
는 것이다. 즉 의미의 연관성이 없기 때문에 이들은 각각의 별개의 항
목으로 사전에서 처리한다.

동음어가 발생하는 원인은 크게 세 가지가 있다. 첫째, '몰(馬)>말'처
럼 음운변화의 결과 동음어가 된 경우가 있다. 둘째, 한 단어가 의미의

관련성이 있는 다의어로 쓰이다가 그 관련성을 잃어버림으로써, 각각 독립된 단어가 되어 동음어가 되는 경우이다. '식물의 눈', '저울의 눈' 등이 '눈(眼)'의 의미로부터 확장된 것으로 보이지만, 지금은 동음어로 처리하는 예이다. 셋째, 한자어가 유입되면서 고유어와 한자어 간에 또는 한자어 사이에 동음어가 생기는 경우다. '전기(電氣, 傳記, 轉機, 前記)'가 그 한 예이다.

손01의 경우 표제어 안에 5개의 의미를 가진 다의어이다. 이중 「1」의 의미가 '손01'의 기본적이고 원형적 의미라 볼 수 있으며, 나머지 네 개의 의미는 「1」의 의미를 바탕으로 그 용법이 확장된 의미라고 볼 수 있다.

3.2. 어휘의미의 변화

1) 의미변화의 결과

어휘의 의미는 확장되는 경우도 있고, 축소되는 경우도 있다. 이는 가능한 적은 수의 어휘를 사용하려는 경제성의 욕구와 단어의 의미를 보다 명확하게 하려는 표현성의 욕구가 부딪히면서 일어난다.

문명의 발달로 표현해야 할 대상은 많아지고 그에 따라 어휘의 수는 증가하였다. 그러나 지나친 어휘의 증가는 사람들의 기억에 부담을 줄 수밖에 없다. 그러다 보니 기존의 있던 단어를 비유적으로 이용하게 되었고, 이것이 고정화되어 새로운 의미를 갖는 다의어가 만들어지게 되었다. 그러나 반대로 하나의 표현이 너무 많은 의미를 갖게 되면 의미가 모호해질 수 있기 때문에 경우에 따라서는 어휘의 의미영역이 축소되는 경우도 있다. 예를 들어 '늙다'라는 단어는 원래 [老]와 [暮]라는 두 개의 의미를 지니고 있었기에 명확성에 문제가 발생한다. 그러다 보니 [暮]의 의미는 '저물다'라는 단어가 차지하게 되고, '늙다'의 의미는 [老]로 축소된 것이다.

의미가 전이되는 경우도 있는데 이는 원래의 의미에서 비유적 의미로 번져 쓰이다가 원래의 의미가 소멸되고 비유적 의미가 원래의 의미처럼 쓰이는 경우에 생긴다. 예를 들어 '가게'라는 단어는 원래 "차양(遮陽) 밑에 평상을 놓고 물건을 얹어 파는 노점(露店)"이라는 뜻이었는데 지금은 '상점(商店)'이라는 의미로 전이되었다(박종갑, 2001).

2) 의미변화의 구조

어휘의 의미변화가 어떤 구조로 이루어지는지 살펴보겠다.

첫째, 의미 사이의 유사성 때문에 명칭이 변이된 경우로 은유(隱喩, metaphor)가 발생한 것과 동일한 경우다. 은유란 인간의 경험을 드러내고 개념화하는 인지적 활동을 말한다. 이것은 우리가 표현하려고 하는 새롭고 추상적 경험세계를 기존의 구체적 경험세계를 통해 표현하는데, 전자를 '원관념'이라 하고 후자를 '보조관념'이라고 한다. '내 마음은 호수요'라는 문장에서 '내 마음'은 원관념이고, '호수'는 보조관념이다. 이것은 호수의 깊고 넓은 구체적인 특징을 빌어 추상적인 '내 마음'을 개념화 하려는 것이다.

이러한 은유가 하나의 고정된 의미로 정착되면 다의어로 자리를 잡게 된다. 예를 들어 '먹다'는 "음식물을 씹어 섭취하다"는 의미를 가지고 있는데, '음료수를 마시다'와 '담배를 피우다'의 '마시다'와 '피우다'는 행위도 입을 통해 이루어진다는 유사성을 지니므로 '먹다'가 '음료수를 먹다', '담배를 먹다'처럼 '마시다'와 '피우다'의 보조관념으로 쓰이다가 나중에는 다의어가 된 것이다.

　박종갑(2001)에서는 의미 사이의 유사성 때문에 명칭이 변이된 경우를 '의의관적(擬人觀的) 은유', '동물적 은유', '공감각적 은유', '의미의 추상화'로 분류하고 있는데, 이를 표로 정리하면 다음과 같다.

<표 1> 의미 사이의 유사성으로 명칭이 변이된 용례

	용　례
의인관적 은유	사람의 몸과 느낌을 무생물을 가리키는 데 사용 ☞ 머리말〔시초〕, 뛰어난 머리〔사고력〕, 산머리〔윗부분〕
동물적 은유	동물의 이름을 식물, 동물, 사물을 가리키는 데 사용 ☞ 까치수염〔식물이름〕, 개미귀신〔곤충이름〕, 　　쥐꼬리, 오리발〔사물 이름〕
공감각적 은유	구체적 감각을 추상적 관념을 가리키는 데 사용 ☞ 차가운 태도→'냉정함'을 가리킴 　　(안마를 받으면서) 시원하다→'후련함'을 가리킴
의미의 추상화	구체적인 사물을 가리키는 단어를 추상적 관념을 가리키는 데 사용 ☞ 보람 (중세 : '표적'(表迹)→현대 : '가치, 효능')

　둘째, 의미 사이의 인접성 때문에 명칭이 변이된 경우로 환유(換喩, metonymy)가 이에 해당한다. 환유는 한 실재물의 이름을 인접한 다른 실재물을 가리키는 데 지칭하는 데 사용하는 비유법이다. 환유의 특징은 인접성과 지칭성으로 설명할 수 있다. 통상 인접한 두 요소는 의미적 연상이나 전이가 잘 일어난다. 그러므로 환유를 통해 의미 확장이 일어나는 것이다. 가령 '라디오를 듣다'는 표현은 글자 그대로의 뜻으로 해석하면 '라디오를 귀로 듣는'이라는 논리적으로 맞지 않는 문장이 되지만, 인접성의 측면에서 보면 '라디오'는 '라디오에서 나오는 소리'를 의미해서 그 문장의 의미가 통하는 것이다.

박영순 외(2008)에서는 환유 유형을 다음과 같이 기술하고 있다. 환유의 유형은 확대지칭과 축소지칭으로 나눌 수 있다. 확대지칭은 부분이 전체를 지칭하는 것이고, 축소지칭은 전체가 부분을 지칭하는 것이다. 확대지칭은 다시 다음과 같이 나누어진다.

(7) ㄱ. <u>손</u>(일손)이 모자라다.
　　ㄴ. <u>빨간 망토</u>(빨간 망토를 입은 아이)가 엄마 심부름으로 할머니 댁에 갔다.
　　ㄷ. <u>이 코트</u>(이러한 모양의 코트)가 이번에 제일 많이 팔렸다.
　　ㄹ. 태안의 기름띠를 제거하기 위해 민관이 <u>두 팔 걷고 함께 나섰다</u>(적극적으로 참여하다).

즉, (7ㄱ)과 같이 인물의 한 부분이 인물 전체를 나타내는 경우, (7ㄴ)과 같이 소유물이 소유자를 나타내는 경우, (7ㄷ)과 같이 개체가 유형을 나타내는 경우, (7ㄹ)과 같이 인과관계를 나타내는 경우가 있다. 축소지칭 역시 확대지칭과 마찬가지로 다음과 같이 나누어진다.

(8) ㄱ. <u>피아노</u>를 조율하다(피아노 안의 현을 조율하다).
　　ㄴ. 인삼은 <u>강화</u>다(강화도에서 나는 인삼이 제일 좋다).
　　ㄷ. <u>청와대</u>에서 거부권을 행사하였다(대통령이 거부권을 행사하였다).
　　ㄹ. <u>욕조</u>가 식었다(욕조의 물이 식었다).
　　ㅁ. <u>5·18</u>은 잊을 수 없다(5·18 민주화 운동은 잊을 수 없다).

즉, (8ㄱ)과 같이 사물의 전체가 부분을 나타내는 경우, (8ㄴ)과 같이 생산지가 생산품을 나타내는 경우, (8ㄷ)과 같이 장소가 사람을 나타내는 경우, (8ㄹ)과 같이 그릇이 내용물을 나타내는 경우, (8ㅁ)과 같이 시간이 사건을 지칭하는 경우가 있다.

4. 문장의 의미

4.1. 문장의미란 무엇인가?

문장은 개개 단어가 모여서 이루어진 언어단위이다. 그러나 문장의 의미는 개별단어의 의미의 합이라고 보기는 어렵다. 왜냐하면 문장의 의미는 개별단어의 의미의 합에 이들 단어가 갖는 어떠한 관계가 적용하여 완전한 문장의 의미를 이루기 때문이다.

    (9) ㄱ. 사자가 토끼를 잡았다.
       ㄴ. 토끼가 사자를 잡았다.

(9)의 두 문장을 구성하고 있는 단어는 동일하다. 그러나 그 의미는 전혀 다르다. 그 이유는 단어를 결합하는 방식이 다르기 때문이다. 그러므로 문장의 의미에 대한 연구는 어휘의 의미를 연구하는 방식과는 다른 차원에서 이루어져야 한다.

박종갑(2001)에 따르면 문장의미론에서는 문장의미의 본질, 문장들 사이의 의미관계, 문장의 중의성, 문장의미와 단어의미의 관계 등의 문제를 효율적으로 밝힐 수 있는 이론에 대한 탐구와 실제적 적용을 주요 관심사로 삼는다.

4.2. 문장의 의미관계

1) 문장의 유의성

어휘의 의미관계에서 완전한 동의어는 거의 존재하지 않듯이 문장의
의미관계에서도 절대적인 동의관계는 거의 존재하지 않는다. 따라서 유
의성이라고 표현하는 것이 합당하다. 문장의 유의성은 문장의 구성 방
식은 다르지만 의미가 비슷한 것으로, 그 유형은 다양하다.

첫째, 문장에 사용된 단어나 구의 의미가 비슷해서 유의성이 나타나
는 경우로 이를 흔히 풀어쓰기(paraphrase)라고 한다.

> (10) ㄱ. 나는 처제와 사이가 나쁘다.
> ㄴ. 나는 아내의 여동생과 사이가 좋다.

> (11) ㄱ. 명섭이는 발이 넓다.
> ㄴ. 명섭이는 아는 사람이 많다.

(10)의 경우는 '처제'와 '아내의 여동생'과 같이 표현을 다르게 해서
비슷한 의미를 나타낸 경우이고, (11)은 '아는 사람이 많다'는 일상표현
을 비슷한 의미의 '발이 넓다'라는 관용적 표현으로 나타낸 경우이다.

둘째, 장단형 사동문의 경우이다. (12)의 경우와 같이 사동접미사
'-이-'에 의한 단형사동과 '-게 하-'에 의한 장형사동이 사용된 문장
들은 어느 정도 유의성이 나타난다. 그러나 이들은 그 유의성의 정도가
약한데, 그것은 단형사동의 경우에는 주어의 행위에 대한 직접성과 간
접성이 같이 나타나지만, 장형사동의 경우에는 간접성의 의미만 나타나
기 때문이다.

(12) ㄱ. 영수가 새를 {죽였다/죽게 했다}.
      ㄴ. 어머니가 아이에게 밥을 {먹였다/먹게 했다}.

셋째, 부정문의 경우이다. '안, 못'이 사용된 짧은 부정문과 '아니다, 못하다'가 사용된 긴 부정문에서 유의성이 나타난다.

(13) ㄱ. 준희는 공부를 하느라고 놀이동산을 안 갔다.
      ㄴ. 준희는 공부를 하느라고 놀이동산에 가지 않았다.

(14) ㄱ. 준희는 교통사고를 당해서 학교에 못 갔다.
      ㄴ. 준희는 교통사고를 당해서 학교에 가지 못했다.

짧은 부정문과 긴 부정문은 기본의미에는 큰 차이가 없지만 짧은 부정문에 올 수 있는 서술어에 제약이 있다.

넷째, 동일한 사태에서 문장 구성의 차이 때문에 유의성이 나타나는 경우로 능동과 피동관계가 이에 해당한다.

(15) ㄱ. 진호가 토끼를 잡았다.
      ㄴ. 토끼가 진호에게 잡혔다.

다섯째, 어순의 교체로 인한 경우이다. 선후행 요소, 특히 부사어의 이동으로 다음과 같이 각 문장 간에 유의성이 나타나는 경우이다. 기본의미에는 큰 차이가 없지만 의미초점이나 강조점에 차이를 보인다.

(16) ㄱ. 안타깝게도 그는 시험에 떨어졌다.
      ㄴ. 그는 안타깝게도 시험에 떨어졌다.

2) 문장의 중의성

문장의 중의성이란 하나의 문장이 둘 이상의 의미로 해석되는 것을 가리킨다. 즉 형식은 하나인데 그 의미가 여러 개로 해석되는 것이다. 이러한 경우는 다음의 네 가지가 있다.

첫째, 단어의 의미가 중의적인 경우이다. (17)과 같이 단어의 의미가 여러 가지로 사용되는 경우에 그 문장에서 중의성이 나타난다.

(17) 우진이는 발이 넓다.

(17)의 문장에서 '발'은 '신체부위'를 뜻할 수도 있고, '인간관계가 넓음'을 의미할 수도 있다. 그러므로 이러한 경우에는 주변 문맥을 살펴서 그 의미를 파악할 수 있다. 이 경우는 개별 단어의 중의성의 문제로 볼 수도 있으나, 이관규(2002)에서는 단어가 중의성을 갖는 것은 단어 자체의 문제가 아니라 단어가 문장에서 해석되는 의미의 차이에 의한 것으로 보고 있다.

둘째, 문장의 구조 차이로 중의성이 생기는 경우이다. (18)과 같은 문장의 경우, 수식하는 단어가 어떤 것이냐에 따라 그 문장의 의미가 두 개로 나누어진다.

(18) 용감한 그의 아버지는 전쟁에 참가하였다.

즉 (18)의 문장은 '용감한'이라는 단어가 '그'를 수식하는 경우와 '그의 아버지'를 수식하는 경우의 두 가지로 해석할 수 있기 때문에 (19)와 같이 문장의 의미가 나누어진다.

(19) ㄱ. [용감한 그의] 아버지는 전쟁에 참가하였다.
　　　ㄴ. [용감한[그의 아버지는]] 전쟁에 참가하였다.

문장의 구조 차이로 생기는 중의성의 예로 접속과 비교구문이 있다.

(20) ㄱ. 철수와 영희는 결혼을 했다.
　　　ㄴ. 부인들은 남편보다 자녀들을 더 사랑한다.

(20ㄱ)의 경우 '와'라는 접속으로 인해 '철수와 영희가 부부가 되었다'는 의미로도 해석할 수 있고, '그들이 각자 다른 사람과 결혼했다'는 의미로도 해석할 수 있다. (20ㄴ)의 경우는 '-보다'라는 비교구문으로 인해 '부인들이 남편과 자녀 중에 자녀를 더 사랑한다'는 의미와 '부인들이 남편이 자녀를 사랑하는 정도보다 더 많이 자녀를 사랑한다'의미로 해석이 가능하다.

셋째, 부정의 범위에 따른 중의성의 경우이다. (21ㄱ)과 같이 '다'가 부정문에 사용되는 경우와 (21ㄴ)과 같이 부정어가 부정하는 범위에 따라 문장에서 중의성이 나타난다.

(21) ㄱ. 손님들이 다 도착하지 않았다.
　　　ㄴ. 동휘는 오늘 백화점에서 옷을 사지 않았다.

(21ㄱ)의 문장은 '손님들이 모두 도착하지 않았다'와 '손님들이 전부 도착한 것은 아니다'라는 두 가지의 의미로 해석될 수 있으며, (21ㄴ)의 문장에서 '않았다'라는 부정표현의 범위는 '동휘', '오늘', '백화점', '옷', '사다' 모두에 해당된다. 그러므로 그 문장의 의미가 여러 가지로

해석되어 분명한 의미를 파악하기가 힘들다.

넷째, '-고 있다' 구문에서 나타나는 중의성의 경우이다.

> (22) 나는 옷을 입고 있다.

(22)의 문장과 같이 '-고 있다' 구문은 동작의 진행과 상태 지속의 두 가지로 해석이 되므로 중의성이 나타난다.

3) 함의와 전제

함의(含意, entailment)란 어떤 문장 안에 내포된 의미를 말한다.

> (23) S1 : 준호가 유리창을 깨뜨렸다.
> S2 : 유리창이 깨졌다.

이 경우에서 S1이 참인 경우, S2는 반드시 참이지만, S1이 거짓인 경우, S2는 참일 수도 있고 거짓일 수도 있다. 왜냐하면 준호가 유리창을 깨지 않았어도 유리창은 깨질 수도 있고 깨지지 않을 수도 있기 때문이다. 이때 S1은 S2를 함의한다고 한다.

그런데 전제의 경우, 함의와는 달리 S1의 참, 거짓에 상관없이 언제나 S2가 참이 된다.

> (24) S1 : 새롬이는 어제 산 옷을 입어보았다.
> S2 : 새롬이는 어제 옷을 샀다.(전제)

(24)의 경우, S1이 참이든 거짓이든 상관없이 S2가 참이므로 (24)의

S2는 전제문이 된다. S2가 전제문인지 아닌지를 검증하기 위해서는 S1을 부정문이나 의문문으로 변형시켜 본다. 이 때 그 정보가 보존되면 S2가 전제문이 되는 것이다.

5. 담화의 의미

5.1. 담화의미와 화용론

담화(談話, discourse)는 문장보다 더 큰 단위로 화맥 속에서 수행되는 발화 또는 발화연쇄체를 가리킨다. 즉 화자·청자가 한 가지 화제, 사건, 주제에 대하여 교환하는 언어단위, 혹은 두 개 이상의 문장으로 구성되어 결속성(bindingness, cohesion), 응집성(semantic coherence), 의미성(meaningness)을 가진 언어단위라고 할 수 있다(박영순, 2004). 통상 담화는 입말을 중심으로 하고 있으며, 문장의 의미와는 달리 담화의미는 (25)와 같이 독립된 문장으로는 그 의미가 이해될 수 없는 화맥상의 의미를 가리킨다.

> (25) 준희 : 성일이가 발이 넓다는데, 사실이야?
> 진호 : 성일이는 나보다 발이 작은데 무슨 소리야?
> 준희 : 그게 아니라. 나는 성일이가 아는 사람이 많으냐고 물어본
> 거라고.

여기서 결속성이란 담화의 내용이나 의미의 일관성과 연관성을 유지하게 되는 성질로서, '그러나', '그리고', '이와 같은' 등의 여러 문법적

인 장치나 어휘와 같은 담화표지(discourse index)를 통하여 일관된 내용이나 의미를 견지하게 된다. 그리고 응집성이란 주제나 의미가 하나로 모아지는 성격을 말하는데, 전체적으로 하나의 큰 주제나 의미로 통일되는 것이다. 또한 의미성은 하나의 담화는 전체적으로 어떤 의미가 성립되어야 한다는 것을 가리키는데, 논리적인 의미, 언어적인 의미, 정보, 화자의 의도, 상황적 의미까지 모두 포함된다(박영순, 2004).

이러한 담화의 의미를 연구하는 분야를 화용론(話用論, pragmatics)이라고 한다. 즉 화자, 청자, 시간, 장소 등 맥락(context)과 관련하여 문장의 의미를 분석하는 것을 목적으로 하는 의미론의 한 분야이다. 화용론의 영역은 다음과 같다. 첫째, 화용론은 화자에 의해서 소통되고 청자에 의해서 해석되는 의미에 대한 연구다. 둘째, 화용론은 문맥상의 의미에 대한 연구이다. 셋째, 화용론은 말한 것보다 더 많은 말해지지 않은 의미, 즉 함축에 대한 연구이다. 화용론이 의미론과 다른 점은 의사소통의 과정에서 '인간'을 분석의 대상으로 삼는다는 데 있다.

화용론은 사람들이 의도하는 의미, 추정, 목적이나 목표, 말할 때 하는 행위의 종류(예를 들면, 요청이라거나)에 대해서 논할 수 있다는 장점을 지닌다. 그러나 사람들의 마음속에 지닌 의도를 이해해야하고, 그것을 객관적으로 분석하는 것이 매우 어렵다는 문제를 안고 있다.

5.2. 대화의 협동원리와 함축

그라이스(Paul Grice)는 근본적이고 합리적인 사고에서 출발하여 상호협력을 목적으로 하는 대화에서 효과적이고도 효율적으로 언어를 사용하기 위해 필요한 묵시적인 지침들을 격률(maxims)이라고 하였다.

그는 먼저 가장 일반적인 원리인 협동의 원리를 제시하였다.

(26) 협동의 원리
   대화에서의 말이 합의된 목표나 방향과 일치되게, 그 말의 시점에
   서 충분한 기여가 되도록 할 것.

협동의 원리(The Co-operative principle)는 말을 하는 사람은 지금 이루어
지고 있는 대화의 목적을 파악하고, 그 목적에 맞는 대화, 대화의 흐름
과 일치되는 대화를 통하여 결속성을 유지한다는 것이고, 말을 듣는 사
람은 상대방이 한 말을 지금 이루어지고 있는 대화의 목적이나 상황에
맞는 결속성이 있는 말로써 받아들이고 해석한다는 것이다(구현정, 2000).
   그리고 그는 4가지 기본 대화격률을 제시하였는데 첫째, 질의 격률이
다. 즉 (27)과 같이 거짓이라고 생각되는 것이나 (28)과 같이 타당한 증
거가 없는 것은 말하지 말라는 것이다.

(27) 손님 : 조금 깎아 주세요!
   장사꾼 : 이것도 밑지고 파는 거예요.

(28) 소영 : 영철이는 성격이 어때?
   정희 : 그 사람 혈액형이 B형이라서 까다로울거야.

둘째, 양의 격률이다. 즉 대화를 할 때 필요한 만큼의 정보를 주어야
한다는 것이다. 그러므로 (29)와 같이 정보가 부족한 경우나 (30)과 같
이 정보가 과잉되는 경우는 적절치 못하다.

(29) 남자 : 어디에 사십니까?

여자 : 서울 살아요.

(30) 어머니 : 지금 몇 시지?
　　　아들 : 오후 1시 50분 20초를 지나고 있어요.

셋째, 관련성의 격률이다. 즉 대화의 내용이 그 주제에 관련된 것이어야 한다는 것이다. (31)의 경우 경제 이야기에 대해 국회의원들을 비난하는 것은 주제와 관련된 것으로 보기 어렵다.

(31) 남자1 : 요즘, 경제가 너무 어려워요.
　　　남자2 : 국회의원들이 문제에요. 국회에서 맨날 싸움이나 하고.

넷째, 방법의 원리이다. 즉 대화의 형식이 명료해야 한다는 것으로 중의적이거나 모호하지 않아야 하며 간결하며 조리있게 순서에 맞도록 말해야 한다는 것이다.

(32) 남자1 : 넌 참 말이 없구나.
　　　여자 : 나 갈게.
　　　남자2 : 야! 가긴 어딜가?
　　　남자1 : 우리 뭐 마실래?
　　　여자 : 아무거나.
　　　남자1 : 아무거나 뭐?
　　　여자 : 그냥 아무거나.

(32)의 대화에서 여자는 남자1을 배려해서 남자1의 선택을 따르겠다는 의도로 대화를 했을 수도 있겠지만, 이런 식의 대화를 되풀이하고 싶은 사람은 없을 것이다. 결국 남자1은 여자와의 대화를 포기할 가능

성이 높고, 원만한 대화는 이루어지기 어렵다(구현정, 2000).

이상에서 대화의 협동원리와 격률들은 대화를 원활하게 진행하는 데 꼭 필요하다. 그런데 상황에 따라서는 이러한 원리를 의도적으로 위배하는 경우가 있다. 다음 예를 보자.

> (33) 아들 : 엄마, 나 친구랑 놀이동산 가고 싶어요.
> 　　　엄마 : 밥, 먹어.

놀이동산에 가고 싶다는 아들의 말에 '밥 먹어'라고 말하는 엄마의 말은 관련성의 격률을 위반하면서 대화의 협동원리를 위배하고 있다. 그러나 이러한 위배 속에는 놀이동산에 보내줄 수 없다는 엄마의 강력한 의사가 내포되어 있다. 이렇게 발화된 문장 안에 숨어 있는 의미를 함축(implicature)이라고 한다.

5.3. 직접화행과 간접화행

담화행위에는 직접화행과 간접화행이 있다. 직접화행은 발화의 형태와 그 기능이 일치하는 것으로 의문, 명령, 청유, 평서형 종결어미의 형태에 따라 의문문, 명령문, 청유문, 평서문의 기능을 수행하는 경우이다. 그러나 간접화행은 (34)와 같이 형태상으로는 평서형의 문장이지만 그 의미기능이 상황에 따라 명령이나 요청을 나타내는 경우이다.

> (34) (비오는 날 열린 창문을 바라보면서)
> 　　　창문이 열렸네. (창문을 닫아라)

　　대화에서 간접화행이 주로 사용되는 이유는 먼저 화자가 청자로 하여금 직접적인 의문문이나 명령문 대신에 간접화행을 이용하여 청자에 대한 부담을 줄여주려는 배려라고 볼 수 있다. 또한 이러한 간접화행은 청자뿐만 아니라 화자에 대해서도 부담을 줄여주는 기능을 하는데, 이것은 청자가 화자의 청을 거절했을 때 화자가 느끼는 낭패감을 덜 느끼게 되기 때문이다.

참고문헌

구현정(2000), 『대화의 기법』(개정판), 경진문화사.
박영순(2001), 『한국어 문장 의미론』, 박이정.
박영순 외(2008), 『한국어와 한국어 교육』, 한국문화사.
박종갑(2001), 『토론식 강의를 위한 국어의미론』(개정판), 박이정.
이관규(2002), 『학교문법론』(개정판), 월인.
이익섭(2000), 『국어학 개설』(재판), 학연사.
임지룡(1993), 『국어의미론』, 탑출판사.
조오현 외(2008), 『한국어학의 이해』, 소통.

제6장 ▌국어사

1. 국어사란

한국인을 '동이족(東夷族)'이니 '예맥족(濊貊族)'이라고 하는데 왜 그렇게 불리는 것일까? 먼 옛날 우리의 조상들은 어느 곳에 터를 잡고 어떤 언어를 쓰며 의사소통을 했을까? 우리말을 쓰던 조상들이 살고 있던 그 주변에 이웃한 민족들은 어떤 언어를 썼을까? 그 먼 옛날 우리의 조상들이 썼던 언어는 현재 우리가 쓰는 언어와는 무엇이 같고 무엇이 다를까? 그리고 어떻게 변화해 온 것일까? 이러한 꼬리를 무는 의문을 해결하기 위해 우리 조상들이 터를 잡고 의사소통을 하던 그 우리말의 뿌리와 기원을 밝히는 것과 시간의 흐름에 따라 변화해 온 모습을 밝혀내는 것을 국어사, 국어발달사, 국어변천사, 국어형성사, 한국어계통론이라고 한다.

2. 국어사 연구 방법론

국어는 우리민족의 역사와 함께해 왔으며 역사적인 변화와 더불어 국어도 변화해 왔다. 이러한 국어의 계통을 연구하는 방법에는 첫째, '문헌을 조사 연구하는 방법'이 있다. 훈민정음으로 기록된 문헌과『계림유사』,『조선관역어』와 같이 한자로 기록된 문헌을 연구하는 것으로 가장 먼저 이루어져야하는 작업이면서 가장 기초적인 작업이지만 뛰어난 외국어 실력이 요구되는 작업이다.

둘째, '방언을 조사 연구하는 방법'이다. 현재 여러 지역에 떨어져 쓰이고 있는 방언을 시간을 거슬러 올라가며 지명이나 어휘의 옛 모습을 살펴 변화해온 과정을 찾아보는 연구방법이다. 예를 들어 '셔블>셔볼>서울>서울'처럼 그 변화의 과정을 찾아보는 방법이다. 셋째, '언어의 일반적 이론을 통해 연구하는 방법'으로 친족관계에 있는 언어들의 어휘, 음성, 문법과 관련된 언어의 일반적인 이론을 적용하여 연구하는 방법이다.

마지막으로 '비교적 조사 연구방법'으로 친근 관계에 있는 어족에 속하는 언어들을 상호 비교하면서 공통성과 이질적인 특성을 밝혀내는 방법이 있다. 먼 옛날 우리 조상들이 쓰던 언어의 기원을 밝히기 위해 주변의 다른 민족의 언어와 비교연구를 해야 하는데 다른 언어나 어군 사이에 공통적인 유사관계가 있는 것을 '친족관계(親族關係)'라고 하며 친족관계에 있어 공통의 언어로 묶일 수 있는 언어들의 집합을 '어족(語族, language family)'이라 하고 친족관계에 있는 어족들이 갈라져 나오기 전의 공통된 언어를 '공통조어(共通祖語, parent language)'라고 한다. 같은 어족에 속하는 언어의 친족관계를 밝히고 공통조어를 찾아내어 언어들

의 공통된 모습을 밝히는 작업을 '내적재구(內的再構, internal reconstruct)'라
고 한다. 또한 친족관계를 증명하는 가장 신빙성이 높은 방법으로 비교하
는 두 언어 사이에 문법적인 대응관계를 밝히는 '대응(對應, correspondence)'
을 통해서 친족관계가 증명되며 이러한 과정을 통해 언어의 계통을 밝
힐 수 있다.

3. 한국어의 계통

세계에는 약 4,000~6,000여 개의 언어들이 사용되고 있는데 같은
언어적 기원을 가진 공통조어에서 분파된 개별언어들은 친근관계에 따
라 어족으로 묶일 수 있다.

친족관계가 밝혀진 어족에는 첫째로 우랄어족에 핀란드어, 헝가리어
등이 속하며 인도·유럽어족에 인도, 이란, 프랑스, 이탈리아, 그리스,
독일, 영어, 스페인, 포르투갈어 등이 이에 속한다. 다음으로 우랄어족
에 피노·우그릭어군, 사모예드어군이 속하며, 알타이어족에는 터키어,
몽골어, 퉁구스어, 한국어, 일본어, 만주어 등이 속한다. 그 외에도 함·
셈어족에 아랍어, 에티오피아어, 이집트어 등이 속하며 드라비다어족에
인도의 남쪽에서 쓰이는 언어들이 속하며 중국·티벳어족에는 중국어,
티벳어, 타이어 등이 포함된다. 말레이·폴리네시아어족에 필리핀어,
뉴질랜드어, 말레이시아어 등이 속하며, 아프리카·아시아어족, 아메리
카어족에 아메리카에 거주하는 원주민언어가 속하며 그 외에 코카사스
어족 등이 있다.

한국어는 계통적으로 분류하면 알타이어족에 속하는 언어이며 형태

적으로 분류하면 교착어로서의 특성을 갖는 언어라고 하는데 한국어가 속한 알타이어족에 속하는 어군에는 터어키어군, 몽골어군, 퉁구스어군이 있으며 먼저 터어키어군에 터키어(Turkey), 타타르어(Tatar), 츄바시어(Chuvash), 카자크어(Kazakh), 위구르어(Uigur), 야쿠트어(Yakut), 우즈벡어(Uzbek) 등이 속한다.

다음으로 몽골어군에 칼카어(Khalkha), 브리야트어(Buryat), 몽골어(Mogol) 등이 속하며, 퉁구스어군에 만주어(Manchu), 오로치어(Oroch), 올차어(Olcha), 에벤키어(Evenki), 라무트어(Lamut) 등이 이에 속한다. 한국어는 퉁구스어파에 속하다가 일찍 분파되어 나온 언어라고 한다. 그렇다면 한국어는 알타이계통의 언어인가? 다른 계통의 언어인가? 그렇게 보는 근거는 무엇일까? 이 문제에 대한 해답을 얻기 위해 국어의 계통에 관한 여러 학설들을 살펴보면 다음과 같다.

3.1. 알타이민족 이동설

알타이민족 이동설이란 우랄어족에 해당하는 유럽의 어파들의 일부와 한국어의 조상들이 중앙아시아의 알타이산맥(Atail) 근처 현재 금산(金山) 지방으로 이동하여 정착하여 살았으며 그들이 알타이어족을 형성하였다는 가설이다. 이러한 우랄·알타이 어족설은 19세기 중엽, 핀란드 출신의 언어학자 카스트렌(M. A. Castren, 1813~1852)에 의해서 주장되었으며 이 가설은 이미 19세기 후반에 널리 알려져 서양학자들(Rosny, 1864, Dallet 1874, Ross 1878)에 의해 몇 가지 공통특질을 근거로 한국의 계통에 대해 언급되었다. 그 후 핀란드의 알타이 어학의 창설자 람스테드(G. J. Ramstedt, 1983~1950)는 우랄어족과 알타이어족을 분리하였으며 알타이어족의 옛터인 홍안산맥(興安山脈) 근처를 중심으로 알타이어족들이 썼던 언어들의 알타이 공통조어를 설정하여 <그림 1>에서 보듯이 터키어는 몽골어와 한국어, 한국어는 터키어와 퉁구스어, 퉁구스어는 한국어와 몽골어, 몽골어는 퉁구스어와 터키어와 각각 친근성을 보여준다고 하였다.

포페(Poppe. N., 1960)는 <그림 2>에서 보듯이 알타이 공통조어에서 원시한국어가 맨 먼저 분리했을 것이며, 그 후 터어키·몽고·퉁구스 제어들이 알타이공통어의 시대를 퍽 오래지내다가 그 중 터어키어파의 선조가 먼저 분열되어 나갔고 다음으로 몽고어와 퉁구스어가 분열되었다고 보았다.

〈그림 1〉 람스테드의 알타이어족 계통도

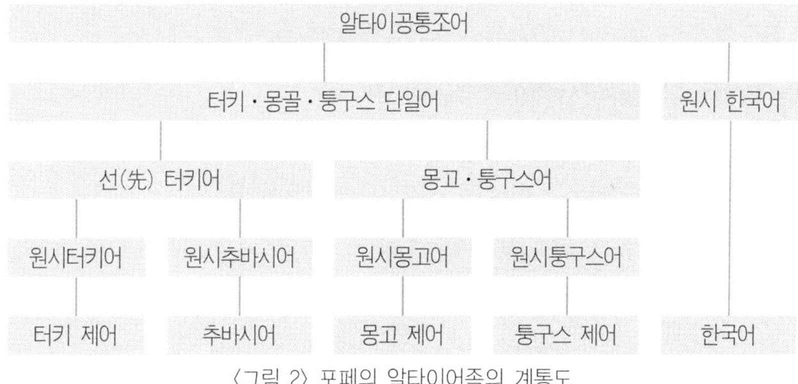

〈그림 2〉 포페의 알타이어족의 계통도

이러한 한국어의 알타이어족설은 친족관계에 있는 언어들과의 음운, 어휘, 문법의 비교 연구를 통해 밝혀진 공통적 특성을 근거로 삼고 있다. 이러한 알타이어족의 공통적 특성을 살펴보면 다음과 같다.

<blockquote>

(1) 알타이어족의 공통적 특성
ㄱ. 모음조화가 있다.
ㄴ. 두음 법칙이 있다.
ㄷ. 교착어 (첨가어)의 특징을 지닌다.
ㄹ. 관계 대명사, 전치사, 관사가 없다.
ㅁ. 성(性)의 구별이 없다.
ㅂ. 문장 배열상의 공통점이 있다.
ㅅ. 수식어는 피수식어 앞에 온다.
ㅇ. 동사 어간은 활용 어미를 취한다.
ㅈ. 어두에 유음이나 자음군이 오지 못하는 등의 자음조직상의 제약을 받고 있다.

</blockquote>

이러한 알타이어족의 공통적 특성을 바탕으로 할 때 한국어는 알타이제어 중에서 특히 몽골어와 퉁구스제어, 일본어와 음운, 어휘면에서 많은 일치를 보이고 있다.

그러나 최기호(1994)에서는 알타이(Altai)는 몽골 서남부의 400m나 되는 높은 산으로 알타이산맥의 지칭인데, 험준한 산은 두 문화를 갈라놓는 경계가 되는 것이지 이 산을 중심으로 인류의 문명이 발전했다고 보기 어렵다는 점을 들어 알타이어족이란 용어가 우선 적합하지 않다는 점과 알타이산맥은 한국인의 기원이나 역사와는 깊은 관련이 없다는 점, 터키족은 체질 인류학적으로도 몽골족과 만주족, 한민족과는 다르기 때문에 같은 계통의 언어이었을 가능성이 적다는 점을 들어 알타이

어족설의 문제점을 지적하였다.

3.2. 반알타이 어족설

람스테드와 포페로 대표되는 알타이어족설에 대해 의문을 갖는 학설들이 발표되었는데 대표적인 학자는 영국의 저명한 투르크 어학자 클로슨(G. Clauson, 1959)과 되르퍼(G. Doerfer, 1963) 등이 있다. 이들이 반알타이 어족설을 주장하는 이유는 알타이어족들이 공통적 특성을 가지고 있지만 이질적인 요소도 많다는 것이다.

반알타이 어족설의 근거가 되고 있는 알타이어족의 이질적 특성을 살펴보면 다음과 같다.

   (2) 알타이어족의 이질적 특성
       ㄱ. 알타이제어에는 기초어휘인 신체지칭이나 친족 명칭어가 유사한 것이 거의 없다.
       ㄴ. 기초어휘로서 대명사 일부가 유사하고, 수사가 거의 다르다.
       ㄷ. 음운대응의 규칙성이 정확하지 못하고, 믿을만한 것이 부족하다.
       ㄹ. 알타이제어의 언어구조는 매우 유사하지만, 차용어를 제외하면 공통된 요소가 매우 적다.
       ㅁ. 문법요소의 일부 유사성으로는 알타이제어의 친근성을 증명하기 어렵다.
       ㅂ. 문법적 요소도 차용될 수 있으며 역사적인 접촉의 결과로 언어구조가 유사해졌고 차용어로 인해 공통요소가 생겼다.

이러한 알타이제어의 이질적인 특성들은 전적으로 몽골어와 터어키어와의 관계만을 중심으로 비교한 연구라는 한계점을 가지고 있다.

3.3. 한국어와 일본어동계설

한국어와 일본어가 같은 계통에서 갈라져 나온 언어라는 근거가 되는 비교 연구는 주로 일본학자들에 의해 이루어졌으며 국내학자로는 이숭녕, 이기문에 의해서 본격적으로 연구되었다. 이기문(1986)은 한국어의 계통을 부여·한공통어에서 분화되어 부여어계어군에서 부여어, 고구려어, 옥저어, 예어가 분파되었고, 한계제어에서 마한어, 진한어, 변한어, 백제어, 신라어, 가야어가 분파되어 나왔으며 신라어는 통일신라 이후 중세국어로 계승되어 현대어에 이른 것으로 보고 있다. 특히 부여계어를 대표하는 고구려어와 일본어가 계통이 같은 언어라고 설정하여 두 언어 사이의 낱말과 문법요소의 대응관계를 밝히는 연구를 하였다.

3.4. 토착민족설(북아시아어족설)

알타이어족의 옛터로 정착을 했던 흥안산맥 동쪽에는 '고아시아어족' 또는 '북아시아어족'이라 불리우는 토착원주민이 살고 있었는데 그 토착원주민인 고아시아어족(길약어=니브히어)에서 한국어가 분파되어 왔다고 보는 견해이다. 미국의 알타이어학자 스트리트(J. Street, 1962)는 '알타이조어' 이전에 '북아시아조어'라는 하나의 앞단계를 설정하여 여기에서 한국어가 먼저 분리해 나온 것으로 보았으며, 김방한도 원시한반도어라는 공통조어를 설정하여 현대의 언어상황과 같이 고대에도 단일한 언어를 썼다고 보았다.

3.5. 남방계설

알타이 계통설을 '북방계설' 또는 '대륙설'이라고 하고, 남방계설은 '대양설'이라고 하는데 인도의 원주민인 드라비다족이 인도의 남부와 말레이지아 동부 아시아의 여러 섬으로 흩어졌고 일부는 바다를 건너 한국 본토에 들어와 한족(韓族)을 이루었다는 가설로 프랑스 선교사 달레(C. Dallet, 1874)가 처음으로 언급하였으며, 그 뒤 미국 선교사 헐버트(H. B. Hulbert 1895, 1906), 독일인 애카르트(A. Eckardt) 등의 연구에서 주장되었다.

한국어의 계통은 아직도 검증해야 할 부분이 많은 연구과제이며 한국어의 알타이어적인 요소와 비알타이어적인 요소에 대한 체계적인 연구와 검토를 통해 결론지어야 할 부분이며, 또한 단순한 음운의 유사성이나 차용관계인지도 면밀히 검토해야 할 것이다. 시베리아 주변에 살던 고아시아족인 원주민과 알타이계의 이주민이 교류하면서 만주·한반도 지역에 터를 잡았던 예맥·퉁구스족을 한국인의 직계조상으로 보는 것이 보편적인 학설이며 이에 대한 언어, 역사, 인류학 등의 다각적인 연구가 이루어져야 할 것이다.

4. 한국어의 발전

4.1. 한국어의 시대 구분

국어의 역사는 우리 민족 사회의 역사적 변천과 밀접한 관련을 맺으며, 언어를 변화시키는 가장 큰 요인은 첫째로 '내적요인'으로 시간의 흐름에 따라 국어가 변화 발전하는 것으로 음운이나 형태, 의미의 변화를 가져온다. 두 번째 요인으로는 '외적인 요인'으로 전쟁, 무역, 사회·정치적인 변화에 의해 국어가 변화 발전하는 것이다. 이 두 요소 중에서도 사회·정치적 역사적인 변화요인은 국어를 변화시키는 강력한 요인으로 이러한 외적요소에 따른 국어의 변화를 시대별로 구분하면 다음과 같다.

고대국어	전기중세국어	후기중세국어	근대국어	현대국어
9C	12C	15C	17C	19C	20C
고조선 통일신라	고려	조선 (훈민정음창제)	임진왜란	갑오개혁 3.1운동

4.2. 고대국어

고대국어는 삼국시대부터 이를 통일한 통일신라시대까지를 가리킨다. 언어사적인 측면에서 삼국의 언어가 비로소 경주어를 중심으로 통일을 이룰 수 있었다는 커다란 의의를 지니고 있다.

삼국시대의 언어는 고구려어. 백제어, 신라어 삼국의 언어를 말한다. 삼국 이전의 한국어는 크게 부여계와 한계의 언어가 그 기층을 이루었을 것이고, 그 후, 고구려어가 북쪽의 부여계어를 계승하였고 마한·변한·진한의 한계어는 각각 남쪽의 백제어, 가야어, 신라어의 토대가 되었을 것이다. 현대어는 한계의 언어인 신라어가 삼국을 통일하면서 중심언어가 되어 중세국어로 이어졌으며 오늘에 이른다. 이에 반해 고구려어와 백제어 그리고 가야어는 언어적 현상을 알 수 있는 문헌자료나 기록이 매우 적다.

고대국어의 언어 상황을 알 수 있는 문헌자료로는 『광개토왕릉비문』, 『임신서기석문』, 『균여전』, 『삼국사기』, 『삼국유사』, 그 외에 중국자료로 『사기』, 『한서』, 『삼국지』, 『후한서』와 일본자료로 『고사기』, 『만엽집』 등이 있다.

1) 음운

고대국어의 음운체계를 밝히는 데에는 차자표기 가운데 음차표기의 도움이 필요하다. 이 시기의 자음체계는 중세 한국어와는 사뭇 달랐을 것으로 추정하는데, 먼저 중세 한국어 '평음 : 경음 : 격음'의 삼지적 체계에 비해 고대국어는 '평음 : 격음'의 대립만이 나타난다. 즉 '居柒夫或云 荒宗'(『삼국사기』 권 44) '荒'의 훈이 중세국어의 '거츨'에 정확히 대응하고 있으며, '佛體'(『균여전』 보현십원가)의 '브텨'의 예도 찾아 볼 수 있고 '沙是八陵隱汀理也中'(찬기파랑가)의 '새파란 나리에서'에 쓰인 것으로 보아 유기음 'ㅊ,ㅌ,ㅍ'이 있었던 것으로 추정할 수 있지만 된소리 계열은 확인되지 않는다. 반면 이 시기 모음체계의 재구는 자음체계보다 더욱 더 어려운 일이나 대개 중세 한국어와 동일한 7모음 체계로 추정된다.

2) 문법

고대국어의 문법적 특징은 이두나 향찰 등의 차자표기에서 확인할 수 있다. 격조사 가운데 주격조사로는 '이(伊, 是)', 관형격으로 '이 /의(矣, 衣)' 및 'ㅅ(叱)', 목적격의 '올 / 을, 롤 / 를, ㄹ(乙)'과 '흘(肹)', 구격의 '루

(留)’, 처격에는 ‘애 / 에, 희 / 의, 예(中, 良中, 也中)’의 쓰임을 확인할 수 있다.

활용어미에는 서술형의 ‘-다(如)’, 의문형 ‘-고(古)’, 접속어미의 ‘-라(良 : 목적)’, ‘-매(米 : 원인)’, ‘-고(古, 遣)’, ‘-며(旅)’, ‘-다가(如可)’ 등이 나타난다. 전성어미에서는 관형사형 어미 ‘-ㄴ-(隱)’과 ‘-ㄹ-(尸)’을 확인할 수 있다. 모죽지랑가의 ‘居隱春(간봄)’ 찬기파랑가의 ‘曉牙隱(나토산)’에서 ‘隱’을 확인할 수 있고, 모죽지랑가의 ‘慕理尸心(그릴 ㅁ숨)’, ‘行乎尸道尸(녀올 길)’에서 ‘尸’를 볼 수 있다. 이 시기의 가장 보편적인 명사형어미는 ‘-ㅁ(音)’이다.

경어법으로는 주체 및 객체높임법의 형태소가 보인다. 즉 ‘去賜里遣(가시리고)’의 ‘賜’는 주체높임이며 ‘九世盡良禮爲白齊(구세 다아 예ᄒ 숣져)’의 ‘白’은 객체높임으로 쓰였다. 그 중 객체높임은 중세국어에서 ‘-습 / 습 / 줍-’으로 나타난다.

3) 어휘

고대국어의 어휘는 『삼국사기지리지』의 지명어를 통해 그 모습을 알 수 있다.

‘물, 하천, 강’의 뜻을 가진 지명어로는 고구려어는 [매] ‘買, 彌, 米’로 나타나며 신라, 백제 지명어는 [믈] ‘勿’로 나타나며, 또한 ‘하천, 바다’의 의미를 갖는 어휘로 고구려어는 [내미] ‘內米(海)’로 백제어, 신라어는 [나리] ‘仍利阿, 川里, 那利(川)’가 고대 남부지역(백제, 신라, 가야)에 보편적으로 분포하였다. 중세국어에서는 ‘나리, 내ㅎ’로 계승되었고, 현재 방언에서도 ‘내, 미’가 ‘개천, 호수’ 등을 의미하는 지명 접미사로 계승되었다.

또한 고구려어에서는 [달] '達(高, 山)'과 [바이, 바회] '波衣, 波兮, 巴
衣(峴, 嶺)'가 있는데 백제어에서는 [달, 돌, 들] '等良, 月良, 月奈, 靈巖,
珍, 珍嶽, 等也, 突, 珍惡(山, 峴, 高, 巖)'로 대응되며 신라어에서는 [돌]
'梁(山, 嶺, 石)'로 나타난다. 그 의미도 '산, 고개, 재, 바위'를 의미하는
지명어이다. 이는 중세국어로 계승되었고 현대어에서는 '양달, 응달, 다
락' 등에서 그 예가 보인다. 또한 고구려어인 [달] '達'과 대응되는 어
휘로는 백제어 [모량] '毛良'이 있는데 이는 '산'을 의미하는 어휘이다.
중세 국어에서는 '모리, 므르, 모롱이, 뫼'로 나타나며 현재는 한자차용
어인 '山'으로 대체되어 사용되고 있다. 전라도방언인 '산몰랭이, 산몰
랑이' 등에서 고유어의 잔영이 남아있다.

'지대가 약간 높은 구릉지대에 형성된 마을'을 의미하는 고구려어
[구루, 홀, 골] '溝漊, 忽, 骨(城)'에 대응하는 어휘로는 백제어 [비리, 부
리] '卑離, 夫里'와 신라어 [벌] '火, 伐(原)'로 나타난다. [비리, 부리, 벌]
은 '평평한 벌판에 형성된 마을'이란 의미이다. 특히 백제어는 [비리,
부리, 벌]과 고구려지명어 [홀]의 두 형태가 같이 쓰이고 있어 부여계어
와 한계의 이중언어를 형성하고 있다. 고구려어 [구루, 홀]은 중세국어
에서 '골, 골ㅎ'로 나타난다. 이는 현대 지명에서는 [울]로 남아 있다.

다음으로 삼국의 언어에서 가장 이질적인 부분이 숫자를 나타내는
어휘이다. 고구려 지명어는 [밀] '密(三)'이며, 신라어에서는 [세] '悉(三)'
로 대응되어서 이질성을 보여 준다. '3'을 나타내는 수사는 중세국어에
서 '밀'과 '세, 세ㅎ'가 나타나는데 이는 고구려어의 수사인 [밀] '密'과
신라어의 수사인 [세] '悉'의 두 갈래의 어휘가 계승된 것으로 보여진
다. 현대국어에서도 '삼시판', '삼세판', '서너말' 등에서 '삼'과 '세, 셋'
의 두 갈래 어형이 쓰이고 있다.

이상과 같이 삼국의 언어를 살펴본 결과 백제어는 신라어와 의미에서 유사성을 보이는 언어가 많고 고구려어와 백제어와도 유사한 어휘가 있었는데 이런 점을 볼 때 백제어는 신라어와 고구려어와의 교량적 역할을 했던 것으로 보여지며 삼국의 언어는 서로 상통하면서도 방언의 차이를 지녔던 것으로 추정된다. 고구려어, 백제어는 삼국이 통일된 통일신라에서는 신라어의 기층언어로 남아 있다가 고려어를 거쳐 중세국어로 계승되었다.

4.3. 전기 중세국어

중세국어는 고려의 건국으로부터 임진왜란이 일어난 16세기까지의 시기를 이르는 약 650년간의 시기를 말한다. 이러한 중세국어는 전기와 후기로 나눌 수 있는데, 전기 중세국어는 10세기 중엽 고려가 건국된 시기부터 14세기 말엽 고려가 멸망할 때까지의 시기이다. 통일신라가 멸망하고 고려라는 새로운 왕조가 세워지면서 종래의 경주 중심의 언어에서 개성 중심의 언어로 바뀌게 되었다. 이는 한계의 언어요소를 가진 경주어에 북방계어의 요소를 지닌 개성어가 들어와 영향을 끼친 것을 의미한다. 그 후 점차 중부지방의 언어가 중심이 된 중세국어가 이어져 와서 현대국어의 근간을 이루고 있다.

이 시기의 언어를 연구하기 위한 자료에는 『계림유사』, 『향악구급방』(중간본), 『악장가사』, 『악학궤범』에 실린 고려가요 등이 있다.

1) 음운

중세 전기국어의 음운은 고대국어의 '평음 : 격음'의 대립체계에 '경음’인 ‘ㄲ, ㄸ, ㅃ, ㅆ, ㅉ’이 생겨나서 삼지적 상관대립을 이루었던 것으로 보이며,『계림유사』의 ‘弟曰了兒’와 ‘四十曰麻刃’은 후기 중세국어 자료에서 ‘아ᅀᆞ와 아들 ᄃᆞ리샤’(『월인석보』, 십1)와 ‘마ᅀᆞᆫ 사ᅀᆞ미 등과’(『용비어천가』 88)에서 ‘ㅿ’의 용례가 나타나며 15세기 초 자료인 ‘弟阿自’(『조선관역어』)에서도 ‘ㅿ’이 나타나는 것으로 볼 때 이 시기에도 ‘ㅿ’[z]음을 가졌던 것으로 보인다.

또한 『계림유사』의 ‘酒曰酥孛’과 ‘二曰途孛’은 후기 중세국어 자료에서 ‘수을 고기 먹디 마름과’(『석보상절』 육, 10)와 ‘열두을 ᄂᆞ랫 지치며 (十二屬羽)’(『두시언해』 십칠, 10)로 ‘ㅸ’이 약화된 어형을 보이며 ‘酒數本’(『조선관역어』)에서는 ‘ㅸ’음이 유지되고 있어 12세기 중엽에는 ‘ㅸ’[β]음이 쓰이지 않다가 그 후 나타나 사용되었으며 15세기 초기에 소멸된 것으로 보인다.

또한 ‘女兒曰 寶姐’(『계림유사』), ‘白米曰 漢菩薩’(『계림유사』)은 [보달]과 [보살]의 2음절어로 발음되었을 것이며 후기 중세국어에서 [ᄯᆞᆯ]과 [ᄡᆞᆯ]로 나타나는 것으로 보아 아직 어두자음군이 형성되지 않았으며 자음들 사이에 있던 어떤 모음이 탈락하여 어두자음군이 형성되었을 것이다.

전기 중세국어의 자음체계는 ‘ㄱ, ㄷ, ㅂ, ㅈ, ㅅ’ 이외에 ‘ㅎ, ㅁ, ㄴ, ㅇ, ㄹ, ㅿ, ㅸ’이 더 있었던 것으로 보이며, 모음체계는 고대국어와 같이 7모음체계였을 것으로 추정한다.

2) 문법

전기 중세국어의 종결어미로는 우선 평서법의 ‘-다’가 있었으며 의문문은 의문보조사에 의한 명사문적 의문문으로 나타나는데 판정의문에는 ‘-가’, 설명의문에는 ‘-고’가 사용되었다. 상대를 높이는 의문법어미로는 '-(아)ㅅ고'가 쓰였고 명령형 어미로 '-셔'가 보이며 감탄법 어미로 '-셔'가 보이며 감탄법 어미는 '-ㄴ뎌, -ㄹ뎌, -ㅅ뎌' 등이 쓰였고 청유법 종결어미는 발견되지 않는다. 속격조사는 선행하는 명사구가 유정체언일 때에는 '의(矣)', 무정체언일 때에는 'ㅅ(叱)'가 쓰였는데 후기 중세국어에서도 그대로 이어진다.

3) 어휘

이 시기는 여진어 및 몽고어와의 접촉으로 인한 차용어가 많아졌으며 이 시기에 차용된 어휘들은 주로 '관직명, 말과 매에 관한 어휘, 군사음식' 등과 관련된 예가 많았으며 여진어의 흔적어로서 '투먼(豆滿), 슈룹(雨傘), 미르(龍)' 등이 존재하며 매에 관한 어휘(갈지게, 궉진, 나친, 숑골, 보라매) 등이 있다.

4.4. 후기 중세국어

후기 중세국어는 조선전기에 해당하는 시기로 14세기 말엽부터 16세기 말엽까지를 말한다. 후기 중세국어 시기에 있어 중요한 사건은 훈민정음이 창제된 것이다. 이 시기는 새롭게 창조된 우리 문자를 실험하는 작업으로 한글문헌 자료의 간행이나 언해작업이 이루어지던 시기였다.

이 시기의 언어를 연구하기 위한 자료에는 『조선관역어』, 『향약집성방』, 『훈민정음언해본』, 『훈민정음해례본』, 『용비어천가』, 『월인천강지곡』, 『월인석보』, 『능엄경언해』, 『악장가사』, 『악학궤범』, 『훈몽자회』 등이 있다.

1) 음운

후기 중세국어의 음운에서 드러나는 중요한 특징은 고대국어의 자음체계인 '평음과 격음'의 대립이 이 시기에 비로소 '평음 : 경음 : 격음'의 체계를 이룬다는 것이다. 이는 중세국어의 자음체계에 어두자음군 'ㅺ : ㅼ, ㅽ' 등의 된소리 계열이 등장했다는 사실을 의미한다. 반면 이 시기 모음체계의 가장 큰 특징은 'ㆍ(아래아)'의 등장을 들 수 있으며 전체적으로는 7모음체계를 형성하였다.

이 시기의 음운체계에서 중요한 역할을 한 것이 성조이다. 글자 왼쪽에 점을 찍어 표시하였고 16세기 이후 소멸되기 시작하였으며, 현대국어의 경상도방언과 함경도방언에 악센트가 남아있다.

음운의 변화에서는 당시 음절말 위치에 올 수 있는 자음은 'ㄱ, ㄴ, ㄷ, ㄹ, ㅁ, ㅁ, ㅅ, ㅇ'의 8자였다. 이를 '8종성법'이라 하는데 현대 한국어와 비교해 당시에는 'ㅅ'과 'ㄷ'의 중화현상이 일어나지 않았음을 짐작할 수 있다.

또한 후기 중세국어에서의 두드러진 현상은 모음조화현상으로 한 단어 안에서는 물론이고 명사와 조사, 어간과 어미, 어기와 접미사 등의 상당히 넓은 분야에 적용되었지만, 'ㆍ'가 소실되면서 급속도로 붕괴되기 시작하였으며, 현대국어에서는 의성어, 의태어 등에서 나타나고 있다.

2) 문법

이 시기의 격조사에는 '이(주격), ㄹ / ᄅᆞᆯ / 을 / ᄅᆞᆯ / 를(목적격), ᄋᆡ / 애 / 의 / 에 / 예(처격), ᄋᆡ / 의 / ㅅ(속격), 로 / ᄋᆞ로(구격), 와 / 과(공동격), 아 / 하(호격)' 등이 사용되었다. 단어의 형성에 있어 현대국어와 달리 동사와 형용사의 어간끼리 직접 결합하는 복합어가 생산적이었다. 예를 들면

‘죽살-’, ‘듣보-’ ‘빌먹-’ 등이다. 파생접사로는 ‘-옴 / 음, -암 / -엄, -이 (명사), -붕 / 븡 / 브 / 브(형용사), -이- / -히- / -오 / 우-(부사)’ 등이 생산적이었다.

경어법에서는 주체높임법, 객체높임법 그리고 상대높임법의 세 가지 체계가 정립되었다.

주체높임법에는 주어가 가리키는 인물이 화자에게 높임의 대상이 될 때 ‘-시-’나 ‘-샤-’가 결합되었다. ‘-샤-’는 ‘-오 / 우, 아’ 모음 앞에 실현되고, 기타 자리에는 ‘-시-’가 나타난다.

객체높임법은 목적어 명사나 부사어 명사가 가리키는 인물이 주어 명사보다 높을 때 선어말어미 ‘-숩(숳)- / 줍(줗)-, -숩 / 숳-’으로 실현된다. ‘-숩-’은 안울림소리 아래에 나타나고, ‘-줍-’은 ‘ㄷ, ㅌ, ㅈ, ㅊ’ 아래 그리고 ‘-숳-’은 울림소리 아래에 실현된다.

상대높임법에는 화자가 청자를 높이거나 낮추는 방법으로 ‘-이’에 의해 실현되는 것이 있다. ‘ᄒᆞ라체와 반말체’에서는 Ø 형태, ‘ᄒᆞ쇼셔체’에는 ‘-이’가 쓰였다.

3) 어휘

어휘에는 한자어에 밀려 사어가 된 고유어들이 있었으며 ‘슈룹(우산), 온(백), 즈믄(천), 가람(강), 뫼(산)’ 등이다. 그리고 중국어로부터 직접 들어온 차용어 또한 상당히 많았다.

4.5. 근대국어

근대국어는 임진왜란 이후인 17세기 초부터 갑오경장을 전후한 19세

기말까지 사용된 국어를 말한다. 이 시기에 해당하는 자료가 방대함에
도 불구하고 그동안 관심을 받지 못했던 이유는 중세 한국어의 연구에
치중한 결과였다. 그러나 중세 한국어와 현대 한국어의 징검다리 역할
을 하는 이 시기의 중요성이 인식되면서 하나 둘 그 특징들이 밝혀지고
있다.

이 시기의 언어를 연구하기 위한 문헌자료에는『동의보감』,『언해구급
방』,『두시언해중간본』,『노걸대언어』,『박통사언해』,『청해신어』,『역어
유해』 등이 있다.

1) 음운

이 시기 국어에 일어난 중요한 음운변화에는 모음 ‘·’의 소실로 인
한 ‘애, 에’의 단모음화를 들 수 있고, 중세 한국어의 ㅂ계, ㅅ계 어두
자음군이 된소리로 바뀐 것이다. 또한 원순모음화 및 전설모음화 그리
고 구개음화 현상 등의 음운현상이 나타나고 있다.

문법 격조사에서 두드러진 것은 주격조사 ‘-가’의 쓰임과 함께 존칭
의 ‘쎄셔’의 등장을 들 수 있다. 그리고 기타 격조사 중에서는 ‘·’의
소실로 분화되었던 쓰임이 단일화되고, 속격조사의 ‘ㅅ’은 사이시옷으
로 그 기능이 바뀌었다.

이 시기는 사라진 어휘들이 많고 중국어로부터의 차용어가 커다란
세력을 형성하였고, 서양으로부터의 차용어가 많아진 시기이다.

4.6. 현대국어

현대국어는 1894년 갑오경장 이후부터 오늘에 이르는 시기의 국어를

말한다. 또는 1945년 해방 이후로부터 잡기도 한다. 어느 시기를 기준으로 잡든지 간에 근대 한국어 이후의 언어적 현실은 현대국어와 별다른 차이가 없다.

1933년 모음 'ㆍ'가 소멸되었고, 근대국어의 이중모음이었던 '외'와 '위'가 단모음으로 바뀌면서 10개의 단모음이 되었다. 'ㅚ'와 'ㅟ'가 다시 이중모음으로 발음되는 현상이 나타나며, '에'와 '애'의 구별이 모호해지고 있다. 또한 모음조화 현상이 붕괴되고 있다.

참고문헌

고대민족문화연구소(1988), 『한국문화사대계 V』.
김승곤(1984), 『한국어의 기원』, 건국대학교출판부.
김진호(2006), 『재미있는 한국어 이야기』, 도서출판 박이정.
김진호(2005), 『외국어로서의 한국어학 개론』, 도서출판 박이정.
김형규(1989), 『국어사개요』(재판), 일조각.
박종국(1996), 『한국어발달사』, 문지사.
이기문(1986), 『국어사개설』(개정판), 탑출판사.
이석주·이주행(2005), 『국어학개론』, 대한교과서주식회사.
정연규(2002), 『언어 속에 투영된 한민족의 고대사』, 한국문화사.
최기호(1994), 『한국어변천사』, 토담.

제 7 장 | 방언론

1. 방언론이란

영우는 "대학 새내기 엣지남! 중딩 때부터 갈무리해 온 영화감독을 꿈꾸며 할리우드에 입성하기 위해 레알 열공 중인 열정남!!!" 싸이월드에 올린 아바타와 소개의 글을 고치면서 우리말에 대해 생각해 본다. 어떤 것이 순우리말이며, 어떻게 변해 왔을까? 어떤 외래어들이 우리말과 섞여있을까? 다시 한 세기가 흐른 뒤에 한국인은 어떤 말을 쓸까? 어떤 말이 사라지고, 어떤 말이 생겨날까? 그때도 한반도 어디를 가든 지금의 우리처럼 말이 통할까?

현재 우리가 사용하는 국어는 고유어에서 온 말과 한자어에서 온 말, 그리고 외래어에서 온 말 등 크게는 세 개의 갈래로 나누어 볼 수 있으나 이제는 일상어 속에 녹아들어 고유어인지 차용어인지도 의식하지 못하면서 사용하고 있다. 그러나 단일어를 사용하여 우리 땅 어디를 가나 의사소통이 되고 중국에 거주하는 조선족과도 의사소통이 된다는 것이 한국인의 자부심이기도 한데, 이도 자세히 들여다보면 한반도의 13개도에서 사용하는 말들이 각기 다르고, 직업에 따라서 쓰는 말이 다르며, 청소년들과 어른들이 쓰는 언어가 다르고, 텔레비전이나 컴퓨터 그리고 핸드폰에서 사용하는 말이 다르며, 자고 나면 새로운 말이 생겨나고, 한때 유행했던 말들이 어느새 사라져 버리고 없다. 현재의 우리는 겹겹이 우리를 둘러싼 말의 홍수 속에서 살고 있는 것 같다. 이 혼란하고 다양한 말을 독자적인 체계와 특성을 가진 지역에서 사용하는 말과 사회적 계층이나 직업, 성별에 따라 달리 쓰이는 말들을 대상으로 분류하고 그 특징을 밝히는 연구영역이 '방언론(方言論, dialectology)'이다.

방언은 한 언어 안에서 방언을 나누는 두 원인에 의해 지역방언(地域方言, regional dialect)과 사회방언(社會方言, social dialect)으로 구분된다. 첫 번째 요인은 두 지역 사이에 큰 산맥이나 강이 있거나 거리가 멀리 떨어져 있으면, 그 양쪽 지역주민들 사이의 왕래가 어려워지고 두 지역의 언어가 점차 다른 모습으로 발전해 형성된 방언을 지역방언이라고 하며, 지역방언에는 그 지역에서 예로부터 전해오는 다양한 문화, 전통, 역사가 살아 숨 쉬고 있고, 그 지역사람들의 독특한 정서가 깊이 배어 있다. 그러므로 방언을 통하여 그 지역의 삶과 문화를 이해할 수 있으며, 역사 속에서 살아 숨 쉬며 변화해 온 말의 역사까지도 담고 있다. 이러한 지역방언을 연구대상으로 하는 분야를 '언어지리학(言語地理學)'이라 한다.

다음으로 같은 지역 내에서도 계층의 차이, 연령의 차이, 성별의 차이, 직업의 차이 등 사회적 요인에 의해 형성되는 방언을 사회방언이라 하며 사회방언을 연구하는 분야를 '사회방언학(社會方言學)'이라 한다.

2. 방언과 방언구획

2.1. 방언의 가치와 특징

방언은 어떤 특정지역에서 지역사람들이 쓰는 언어로 '사투리, 시골말, 토박이말, 지방말'로 불리는데 이는 '훈민정음'을 '언문'이니 '반언'이니 하여 천한사람들이 쓰는 말처럼 무시하는 태도를 지니고 있다. 사투리를 쓰면 '교양이 없고, 무식하며, 세련되지 못한 말'이라는 의미를 담고 있는 것이다. 이에 비해 서울말은 방언에 상대되는 개념으로 "교양있는 사람들이 두루 쓰는 현대의 서울말"(표준어 사정 원칙 제1장 제1항)로 정의하면서 표준어로 삼고 있다.

방언은 한 언어의 정치, 경제, 문화의 중심지에서 거리상 떨어진 지역에서 쓰이는 언어이다. 이 지역방언에 대해 이상규(2003)는 '어떤 특정 지역의 독립된 언어의 체계를 의미하며, 방언은 결코 표준어나 중부방언과 대립적인 개념이 아니라 특정 지역의 독립된 언어체계의 단위를 의미하는 것'이라고 정의하였다. 방언은 민족의 정신을 담고 방언이 쓰이는 지역의 역사 속에서 언중들과 함께 변화하고 생동하는 살아있는 말이며, 국어의 옛 모습을 담고 있어 국어의 역사를 푸는 또 하나의 열쇠이다.

이러한 방언의 가치와 의의에 대해 살펴보면 다음과 같다.

(1) 방언의 가치와 의의
21세기 세종계획에서 개발한 '한국 방언 검색 프로그램'에서 부사 '겨우'를 검색해 보면 지역에서 사용하는 방언형이 100여 가지로 실현된다. 이들을 음운 변화를 고려하여 크게 나누어 보아도 10여 개의 확실한 방언형으로 나눌 수 있다. 표준어 '겨우'는 사전에 올려 초등학교에서부터 가르치고 있지만, '겨우'에 해당하는 남북한 방언형인 '포도시, 건거이, 제우, 극트너, 용싸리, 저어구' 등에 대해서는 전혀 언급이 없다. 이 방언형들은 표준어와 다른 의미 차이에 대한 설명 없이 해당 지역의 방언을 수록한 방언 사전에 겨우 올라 있을 뿐이다. 이처럼 국민들은 다양한 방언형을 접할 기회가 거의 없다.

　표준어의 개념 속에는 한국어를 대표한다는 공통어의 개념이 포함되어 있다. 그러나 각 지역의 방언이 표준어에 충분히 들어갈 때에 비로소 공통어의 개념을 가진 표준어라 할 수 있을 것이다. …(중략)… 방언은 한국어 어휘의 보물 창고이다. 아름다운 우리말을 찾아 골라 쓰는 지혜가 필요한 시대이다. 유형의 문화재를 보존하고 새롭게 가꾸는 것처럼, 해당 지역어가 갖는 정밀한 의미와 쓰임을 바탕으로 작성된 방언 사전을 빨리 구축하여야 한다. 방언 사전을 바탕으로 표준어를 선정하고 국어 사전을 작성하여야만 '서울말'로 정하는 일방적인 표준어가 아니라 '한국어'를 대표하는 공통어적인 표준어를 확립해야 할 것이다.

—'이태영 칼럼'(2004년 12월 8일)

　이러한 방언은 첫째로 지리적, 사회적 요인에 의해 분열되고 전파되는 특성인 분화성을 가지고 있으며, 둘째로 고립된 지역일수록 고어의 형태를 잘 유지한다는 보수성을 지니며 셋째로 방언은 외부적인 요인이나 언어 내적 요인에 따라 다양한 형태의 어휘와 변이형을 가지고 새로운 언어로 변화하는 개신성도 가지고 있다. 넷째로 방언은 분열되고 전파하는 속성도 지니는 반면 다른 방언과 교류하고 영향을 받으면서 비슷하게 변하는 통합성도 가지고 있다. 반면 표준어는 첫째로 광범위한 언어 공동체에 통용되는 규범적인 언어 형식으로 지역적, 사회적 요인으로 인하여 언어가 분화하는 것을 막는 통일성을 가지고 있으며 둘째로 방언에 비해 잘 정리되고 체계를 갖춘 언어라는 점에서 우월성을 지니고 있으며 셋째로 어느 특정 지역뿐만이 아니라 국가 전체에 영향을 미치는 준거성을 지니고 있다.

2.2. 한국어의 방언구획

같은 언어라 하더라도 지역적으로 격리되어 오랜 시간이 흐르면 원래의 언어와 다른 모습으로 바뀐다. 한 언어에서 지리적 특성을 지니고 갈라진 말들을 문법적이고 체계적인 기준에 의해 몇 개의 방언으로 분류하는 것이다.

이러한 방언구획의 구분은 등어선이라는 기준에 따르는데, 등어선은 방언, 방언과의 경계선에서 이루어지는 것뿐만 아니라, 한 방언의 하위 방언에서도 나타나기 때문에 지도면상에 무수한 그물 상태로 나타난다. 그러다보니 등어선의 교착이 심하고 많을 경우에는 어느 등어선이 방언과의 한계선인 등어선이요, 또 어느 등어선이 하위 방언끼리의 등어선이냐를 결정하는데 곤란할 때가 있다. 한국어의 방언 구획은 언어의 음운, 형태, 문법 등의 체계적인 조사를 통해 결정하는 것이 이상적이나 언어의 어떠한 한 요소 음운이나 형태 그리고 문법 영역 중 어느 하나를 기준으로 하는 것이 보편적이다. 경우에 따라서는 행정구역의 차이에 따라 방언구획을 설정하기도 한다.

여러 학자들의 방언구획을 종합하고 현재 행정구역을 바탕으로 하여 국어의 방언구획은 6개의 지역방언으로 방언구획을 설정하는 것이 보편적이다.

(2) 한국어의 방언구획
  • 남한지역의 방언 ┬ ㄱ. 중부방언 – 경기도방언, 강원도방언, 충청
                         도방언
                     ├ ㄴ. 서남방언 – 전라도방언
                     ├ ㄷ. 동남방언 – 경상도방언
                     └ ㄹ. 제주도방언
  • 북한지역의 방언 ┬ ㅁ. 서북방언 – 평안도방언
                     └ ㅂ. 동북방언 – 함경도방언

3. 지역방언의 특징

3.1. 남한지역의 방언

남한지역의 행정구역은 1개의 특별시와 9개의 도, 71개의 시, 4개군
으로 이루어져 있으며, 이를 방언군으로 나누면 중부방언, 서남방언, 동
남방언, 제주도방언으로 나누어진다.

1) 중부방언 – 경기도방언, 강원도방언, 충청도방언

중부방언은 서울과 경기도, 충청남북도, 강원도, 황해도 재령 이남,
함경남도 영흥 이남에서 쓰이는 방언이다. 먼저 경기도방언은 인접하고
있는 충청도, 강원도, 황해도 방언의 영향을 받아 인접 지역의 방언과
공통된 것이 많다. 젊은층에서 단모음인 [외]와 [위]가 이중모음으로 발
음되며, [에]와 [애]의 변별력이 약화되어가고 있는 특징을 가지고 있
다. 특수어휘로는 '북새(놀), 고뿔(감기), 하루거리(학질), 나락(벼), 싸게(빨
리)' 등의 어휘가 있다.

〈표 1〉 충청도방언의 예

충청도방언	표준어
"그래 늬 이름은 무엇이라 부르더냐?" "먼젓 것인디유." "늬 에미가 너를 즘촌(店村)옹기 틈목에서 풀었다더구나… 오늘버텀 이름을 옹젬이라 허거라. 옹젬이가 무던허겠구나."〈중략〉 "아씨, 나리만님두 봄을 타셔서 심난허신개비데유." "그 바구니 것은 뭐라는 게냐?" "나리만님 즐겨허시는 나승개허구 소리쟁이유… 참해두 오라지게 질다… 쌍고동 울어울어 연락선은 떠난다아~" 그녀는 귀동냥하여 남은 콧노래를 불러가며 아궁이앞에서 나물 다듬기를 시작한다. 　　　　　　　　 −이문구 〈관촌수필〉 중에서	"그래 너의 이름은 무엇이라 부르냐?" "먼저 것인데요." "너의 어미가 너를 점촌옹기 마을에서 낳았다고 하더라. 오늘부터 이름을 옹젬이라고 해라. 옹젬이가 무난하겠구나."〈중략〉 "아씨, 나리마님도 봄을 타셔서 심난하신가 봐요." "그 바구니 것은 무엇이냐.?" "나리마님 즐겨하시는 냉이하고 소리쟁이예요… 참 많이 길다… 쌍고동 울어울어 연락선은 떠난다아~" 그녀는 얻어들은 콧노래를 불러가며 아궁이앞에서 나물 다듬기를 시작한다.

다음으로 <표 1>의 예를 살펴보면 충청도방언은 말끝을 길게 빼면서 느릿느릿 발음을 한다. '점촌'을 '즘촌'으로 발음하는 고모음화 현상이 나타나며, '심난허신개비데유'처럼 모음조화를 잘 지키지 않는 경향이 있다. 공통격 조사로 '-하구 / -허구'가 많이 쓰인다. 평서형 종결어미는 '-다 / ㄴ다 / 는다, -아 / 어, -지, -구만 / 구면, -시유, -유' 등이 쓰이는데, '-아 / 어'는 의문법, 명령법, 청유법에 두루 쓰인다. '-구만 / 구면, -는데'는 어떤 사실을 새삼 깨달았거나 확인하는 투로 쓰이는데 자신에게 말하는 듯한 느낌의 어미다. '-데 / -더'는 지난일을 회상하며 말하는 어투이다. 부사어 '겨우'가 구개음화된 '제우'도 보인다. 그 외에 '마실(마을), 가실(가을), 끄스름(그을음), 새뱅이(새우)'처럼 [ㅅ]음과 [ㅂ]의 보존현상이 나타나고, 특수어휘로는 '정구지 / 졸 / 솔 / 소불 / 소풀(부추)', '나승개(냉이), 똥아리 / 또아뱅이 / 또뱅이(또아리), 자마리 / 나마

리(장자리), 건거니(반찬) 여깽이 / 야깨이 / 여수 / 여시 / 야시 / 여호(여우)’ 등
이 있다. 현존하는 고어로는 ‘누리(우박), 지랑(간장), 부루(상추), 도치(도
끼), 여수(여우), 하마(벌써), 두텁다(두껍다)’ 등이 있다.

<표 2> 강원도방언의 예

강원도방언	표준어
나흘 전 감자 쪼간만하더라도 나는 저에게 조금도 잘못한 것은 없다. 계집애가 나물을 캐러가면 갔지 남 울타리 엮는 데 쌩이질을 하는 것은 다 뭐냐. “얘! 너 혼자만 일하니” 하고 긴치않는 수작을 하는 것이다. “그럼 혼자하지 떼루 하디?” 내가 이렇게 내배앝는 소리를 하니까. 　　　　　　　　－김유정 〈동백꽃〉 중에서	나흘 전 감자 사건만 하더라도 나는 저에게 조금도 잘못한 것은 없다. 계집애가 나물을 캐러가면 간거지 남의 울타리 엮는데 쓸데없는 일로 나를 귀찮게하는 것은 무슨 일이냐? “얘! 너 혼자만 일하는 거야?”하고 필요하지않은 말걸기를 한다.“ “그럼 혼자하지 여러명이 하겠니.” 내가 이렇게 퉁명스러운 반응을 보이니까

또한 <표 2>의 예를 통해 강원도방언의 특징을 살펴보면 ‘하재, 하우,
할라우’에서 ‘-재, -우, -라우’ 등이 보인다. 각자의 단어에는 유성음이
적절히 녹아있어 발음이 매끄럽고 토속적인 분위기를 느낄 수 있다.

강원도방언은 주로 경상도와 함경도 접경지역에서 ‘갈강지(가랑비),
몰개(모래), 벌거지(벌레)’처럼 [ㄱ]음의 보존이 강하게 나타나고, ‘쪼간
(사건), 쌩이질(쓸데없는 일로 귀찮게하다), 호들기 / 호데기 / 주레 / 줄레(호드
기), 소쨍이 / 소꼴기 / 소디끼 / 소데끼(누룽지)’와 같은 특이한 방언이 나
타난다. 고어로는 ‘유리 / 누리(우박), 부에(허파), 정지(부엌), 지렁(간장), 하
마(벌써)’ 등이 있다.

2) 서남방언 – 전라도방언

서남방언은 전라도지방에서 쓰이는 방언으로 호남방언이라고도 한다.
<표 3>을 통해 전라도방언의 예를 살펴보자.

〈표 3〉 전라도방언의 예

전라도방언	표준어
장례가 끝나고 며칠이 지나갔다… 그림자 하나가 무덤앞에 무릎을 꿇었다. "'대장님, 지가 왔구만이라. 하대치여라. 대장님. 대장님이 먼첨 가셔불고. 지가 살아남어 이리될 줄 몰랐구만이라. 지가 대장님 앞에 면목이 읎구만요. 그려도 대장님이사 다 아시제라. 지가 요리 살아 있는 것이 그간 총알 피해댕김서 드럽게 살아남은 것이 아니란 거 말이제라. 대장님, 편안허니 먼첨 가시씨요. 지도 대장님헌 배운대로 당당허니 싸우다가 대장님따라 깨끔허게 갈것잉께요. …… 지 맘대로 혀뿔기 전에 대장님헌테 먼첨 말씸디릴라고라. 고것이 먼고 하니, 지가 할아부지헌테 받은 이름얼 지 손자 눔헌테 넴게줄라고라." 　　　　　　　－조정래 〈태백산맥〉 중에서	장례가 끝나고 며칠이 지나갔다…… 그림자 하나가 무덤 앞에 무릎을 꿇었다. "대장님, 제가 왔어요. 하대치예요. 대장님, 대장님이 먼저 가셔버리고 제가 살아남아 이렇게 될 줄 몰랐어요. 제가 대장님 앞에 면목이 없네요. 그래도 대장님은 다 아시지요. 제가 이렇게 살아 있는 것이 그간 총알을 피해 다니면서 더럽게 살아남은 것이 아니란 것 말이에요. 대장님, 편안하게 먼저 가세요. 저도 대장님한테 배운대로 당당하게 싸우다가 대장님따라 깨끗하게 갈게요. 제 마음대로 하기 전에 대장님한테 먼저 말씀드리려고요. 그것이 무엇이냐 하면. 제가 할아버지한테 받은 이름을 제 손자놈에게 넘겨주려고요."

전라도방언은 '피해댕기다(피해 다니다)'처럼 움라우트현상이 활발하게 일어나며 '드럽게(더럽게)', '지가(저가)', '읎다(없다)'로 발음되는 고모음화 현상도 나타난다. 또한 중세국어의 'ㅿ, ㅸ'이 유지되어 '가실(가을), 여시 / 야시(여우), 무수(무)'에서의 'ㅅ', '새비(새우), 더버서(더워서)'에서의 'ㅂ'어형이 그대로 남아있다. 어말어미로는 '그랬는디, 했당께(로)'에서 보듯이 '-는디, -ㅇ 깨(로)'가 쓰이고, '-고라, -제라, -라우, -라요' 이외에 '-야, 잉'도 전라도방언의 특징을 드러낸다.

전라도방언의 가장 특징적인 어휘인 '거시기'는 '사람이나 사물의 이름이 얼른 떠오르지 않을 때, 그 이름 대신으로 쓰는 말'이며 감탄사로는 '하려는 말이 얼른 생각나지 않거나 얼른 말하기 거북할 때 그 말 대신으로 쓰는 군말'의 뜻을 가진 어휘이며 동사로는 '거시기허다'가 쓰인다(이상규, 2007).

또한 전라도방언의 특이한 형태로 '저자(시장), 노리(우박)' 등이 있으며 특수어휘로는 '훌타리(울타리), 호리개(소리개), 야분다 / 야빈다(여위다), 괴대기(고양이), 시안(겨울), 괴비(호주머니), 깜밥(누룽지), 건거니(반찬), 바꿈사리(소꿉친구), 땅구(메뚜기), 지청구(꾸지람)' 등이 있으며, 고어에는 '저자(시장), 산모랭이(산봉우리), 아레 / 아리께(그저께), 성냥깐(대장간), 정지(부엌)' 등이 있다(이석주, 2005).

3) 동남방언 - 경상도방언

동남방언은 경상도지방에서 쓰이는 말이다. <표 4>를 통해 경상도방언의 예를 살펴보자.

<표 4> 경상도방언의 예

경상도방언	표준어
"와 빤히 보능기요? 내 안주 술 안 취했음 데이, 염려마이소." "인자 딴 말은 안하지요. 언제 또 만날지 모르이칸에 이왕 만낸 짐에 저 송아지 빨갱이나 이 갈밭새가 사는 조마이섬 이바구나 좀 하지요." 그리곤 정신을 가다듬기나 하듯이 앞에 놓인 술잔을 훌쩍 비웠다. "우리 조마이섬 사람들은 지 땅이 없는 사람들이오. 와 처음부터 없기싸 없었겠소마는 죄다 뺐기고 말았지요. 옛적부터 이 고장 사람들이	"왜 빤히 보는 거예요? 나는 아직 술 안 취했으니 염려 말아요." "이제 다른 말은 안하지요. 언제 또 만날지 모르니까 이왕 만난 김에 저 송아지빨갱이나 이 갈밭새가 사는 조마이섬 이야기나 좀 하지요." 그리고는 정신을 가다듬기나 하듯이 앞에 놓인 술잔을 훌쩍 비웠다. "우리 조마이섬 사람들은 자기 땅이 없는 사람들이오. 왜 처음부터 없지는 않았지만 죄다 빼앗기고

<table>
<tr><td>젖줄같이 믿어오는 낙동강물이 맨들어 준
우리 조마이섬은……"
　　　　−김정한 〈모래톱이야기〉 중에서</td><td>말았지요. 옛적부터 이 고장 사람들의 젖줄
같이 믿어오는 낙동강물이 만들어 준 우리
조마이섬은……"</td></tr>
</table>

　경상도방언의 특징은 '짐에(김에)'처럼 구개음화 현상이 강하게 나타나며 종결어미인 '합니다, 합시다'의 '다'를 '더'로 발음하고 '합니까'의 '까'를 '꺼'로 발음한다. '늬캉 나캉 잘살자는데 와 그라노'에서 부사격조사 '와, 과'에 해당하는 '캉, 까, 카, 랑, 이랑, 이야' 등이 쓰이며, 의문형어미는 '−나, −노, −가, −고'가 쓰인다. 또한 성조가 남아있는 것이 특징이며 '살(쌀), 시(씨), 스다(쓰다)'처럼 '씨'을 'ㅅ'으로 발음하다. 이 방언의 특이한 형태로 '하마, 하매(이미), 아래(엊그제), 설따(서럽다), 말캉(모두), 백지(괜히)' 등이 보인다.

　특수어휘로는 '이바구(이야기), 저모래 / 저모리(글피), 오메(어머니), 이붓(이웃), 초뚜베(정강이), 항글레비(메뚜기), 참다(차다)' 등이 있고 고어에는 '아래 / 아리 / 저아래 / 저아리(그저께), 멀구(머루), 새비(새우), 그러매 / 그르매(그림자), 진뒤(진드기), 더버(더워)' 등이 있다(이석주, 2007).

4) 제주도방언

　제주도방언은 제주도지방에서 쓰이는 말로 섬이라는 지역적인 특수성으로 인해 고어가 가장 많이 남아 있으며 전라도, 경상도, 충청도 방언과는 비교적 가깝다. 몽고어와 일본어의 영향을 많이 받은 방언이다. <표 5>에서 제주도방언의 예를 살펴보자.

<표 5> 제주도방언의 예

제주도방언	표준어
"동네 사람들이 날 숭보암서라. 새로 온 민기네 집 식모는 밥 하영 먹는 제주도 할망이엔 소문나서라." "아니, 누게가 그런 쓸데없는 소릴 헙디가?" "허기사 고향서 궂은일, 쌍일을 허멍 보리밥 한사발 고봉으로 먹던 버릇따문에 아명 밥을 적게 먹젱 해도 공깃밥 먹는 조캐네들보다사 하영 먹어지는 게 사실이쥬, 사실이 그렇댄 해도 밥 하영 먹는 식모옌 사방팔방에 놈한티 소문내는 벱이 어디 이시니?" —현기영 〈순이삼촌〉 중에서	"동네 사람들이 나를 흉보더라구요. 새로 온 민기네집 식모는 밥을 많이 먹는 제주도 할미란 소문이 났어요." "아니, 누가 그런 쓸데없는 소리를 합니까?" "하기사 고향에서 궂은일, 힘든 일을 하면서 보리밥 한사발 고봉으로 먹던 버릇 때문에 아무리 밥을 적게 먹으려고 해도 공기밥 먹는 조카네들보다는 많이 먹어지는 게 사실이에요. 사실이 그렇다 해도 밥을 많이 먹는 식모라고 사방팔방에 남한테 소문을 내는 법이 어디에 있나요?"

　제주도방언은 '똘(딸), 몰(말), 보름(바람), 고를(가루), 포리(파리), 도리(다리)' 등에서 보듯이 16~17세기에 소멸된 아래아 발음이 아직도 쓰이고 있으며, 먼저 '바당(바다), 고망(구멍), 하르방(할아버지), 어멍(어머니)'에서의 '-앙(-엉)'의 접사와 '생이(새), 제비생이(제비)'에서의 '-앵이'에서처럼 접미사가 첨가되는 독특한 방언형을 지니고 있다.

　제주도 방언에서는 종결 어미도 다른 지역의 방언과 다르게 나타난다. '봐수꽈, 하염쭈, 흐우다, 책이우다, 합서, 흐심, 놀암쩌, 감저' 등과 '감수가, 가쿠다'의 '-수-, -쿠-' 등의 특이한 선어말어미가 보인다. 특수어휘로는 '비바리(처녀), 괸당(친족), 골갱이(호미), 놈삐(무), 콥데사니(마늘), 늦싸움(여드름), 부글래기(거품), 꽝(뼈), 안방질(다듬이질), 흐를(하루), 무를(마루), 독새기(달걀), 황고지(무지개), 돗궹이(회오리바람), 남초(담배), 초랍다(떫다), 드르(들), 오름(산), 바를(바다), 야굴탁(턱)' 등이 있다.

3.2. 북한지역의 방언

북한의 행정 구역은 광복 당시 6도, 9시, 89군이 있었으나 면 단위를 없애고 군 지명을 재분할하여 2005년 1월 기준으로 전체 9도(평안남북도, 함경남북도, 황해남북도, 강원도, 자강도, 량강도), 1개 직할시(평양시), 3개 특급시(개성시, 남포시, 라선시)로 나뉘어져 있다. 북한의 현재 행정구역의 명칭을 살펴보면 사회주의적 사상을 고취시키기 위한 어휘를 선택해서 군명을 '은덕군(<경흥군), 새별군(<경원군), 영광군(<오로군), 선봉군(<웅기군), 락원군(<퇴조군)' 등으로 개명하기도 한다. '새별'은 새 지도자를 의미하며, 김정일의 호이다. 군명뿐만이 아니라, 해방 전에 황해도, 평안남도, 평안북도, 함경북도, 함경남도 등으로 불리던 행정 구역명의 일부가 강장도(1949년), 양강도(1954년), 황해북도(1954년), 황해남도(1954년) 등으로 바뀌었다(정주리 외, 2004).

또한 북한은 표준어에 해당하는 용어로 '평양말을 기준으로 하여 우리 인민의 혁명적 지향과 생활 감정에 맞게 문화적으로 가꾸어진 조선민족어의 본보기'(『조선말대사전』)로 정의하면서 '문화어'란 용어를 쓰고 있다.

이러한 북한의 문화어의 특징을 살펴보면 첫째로 모음 'ㅓ'음은 표준어 'ㅗ'에 가깝게 발음된다. 즉 '걱정없다'가 북한에서는 '곡종웁다'에 가깝게 발음된다. 둘째로 문화어는 '건더기, 지팽이, 부시다'와 같은 ㅣ모음역행동화, 전설모음화한 말을 인정하는 경향이 강하다. 셋째로 구개음화나, 두음법칙이 적용되지 않은 경향을 보이며, 넷째로 된소리와 거센소리가 들어간 어휘를 많이 사용한다. 다섯째로 방언 중 약 4,000여 개의 어휘를 골라 문화어가 되었다고 한다(장소원 외, 2002).

1) 서북방언 – 평안도방언

서북방언은 평안남북도에서 쓰이는 방언이다.

<표 6> 평안도방언의 예

평안도방언	표준어
"누가 빈틈을 냈슴매?하는 흥분에 찬 목소리가 들렸다. "아즈반이웨다레."하는 것은 동장네 절가였다. "어떻게들 됐노?"하는 소리가 들려왔다. "파투웨다." 절가의 말에 큰 동장의 결난 목소리로, "늙은 것은 뒈데야 해, 뒈데야 해." 하는 소리가 집안까지 들려왔다. 　　　　－황순원 〈목넘이마을의 개〉 중에서	"누가 빈틈을 준거야."하는 흥분에 찬 목소리가 들렸다. "아저씨이시군요." 하는 것은 동장네 머슴이었다. "어떻게들 됐어?" 하는 소리가 들려왔다. "실패(화투놀이－파토나다)예요." 절가의 말에 큰 동장이 화난목소리로, "늙은이는 죽어야 돼. 죽어야 돼."하는 소리가 집 앞까지 들려왔다.

<표 6>에서 평안도방언의 특징을 살펴보면 '으사(의사), 히망(희망), 토이(토의)'에서 보듯이 [ㅢ]가 첫음절이나 둘째음절에 오면 [ㅡ, ㅣ]로 대체된다. '노리(료리), 차포(차표), 얼다(열다)' 등에서도 이중모음이 단모음화하는 경향이 보인다. '뒈데다>되지다>죽다'에서 보듯이 구개음화 현상이 나타나지 않으며, '녀름(여름), 여자(여자), 닐굽(일곱), 니마(이마)' 등처럼 두음법칙도 나타나지 않으며, '흘(흙), 달(닭), 야뜰(여덟), 널따(넓다)'에서와 같이 겹받침 [ㄹㄱ], [ㄹㅂ]이 어말 또는 자음 앞에서 [ㄹ]로 발음된다. 의문형 종결어미로 '－ㅁ무다, －ㅁ매, －ㅂ네까' 등이 쓰이고, '내레 마니 받았수다레'에서처럼 주격조사 '레(가)'가 쓰이고 평서형 종결어미로 '－수다 / －소다, －웨다 / －우다(－습니다), －레(－그려), －ㅁ무다 / －슴무다, －쉐다, －쉬다' 등이 쓰인다.

특수어휘에는 '무루(우박), 생우(새우), 마누래(천연두), 우티(옷), 곽챙이

(괭이), 영우(여우), 두릉물(우물), 불거지(노을), 떠깡이(뚜껑), 클나반 / 크타베 /하나비(할아버지), 클마니 / 클만(할머니), 닫아뱀(큰아버지), 가소마니(장모), 서나(남편, 사내), 우덩(일부러)’ 등이 있고, 고어로는 ‘오래(문)’이 있다.

2) 동북방언 – 함경도방언

동북방언은 함경남도 정평 이북의 함경도방언을 말한다. 동북방언권은 지리적으로 고립되어 있기 때문에 다른 방언에 비해 독특한 방언형을 유지하고 있다. 함경도방언의 특징을 <표 7>에서 살펴보자.

<표 7> 함경도방언의 예

함경도방언	표준어
“조금 더 놓소.” 쌍가매는 말했다. 가죽이 붙은 비계 한 꼬투리를 자라 던지듯 주는 것이었다. 받지 않았다. ‘이거는 개진가?’ 욱 치밀었으나, 싸울 생각은 없었다. 쌍가매는 참으면서 돌아서려다가 중국여인과 맞부딪쳤다. “아얏.” 발등을 밟힌 모양이었다. 전족의 중국 여인이 비명에 가까운 소리를 지르더니 두 주먹으로 쌍가매의 가슴패기를 쎄우 쥐어 박았다. 숨이 막혔다. “무시래 줴 박는 기야?” 날카로운 소리와 함께 쌍가매는 발등 밟힌 중국 여인을 떠밀었다. 중국 여인은 쌍가매에게 달려들었다. 주먹이 뺨으로 날았다. “이 미친 간나르 봐라!” 쌍가매도 악에 치받쳤다. 　　　　　　　　－안수길 〈북간도〉 중에서	“조금 더 주세요.” 쌍가매는 말했다. 가죽이 붙은 비계 한 끝을 잘라 던지듯 주는 것이었다. 받지 않았다. ‘내가 개인가?’ 욱 치밀었으나, 싸울 생각은 없었다. 쌍가매는 참으면서 돌아서려다가 중국 여인과 맞부딪쳤다. “아얏.” 발등을 밟힌 모양이었다. 전족의 중국 여인이 비명에 가까운 소리를 지르더니 두 주먹으로 쌍가매의 가슴패기를 매우 쥐어 박았다. 숨이 막혔다. “왜 때리는 거야?” 날카로운 소리와 함께 쌍가매는 발등 밟힌 중국 여인을 떠밀었다. 중국 여인은 쌍가매에게 달려들었다. 주먹이 뺨으로 날았다. “이 여자 미친 것 아니야!” 쌍가매도 악에 치받쳤다.

함경도방언의 특징은 성조가 남아있는 것이다. 또한 ‘궁기 / 궁강(구멍), 입술기(입술), 멀구(머루), 낭구(나무), 놀기(노루), 무꾸(무)’에서 유성음 사이에 [ㄱ]음을 보존하는 경향이 가장 강하며 ‘가슬(가을), 부숫게(부엌),

가새(가위), 하불애비(홀아비), 누비 / 누베 / 누배, 새비(새우)' 등에서 보듯이 [ㅅ]음과 [ㅂ]음을 보존하고 있다.

평서형 종결어미로는 '낫지비(낫지), 먹었슴메(먹었습니다), 갑세(갑세), 호랭이우다(호랑입니다)'와 같이 '-지비, -슴, -슴메, -ㅂ세, -우다' 등이 쓰인다. 명령형 종결어미로 '-ㅂ소, -소' 등이 있다.

특수어휘로는 '할기(흙), 뻘쭈꺼(활발한 여자), 지내(짙게 깔린 안개), 얼빤하다(떙하고 멍하다), 거르마니(호주머니), 아웅새다(부끄럽다), 쎄우(매우), 날래(어서)' 등이 남아 있고 고어로는 '누리(우박), 두레(들), 베리(별), 나조(저녁), 어시(어버이), 오래 / 우래(문), 절(젓가락), 구리 / 굴레 / 굴리(그네)' 등이 있다.

남한과 북한의 언어는 분단이라는 정치적 상황으로 인하여 그 차이가 날로 벌어져가고 있다. <표 8>에서 북한의 문화어와 남한의 표준어를 중심으로 어휘를 살펴보면 그 언어의 차이를 확연히 알 수 있으며 북한의 문화어는 비교적 고유어를 많이 유지하고 있음을 알 수가 있다.

<표 8> 남북한 어휘의 비교

고유어	한자어	외래어
강구다-귀를 기울이다	불알-전구	진단물-시럽
남새-채소	긴불알-형광등	나리옷-드레스
뚝쟁이-무뚝뚝한 사람	가부녀성-주부	장식등-샹들리에
마사지다-부서지다	단얼음-빙수	불도겜-불도저
바재다-마음 졸이다	기다림칸-대합실	설기과자-카스테라
싣밭다-매우 가깝다	굵은밸-대장	글쪽지-메모지
상기-아직	곽밥-도시락	마른얼음-드라이아니스
숙보다-깔보다	새참-간식	가슴띠-브래지어
돌-삶은 달걀	벌발-평야	가락지빵-도넛
이밥-쌀밥	가루소젖-분유	인쇄기-프린터
뜨더국-수제비	단알약-당의정	자동계단-에스컬레이터

4. 사회방언의 특징

사회계층의 차이, 남녀의 성별의 차이, 연령에 의한 세대의 차이, 다양한 직업 특성에서 오는 용어의 차이, 통신언어의 발달로 인한 비속어의 사용, 사회·문화적 변화에 따른 유행어의 생성 등으로 인하여 달리 나타나는 언어의 차이를 사회방언이라 한다.

4.1. 사회계층에 의한 언어의 차이

사회계층의 언어의 차이를 통해 알 수 있는 것은 한국인은 호칭에서 자신이 속한 집단에 대한 공동체의식과 관계를 중시하는 문화를 가지고 있어 이를 호칭 속에 반영하고 있다는 점이다.

한국인은 특히 '우리집, 우리가족, 우리나라' 등 '우리'라는 집단의식을 반영한 말을 많이 쓰는데 이는 '울(울타리)＋이(사람)'에서 온 파생어로 집단이나 집단의 테두리 속에서 사람들이 갖는 소속감을 중시한다. <표 9>에서는 우리라는 관계를 중시하며 살아가고 있는 사회계층과 관계에 의해 달리 불리는 호칭의 예를 살펴볼 수가 있다.

〈표 9〉 사회계층과 관계에 의한 호칭의 예

사회계층에 의한 언어	표현의 의미
ㄱ) 어머님, 형님, 동서, 아가씨, 아버님, 아주버님, 서방님, 백부님, 숙부님	ㄱ) 남편의 어머니, 남편의 누나, 같은 며느리 사이, 남편의 여동생, 남편의 아버지, 남편의 형, 남편의 결혼한 동생, 큰아버지, 작은아버지
ㄴ) 엄마, 언니, 자기야, 서방, 우리아내	ㄴ) 친정어머니, 친정의 손위여자, 남편, 아내
ㄷ) 사장님, 실장님, 주부님, 기사님	ㄷ) 직함에 님을 붙인 경우
ㄹ) 간호부>간호원>간호사 청소부>환경미화원	ㄹ) 직업에 대해 낮추는 의미, 순화되고 미화된 의미

<표 9>의 ㄱ)과 ㄴ)의 예에서 보면 '시댁식구들에 대한 존칭'은 '-님'을 붙이거나 한자어를 써서 '상대를 높이는 효과'와 함께 '마음의 거리감'이라는 정서까지도 담고 있는 반면 자신의 가족은 친밀감을 드러내는 호칭을 쓰고 있다. 또한 집단 내에서의 위계질서에 의한 계층을 중시하는 정서를 가지고 있어 ㄷ)과 ㄹ)에서는 직함에도 '-님'을 붙이고 순화되고 미화된 의미의 호칭으로 바꾸어 부르면서 상대에 대해 배려하고 존중하는 마음을 중시하는 정서도 함께 반영하고 있다.

4.2. 남녀의 성별에 따른 언어의 차이

사회 방언을 나누는 언어적 차이를 드러내는 중요한 요소로 남녀의 성별에 따라 차이를 두는 가부장적인 문화를 들 수 있다. 과거 신분 사회라는 전통 사회에서는 남성과 여성이 사용하는 언어가 매우 달랐는데 현대에서도 이러한 차이가 나타나며 이는 <표 10>의 예에서와 같이 남성과 여성의 역할에 대해 사회가 요구하는 기준과 태도가 다르기 때문이다. 여자보다는 남성에게 더 관대한 평가를 하고 있다. 이러한 선입견과 태도의 차이가 성별에 의한 언어의 차이를 가져온다.

<표 10> 남녀의 성별에 따른 언어의 예

성별에 따른 언어	표현의 의미
ㄱ) 여자와 바가지는 내돌리면 깨진다. 　　남자는 나이 먹으면 어른이 되고, 　　여자는 나이 먹으면 여우가 된다.	ㄱ) 무정물과 여자를 동격으로 취급하며 비하하거나 남성위주의 가부장적인 태도
ㄴ) 왠 여자가 이렇게 선머슴 같니? 　　남자가 왜 여자처럼 찔찔 짜?	ㄴ) 남녀의 속성에 대한 편견
ㄷ) 깔끔하다. 정숙하다. 아리땁다. 　　괄괄하다. 늠름하다, 씩씩하다. 점잖다.	ㄷ) 남녀의 태도에 대한 편견

<표 10>의 예에서 보면 남성과 여성을 바라보는 사회적인 선입견에서 남녀 성별에 따른 언어의 차이가 나타남을 알 수가 있다. 먼저 여성에 대해서는 평등한 인간관계를 추구하며 이해심과 동정심이 많고 공적인 일에 잘 나서지 않으며 제안할 때도 권유조의 다정한 어투를 사용하여 상대를 배려하고 말의 의미를 중시하는 수동적인 태도를 지니는 것이 여성스럽다고 여기는 반면, 남성은 경쟁관계에서 적극적이며 문제를 해결하는 능력이 뛰어나고 대화에서도 주도적인 역할을 하며 공적인 일에 관심이 많고 직설적이고 명령조로 제안을 하며 정서를 드러내지 않는 적극적이며 과묵한 태도를 남성적이고 신중하다고 평가한다. 이러한 남녀 성별에서 기대하는 역할에 따라 언어의 차이를 보여준다.

4.3. 연령에 의한 언어의 차이

사회방언을 나누는 영향력이 큰 요인은 연령에 의해 나누어지는 세대 간의 언어의 차이이다. 이것은 익숙하게 생활해 온 문화가 다른 데서 오는 차이이기도 하다.

〈표 11〉 신세대와 구세대가 사용하는 언어의 예

신세대들이 사용하는 언어	구세대들이 사용하는 언어
• 열공—'열심히 공부하다'의 줄임말 • 지름신—'지르다'와 '신'의 합성어로 '충동 구매하고 싶은 마음이 일어난다'는 의미의 신조어 • 불펌—인터넷에서 남의 자료를 불법으로 가져오는 일 • 출첵—'출석체크'의 줄임말 • 므흣—수상쩍은 미소나 매우 흡족한 상	• 주전부리—명사로써 군음식 따위를 때를 가리지 않고 자꾸 먹는 짓 • 깜냥—자기 능력을 스스로 겸손하게 말할 때 사용한다. 일을 가늠해보아 해낼 만한 능력 • 너스레—남을 농락하려고 수다스럽게 늘어놓는 말, 또는 그 말솜씨 • 설레발—몹시 서둘러 대며 부산을 피우다

태를 말하는 10대들의 신조어 • 넷심─인터넷상의 다수의 여론, 또는 여론 몰이 • 즐감─'즐겁게 감상하라'는 뜻	• 데면데면─사람을 대하는 태도가 친숙성이 없고 덤덤한 모양 • 따따부따─딱딱한 말로 이러쿵 저러쿵 따지는 모양

<표 11>의 예에서 보듯이 신세대인 청년층은 디지털문화 환경 속에서 자라난 세대로 대중매체와 통신언어에 익숙하여 인터넷과 핸드폰에서 사용하는 통신언어와 관련된 신조어를 만들어내고 일상적으로 사용하나 아날로그문화 환경 속에서 성장한 구세대인 중·장년층은 익숙한 언어를 사용하며 새로운 인터넷문화를 빨리 받아들이지 못하는 특성으로 인하여 언어의 차이가 점점 더 벌어지고 있다.

4.4. 직업이나 집단의 특성에 따라 다른 언어의 차이

직업이나 집단의 특성에 따라 '특수한 집단이나 계층 또는 사회에서 남이 모르게 자기네들끼리만 쓰는 말'을 '은어(隱語)'라고 한다. 직업에 따라 사용하는 전문용어나 어휘가 다르게 나타나며, 집단의 특성을 보여주거나 결속력을 다지기 위해 사용하는 은어는 전문용어, 비속어, 특수한 문자언어까지 다양한 형태를 볼 수가 있다.

<표 12> 집단의 특성에 따른 언어의 예

학 생	해 녀	경찰과 범죄자
• 째다─땡땡이 • 담탱이─담임선생님 • 범생이─모범생 • 맞짱─1:1로 싸우는 것 • 왕·영·은 따─완전히, 영원히 은근히 따돌림	• 비바리─결혼한 여자 • 넹바리─결혼 안한 처녀 • 좀녀─해녀 • 구덕─바구니 • 고량착─대로 만든 채롱 • 대배기─물긷는 그릇	• 노상까다─돈을 갈취하다 • 노상당하다─돈을 빼앗기다 • 삥뜯다─상대를 협박하여 돈을 뺏는 행위 • 퍽치기─갑자기 '퍽'치면

		서 가방을 빼앗는 것
• 빵셔틀−학급의 서열에서 맨아래계층으로 갖은 심부름을 하는 학생 • 야자−야간자율학습	• 덩두룽 마깨−짚 두리리게 • 물 구루마−마차 • 바농−바늘 • 박새기−바가지 • 제끄락−젓갈 • 주멩기−주머니 • 허벅−물을 길어담는 통	• 큰집−교도소 • 조폭−조직 폭력배 • 짭새−경찰

<표 12>에서 나타난 은어의 예를 보면 학생들은 '왕·영·은 따, 야자'와 같은 줄임말을 사용하거나 '빵셔틀'과 같은 신조어를 만들어내어 은어로 사용하면서 집단의 결속력을 다지는 역할을 하며, 해녀들의 은어는 제주도방언을 그대로 유지하면서 지역적인 토속성을 강하게 드러내는 언어를 사용하며 경찰과 범죄자의 은어는 비속어로 거칠고 저속한 느낌을 주며 집단의 결속력을 중시하는 특성을 보여준다.

4.5. 통신매체의 발달로 인한 통신어와 비속어

신세대는 '네트워크세대', '디지털세대'라고 불리는 세대이다. 'N세대'라고 불리며 인터넷과 떼려야 뗄 수 없는 관계를 맺고 있는 세대이므로 통신매체는 이들에게 생필품과 같은 것으로 통신에서 사용되는 언어는 일상언어에서도 그대로 사용되며 문자에서도 구어체를 사용한다.

〈표 13〉 신세대들이 사용하는 통신어와 비속어의 예

통신어	비속어
ㄱ) 그럼 따 당하기 시러→싫어요 하이 어소세요→어서오세요. 이느무 가시나야 ㄴ) 꼬랑쥐→추신	니기미−네 어미가 줄어든 말, **뷩신**−병신, 덜아이−또라이, 쉐리/쉐이−새끼, 궤쉐이−개새끼, 존나−매우, 야코죽다−기죽다, 후지다−품질이나 성능이 다른 것에 비해

벙개→갑자기 모이는 모임
악플러→악성댓글을 다는 사람
ㄷ) 허걱! 어쩌다 그런 실수를……
그럼 이만 안녕. 휘리릭
홍보 마니 해 주시구요! 꾸벅
ㄹ) ㅠㅠ-눈물 흘리는 모습
^0^-웃는 표정
^^;;-당황해 하는 표정
*^.^*-부끄러워하는 표정

뒤떨어지다, 쪼개다-소리 없이 입을 벌리고 웃다, 토끼다-도망가다, 쌔비다-훔치다, 지랄-마구 법석을 떨며 분별없이 하는 행동, 삥땅-돈을 중간에서 가로채다. 구라-거짓말, 튀다-달아나다, 쌩까다-모른척하다, 씹다-대꾸하지 않다, 뻥-허풍/거짓말, 쪼다-바보, 꿀꿀하다-기분이 언짢다, 손발오그라든다-짜증난다.

<표 13>의 ㄱ)과 ㄴ)의 예에서 보면 인터넷상에 글을 올리는 것이 익숙하며, 메신저 등으로 즉각적인 대화를 나누기 때문에 빠르게 많은 양의 글을 쓰기 위해 어휘를 축약하거나 줄임말을 많이 쓰며 맞춤법이 어려운 말은 연음처리하여 쉽게 쓴다. 게임용어나 대중매체에 나오는 용어를 사용하여 고유어와 영어와 한자어를 적절하게 합성하여 새로운 신조어를 만들기도 한다.

그리고 ㄷ)과 ㄹ)의 예에서와 같이 '허걱, 휘리릭, 꾸벅, 우웩, 붉' 등과 같이 의성어나 의태어를 많이 쓰며, 그림을 이용한 특수문자 '이모티콘'을 이용하여 문자에 자신의 감정을 담아 전달한다.

또한 비속어는 거센소리와 된소리계열의 음을 많이 사용하여 거친 느낌을 주는 어휘를 많이 사용한다. '열라, 졸라. 젠장, 제기랄, 제미랄, 니미랄, 우라질, 지랄, 세키, 씨팔'과 같은 기존의 비속어를 더욱 축약하여 단순화시키고 변형하여 거부감 없이 사용하여 빠르게 전파시키는 경향을 보인다.

4.6. 사회·문화적 환경에 의한 신조어와 유행어

신조어와 유행어에 의해 새로운 언어의 변화가 이루어진다. 신조어와 유행어는 대중매체 특히 텔레비전이나 인터넷을 통해 빠르게 전파가 되며, 새롭게 만들어 진다.

〈표 14〉 신조어와 유행어의 예

신조어와 유행어	표현의 의미
ㄱ) 보라넷, 한류우드, 컴페인	ㄱ) 보라매처럼 빠른 인터넷, 한류와 헐리우드의 합성어—영상단지, 컴퓨터의 전문가
ㄴ) 엣지녀, 된장녀, 짐승남, 품절남, 꽃남, 이태백, 청년실신, 아바타	ㄴ) 패션감각이 뛰어난 여자, 몸매가 빼어난 남자, 결혼한 남자
ㄷ) 하이루~ 어서 오삼. 강추, 즐감하삼.	ㄷ) '반갑다'는 의미의 인사말, '강력하게 추천하니 즐겁게 감상하세요.'라는 의미

<표 14>의 예에서 보면 주로 대중매체와 통신매체에 익숙한 청소년층에 의해서 만들어지고 전파되는데, 말의 조어법은 고유어와 영어, 일본어, 한자어 등을 적절이 조합하여 만들기도 하며, 유행어를 사용하기도 하고 인터넷용어를 그대로 사용하기도 한다.

특히 ㄴ)의 예에서 보면 '이태백, 청년실신' 등과 같은 신조어는 '삶의 애환에 대한 자조와 슬픔'이라는 정서적인 면과 함께 사회적인 문제에 대한 공감대를 형성하고 풍자하고자 하는 의미를 담고 있으며 '엣지녀, 짐승남, 품절남, 꽃남' 등은 대중매체를 통해 전파되는 새로운 문화를 반영한 신조어와 유행어이다.

고종석(1999), 『국어의 풍경들—고종석의 우리말강좌』, 문학과 지성사.

이상규(2003), 『국어방언학』, 학연사.

이상규(2007), 『방언의 미학』, (주)살림출판사.

이석주·이석행 공저(2005), 『국어학개론』, (주)대한교과서.

이익섭(2002), 『국어학개설』(재판), 학연사.

장소원·남윤진·이홍식·이은경 공저(2002), 『말의 세상, 세상의 말』, 도서출판 월인.

정주리·박영준·시정곤·최경봉 공저(2006), 『역사가 새겨진 우리말 이야기』, 고즈윈.

한구영 엮음(1993), 『글동산 현대소설』(권1~권5), 문원각.

한국의 언어문화 편찬위원회(2003), 『한국의 언어문화』, 경북대학교 출판부.

KBS 상상플러스 제작팀(2006), 『상상플러스 세대공감—old & new』, 동아일보사.

『글동산 현대소설』(권1~권5), 문원각.

http://www.topianet.co.kr/topia/4/4D/41d070001-sim1.htm 북한의 행정 구역도

http://news.naver.com(경향신문, 2004년 12월 7일)

1. 문자론이란

세계 어느 민족이나 언어를 의사소통 및 사고의 수단으로 사용하고 있다. 일반적으로 이때의 언어란 음성언어를 지칭하며, 이 음성언어를 시각화하여 표현하는 것이 문자인데, 이를 한정하여 문자언어라 한다. 그러나 모든 민족이 표기 수단인 문자를 지니고 있는 것은 아니다. 다행히 우리는 표현 수단으로서의 고유한 음성과 문자를 통한 언어생활을 누리고 있으며, 문자가 없었던 인도네시아의 소수민족 토착어인 찌아찌아어를 표기할 공식문자로 한글을 수출하기에 이르렀다.

이처럼 의사소통 수단으로서 음성과 문자는 서로 대등하면서 상호 보완적 관계를 맺고 있는데, 이 가운데 문자 언어만을 따로 떼어내어 연구하는 국어학의 하위영역을 문자론(文字論, graphonomy)이라 한다.

2. 문자의 본질

이근수(1995)에서는 인간이 동물과 다른 점은 여러 가지가 있지만 그 가운데 문자 생활을 한다는 것이 두드러진 특징의 하나라고 하였다. 또한 문자는 문화를 창조하고 전달하는 기능을 가졌으니 문자를 창제한다는 것은 어느 시대, 어느 사회를 막론하고 문화사적·역사적 측면에서 커다란 의의를 갖는다며, 문자가 지니는 가치와 의의를 아래와 같이 정리하고 있다.

1. 음성언어의 가장 큰 단점인 시간과 공간을 초월한 상대방과의 의사소통이 가능해졌다.
2. 음성언어의 경우 시간이 흘러감에 따라 선행 내용에 대한 기억의 부담이 생기게 되는데, 문자는 이러한 부담에서 벗어나게 하였다.
3. 오늘날 인간의 문명이 발달한 것은 앞선 시대의 문명을 이어받음으로써 가능한 것인데, 이의 필수적인 도구가 바로 문자인 것이다.

언어음의 제1차적인 형식이 음성이고, 문자는 이의 보조적인 수단임에는 틀림이 없지만 우리가 언어를 의사소통의 수단 내지 도구라고 정의한다면, 문자는 음성과 대등한 가치를 지닌다.

3. 문자의 기원

문자 발생의 원인은 음성 언어의 가장 큰 문제점인 시·공간의 제약이었다. 사회가 점점 발전하고 커지면서 인간의 활동 영역이 확장됨과 동시에 음성언어로 인한 언어생활의 불편을 겪었을 것이다. 이에 음성언어의 단점을 보완해줄 수 있는 보조적 수단이 필요하게 되었을 것이다. 그러나 오늘날 정제된 문자의 탄생까지는 몇 가지의 단계를 거치게 된다.

먼저 간단한 내용을 나무나 가죽에 표시하는가 하면, 그림으로 표현하기도 하였다. 이 시기를 '기억방조단계(記憶幇助段階)'라 한다.

서계(書契)는 나무나 대나무 같은 곳에 자신이 나타내고자 하는 내용을 간단한 새김으로 표현하는 방법으로, Messenger Stick이라고도 한다.

결승(結繩)은 줄이나 끈에 매듭을 통해 어떤 의미를 표시하는 방법으로, 한 번의 매듭은 숫자 1을 두 번의 매듭은 2를 의미한다. 또한 일의 중요도는 매듭의 굵기에 따라서 표현한다. 페루에서는 'quipus'(매듭)으로 알려져 있다.

회화(繪畫)는 앞의 두 방법보다 한 단계 발전한 것으로 그림의 형태로 전달할 내용을 나타내는 것이다. 즉 서계나 결승이 내용과 아무런 연관성을 찾기 어려움에 비해 회화 형태의 방법은 쌍방 간의 의사 전달이 어느 정도 가능하게 되었다. 따라서 진정한 의미의 문자라기는 어렵지만, 넓은 의미에서 최고(最古)의 문자라 할 수 있다.

4. 문자의 발전

문자 이전의 단계를 거쳐 오늘날 최초의 문자의 자리에 위치하는 것이 상형문자이다. 그로부터 표의문자와 표음문자의 과정을 거치게 된다.

상형문자(象形文字)는 회화문자가 발전한 형태로 형태소의 의미를 그림으로 표시한 최초의 문자이다. 현재 이집트의 신성문자(神聖文字), 메소포타미아 지방의 설형문자(楔形文字), 고대 중국의 갑골문자(甲骨文字) 등이 대표적이다.

표의문자(表意文字)는 1문자가 1단어, 1관념이 1의미를 표시하는 것으로 한자(漢字)가 이에 속한다. 1문자가 음과 동시에 글자를 표시하고, 하나의 음은 1문자와 1음절의 발음으로 이루어진다. 이처럼 한 형태소가 한 의미를 지니고 있기 때문에 형태소 결합에 의한 조어력이 매우 뛰어나다. 표의문자는 글자를 보고 의미를 이해하기가 무척 빠르다는 점, 동일한 두 음성의 의미 구별이 용이하다는 점, 발음을 잘못하더라도 의미에 손상이 없다는 점 등의 장점을 지니고 있다. 반면, 원활한 의사소통을 위해서는 단어 수효만큼의 글자가 필요한데, 이 모든 문자를 익혀야 하는 부담이 표의문자의 가장 큰 단점이다.

표음문자(表音文字)는 문자 언어의 기능을 충분히 발휘하게끔 한 것으로, 문자 발전 단계로 볼 때 가장 우수한 형태임에 틀림없다. 표음문자는 글자 하나하나가 뜻과 관계없이 음절을 대표하는 문자 체계인 음절문자와 글자 하나하나가 대표하는 음의 단위가 음소인 음소문자로 나누어진다. 일본어 '가나'문자가 대표적 음절문자임에 반해, 한글과 알파벳 문자는 표음성이 더 강한 음소문자의 대표적 예이다. 한국어의 문자인 한글은 표음문자 중 음소문자에 해당한다 하였다. 한글에서 'ㅅ'이나 'ㅏ', 'ㄴ'과 같은 각각의 문자는 어떠한 의미도 갖고 있지 않다. 다만 이들이 결합해 '산'이라는 단어를 형성할 때 비로소 의미를 갖게 된다. 한글의 음운과 영어의 알파벳은 유한한 문자 체계를 형성하지만 이로써 생성해내지 못하는 단어와 문장이 없다. 따라서 많은 문자를 필요로 하는 표의문자에 비해, 표음문자는 표현의 효율성이 크다.

5. 훈민정음 이전의 문자

훈민정음 창제 이전 우리는 입말과 글말이 다른 이중적인 언어생활을 영위할 수밖에 없었다. 우리 선조들은 중국 한자의 음과 훈을 이용하여 고유명사, 서기체, 이두, 구결, 향찰이라는 독창적인 문자 생활을 하였다. 비록 중국의 문자를 기본으로 하였지만 우리만의 독창적인 방법에 의한 표기로 그 가치를 인정할 수 있다.

5.1. 고유명사 표기

고유명사(固有名詞) 표기는 고유의 문자를 가지지 못한 우리가 가장 먼저 부딪쳤던 문제이다. 감정이나 생각의 표현은 불완전하나마 한자를 이용해 표현할 수 있었지만 고유명사의 표현은 쉽지 않았을 것이고, 이에 대해 고심했을 것은 당연하다. 현재 이에 대해서는 금석문 자료나 고문헌을 통해 단편적인 사실만을 확인할 수 있는데, 주로 지명이나 인명 및 벼슬이름 등에 나타난다.

(1) ㄱ. 吉同郡　永同郡
　　 ㄴ. 異次頓, 居柒夫, 斯多含, 蓋蘇文
　　 ㄷ. 伊伐湌(伊罰干, 于伐湌, 角干, 角粲), 波珍湌(海干, 破彌干), 大阿
　　　　湌, 酒多

예문 (1ㄱ)의 자료는 '吉'과 '永'의 대응으로 '길동군'의 '길'을 뜻이 통하는 한자어 '永'(길 영)으로 표현한 것이며, (1ㄴ)의 인명과 (1ㄷ)의 벼슬명은 한자어의 뜻과는 전혀 상관없이 음만을 빌어 표기한 예이다.

5.2. 서기체 표기

서기체(誓記體) 표기는 고유명사의 표기에서 한 단계 발전한 표기로 한자를 우리말의 어순에 따라 배열한 것이다. 즉, 신라인들은 중국말의 어순을 완전히 무시하고 한자의 음이나 훈을 이용하는 것이 아니라 한자를 우리말의 어순(語順)에 맞도록 나열하는 방식을 택하였다. 신라 지식인들이 이런 방식을 창안하여 문장 구성에 적용하였다는 것은 벌써 그 당시 한문의 문장구성법과 우리말의 문장구성법에 차이가 있음을 인식한 증거인 것이다. 이는 아래의 '임신서기석(壬申誓記石)'이라는 비문에 나타난 것으로 그 명칭의 유래를 찾아볼 수 있다.

　(2) 임신서기석(壬申誓記石)의 원문
　壬申年六月十六日, 二人幷誓記, 天前誓, 今自三年以後, 忠道執持, 過失无誓, 若此事失, 天大罪得誓, 若國不安大亂世, 可容行誓之, 又別先辛末年七月廿二日大誓, 詩尙書禮傳倫得誓三年.(임신년 6월 16일에 두 사람은 함께 맹세하고 기록하여 하느님 앞에 맹세한다. 지금으로부터 3년 이후에 충성된 길에 나아가고, 잘못이 없기를 맹세한다. 만일 이 일을 어기면 하느님께 큰 죄를 얻을 것이라고 맹세한다. 만일 나라가 불안하고 크게 어지러운 세상이면 가히 받아들여 행할 것을 맹세한다. 또 따로 앞서 신미년 7월 22일에 크게 맹세하였다. 시(詩), 상서(尙書), 예기(禮記), 좌전(左傳, 혹은 春秋傳)을 차례로 습득할 것을 맹세하여 3년으로 한다.)

5.3. 이두 표기

이두(吏讀) 표기는 서기체 표기의 진전된 모습을 보여주는 것으로, 서기체 문장에다 문맥의 자연스러운 의미 해석을 위해 적당한 문법적 형태소를 삽입하는 표기이다. 이는 '남산신성비문(南山新城碑文)'을 포함해 중국 명나라 형법전 『대명률(大明律)』을 이두체로 쉽게 직해한 『대명률직해(大明律直解)』, 원(元)나라의 농서인 『농상집요(農桑輯要)』에서 양잠에 관한 부분을 이두로 번역한 『양잠경험촬요(養蠶經驗撮要)』에서 확인할 수 있다.

(3) 남산신성(南山新城)의 비문
南山新城作節(디위) 如法以(으로)作 後三年崩跛者(는) 罪敎(이신)事爲(하야) 聞敎(이샤) 令(시겨) 誓事之(이오)
(南山新城을 만들제 法대로 만들었다. 後三年 崩破는 罪주실 것을 命令하여 맹서하오.)

(4) 『대명률직해(大明律直解)』
凡僧人等亦(들이) 聚妻妾爲在乙良(ᄒ견으란, 하거들랑) 杖八十遣(ᄒ고) 還俗爲弥(ᄒ며) 女家罰同遣(ᄒ고) 離異爲乎矣(ᄒ오되) 寺院住持亦(이, 가) 知情爲在乙良(하거들랑) 罰同齊(ᄒ라, ᄒ다) …
(무릇 중들이 장가들거든 장 80장을 치고 환속하며, 여자집도 같은 죄를 주고 (중과 여자는) 떼어버리되, 절의 주지가 그 사정을 알았다면 또한 같은 죄를 준다.)

(5) 『양잠경험촬요(養蠶經驗撮要)』
蠶矣(의) 本性段(은, 는) 熱物是乎等用良(이온들쓰아, 이온 바로써) 種子亦(이, 가) 在紙時乙良(으란, 을랑, 인즉) 極寒爲只爲(하도록) 使內齊(시킨다, 행하여라) 蠶亦(이, 가) 初出爲去等(하거든) 極暖爲只爲(하도록) 看飼爲

齊(한다)

(누에의 본성은 열물이온 바로써 종자가 종이에 있을 때는 아주 서늘하도록 하여라. 누에가 처음 나오거든 아주 다스하도록 간사한다.)

5.4. 구결 표기

구결(口訣) 표기는 한문을 읽을 때 문장의 의미를 정확하게 이해할 수 있도록 한문의 구절 사이에 문법적 관계를 표시하는 요소를 차자(借字)로 표기하여 삽입하는 것을 말한다. 이는 넓은 의미의 이두에 포함된다.

(6) 『여씨향약(呂氏鄕約)』
凡鄕之約四伊尼(이니) 一曰德業相勸伊五(이오) 二曰過失相規伊五(이오)⋯ 四曰忠難相恤伊羅(이라).

(7) 『동몽선습(童蒙先習)』
天地之間萬物之中厓(애, 에) 唯人伊(이) 最貴爲尼(ᄒ니) 所貴乎人者隱(은, 는) 以其有五倫也羅(라)

5.5. 향찰 표기

한자・한문의 도입으로 인해 우리말에 대하여 반성하게 되었고, 이것을 계기로 우리말을 소리대로 표기하고자 하는 노력이 시도되었다. 그리하여 그 최초의 시도가 앞에서 말한 고유명사의 표기였다고 할 수 있겠고, 다음 노력이 한자・한자 사이에 삽입하는 형태요소의 표기법에 있었다고 할 것 같으면, 그 마지막 노력은 향가의 문장과 같이 우리말을 차자로 완벽하게 표기할 수 있는 표기법의 완성에 있었다고 하겠다.

한자의 음과 훈을 이용한 표기 방법의 완성판인 향찰의 표기는 어휘적 의미를 지니는 실질적 형태소뿐만 아니라 문법적 형태소까지 표현한 것으로, 우리말을 차자(借字)로 완벽하게 기록할 수 있었던 표기법 중 가장 발달한 표기법이다. '향찰'이라는 명칭은 사실 당나라의 말을 의미하는 '당언(唐言)'에 대립해 쓰인 것으로, 당악(唐樂)에 대한 향악(鄕樂), 당인(唐人)에 대한 향인(鄕人)의 쓰임에서 확인할 수 있다.

(8) 署童謠

善化公主主隱 他密只 嫁良置古 署童房乙 夜矣卯乙 抱遣去如.
(선화공주님은 남몰래 정을 통하고 서동방을 밤에 몰래 안고 가다.)

신라의 4구체 향가 「서동요」의 표기를 보면, '선화공주'는 한자의 음(善化公主)을 이용하였고, '님'은 한자의 훈(님, 主)을 본땄다. 동일한 한자인 '主'가 하나는 '주'로 또 하나는 '님'으로 대응하고 있음을 확인할 수 있다. (• : 훈독, ◦ : 음독)

참고
문헌

김민수(1980), 『신국어학사』, 일조각.
김상대(1993), 『구결문의 연구』, 한신문화사.
박종국(1994), 『국어학사』, 문지사.
박창원(1997), 향찰과 향가, 『새국어생활』 제7권 3권, 국립국어원.
전정례·김형주(2002), 『훈민정음과 문자론』, 도서출판 역락.

1. 들어가기

언어학은 인간 언어에 대한 과학적 관찰과 기술을 목표로 하고 있으며, 다른 학문과 밀접한 관련을 맺고 있다. 사회언어학, 심리언어학을 포함하여 '대조언어학' 등을 '응용언어학(應用言語學 : applied linguistics)'이라 한다.

언어는 모든 일반 과학의 통일이며, 근원이 되는 철학과 관련을 맺고 있는데, 이에 대한 학문을 언어철학(philosophy of language)이라 한다. 즉 철학이라는 학문의 도움을 받아 언어의 본성, 언어의 형이상학적 연관, 기호이론, 의미 현상 등을 연구하게 된다. 또한 언어에 대한 연구는 과거의 수사학, 문예비평, 문헌학과 밀접한 관계를 맺어왔고, 근래 문체론에 있어서도 언어학에 대한 관심이 커지고 있다. 인류학은 미국의 구조주의 언어학을 키워 왔고 아메리칸 인디언의 여러 언어에 대한 연구는 아직도 문화인류학과 깊은 관계를 맺고 있다. 또한 문학의 표현 수단이 언어인 만큼 언어와 문학 역시 밀접한 관련을 맺음은 당연하다. 사실 문학의 연구는 언어학적 연구방법들은 적용해왔고, 그 방법들은 순수언어학의 경향에 따라 달라졌다. 구조의 기술은 러시아 형식주의자, 프라그 구조주의자의 초기 연구에서 이루어졌고, 최근 들어서 텍스트 언어학적 지식이 원용되기도 한다.

언어학이 이처럼 다양한 학문과 관련을 맺고 있듯이, 하위 언어인 국어학도 예외가 아니다. 문헌학, 인류학, 자연과학, 철학 등과 관련을 맺고 있지만 여기서는 사회, 심리, 대조언어학에 대해 알아보고자 한다.

2. 사회언어학

1960년대 말 이후 영국과 미국에서 커다란 발전을 이루어 온 언어학이 바로 사회언어학(社會言語學 : sociolinguistics)이다. 이는 용어에서 나타나듯 '사회'와 '언어'가 주된 연구대상이다. 즉 언어가 화자와 청자 사이의 의사소통 관계에서 사회성을 지니고 있다는 관점에서 언어와 사회에 대해 연구하는 영역인 것이다.

2.1. 언어(학)와 사회(학)

언어와 사회는 다양한 관련을 맺고 있어 오래 전부터 흥미를 끌어왔다. 사실 언어학의 역사를 돌아보면, 하나의 언어에 대한 탐구가 그 언어 역사에 대한 부수적인 탐구, 혹은 지역적이거나 사회적 분포, 그 언어가 맺고 있는 현실 세계의 대상물, 사상, 사건 및 실제 청·화자와의 관계 등과 완전히 격리되는 모습은 찾아보기 힘들 정도이다.

언어와 사회 간에는 여러 가지 가능한 관계가 있다. 하나는 사회구조가 언어구조와 행위 혹은 그 중의 하나에 영향을 주거나 혹은 결정지을 수 있다는 것이다. 이런 견해를 지지하는 증거를 제시하면 다음과 같다.

> (1) 사회구조에 따른 언어의 예
>   ㄱ. 나이가 어린 어린애들과 좀 더 나이를 먹은 아이들과의 언어 차이 또는 아이들이 성인 어른들과 다른 언어를 사용한다는 연구
>   ㄴ. 화자들이 사용하는 여러 가지 언어가 그들의 지역적, 사회적, 혹은 인종적 기원 그리고 심지어 그들의 성(性)과 같은 문제를 반영한다는 연구
>   ㄷ. 말하는 특별한 방식, 어휘의 선택 그리고 대화에 대한 규칙은 어떤 사회적 필요에 의해 결정된다는 것을 보여주는 연구

두 번째 가능한 관계는 앞과 정반대인 것이다. 즉 언어구조와 언어행위가 사회구조에 영향을 끼칠 수 있거나 혹은 결정지을 수 있다는 것이다.

다음으로 그 영향이 쌍방적이라는 것, 즉 언어와 사회는 서로 영향을 끼칠 수 있다는 관계와 다른 한편으로는 언어구조와 사회구조 간에 전혀 관계가 없고, 서로 독립적이라고 여기는 것이다.

이와 같이 사회와 언어의 관계가 다양하기에 언어와 사회 간의 가능한 여러 관계의 양상을 조사함으로써 사회언어학 연구의 중요한 부분을 형성할 것이다. 그러나 가치 있는 사회언어학이란 언어학과 사회학에서 여러 개념과 조사 결과를 받아들이는 단순한 혼합체 이상의 것이며, 아울러 상관적 기교를 통해서 혹은 어떤 다른 단순한 방식으로 두

분야를 관련시키는 시도 그 이상의 것임에는 틀림이 없다.

한국어와 사회와의 관계는 사회구조와 사회계층에서 명확히 드러난다. 먼저 한국어와 과거 우리 사회구조의 영향관계를 여실히 살필 수 있는 가장 좋은 문학작품의 예로 『석보상절』을 들 수 있다. 즉 봉건적인 남존여비라는 사회의 모습이 '선혜'와 '구이'의 대화에 반영되어 있기 때문이다. 남성인 '선혜'는 단정적, 고압적, 반말투의 언어를 사용함에 비해 여성인 '구이'는 높임어로서 '선혜'를 높이고 있다. 다음으로 한국어와 사회계층의 관계는 고전소설 『춘향전』의 이도령과 농부와의 대화에서 확인할 수 있다. 즉 이도령은 나이가 어림에도 불구하고 나이 많은 농부에게 반말을 쓰고, 농부는 이도령에게 높임말을 사용하고 있다.

2.2. 사회언어학의 종류

사회언어학은 연구 관심의 초점 여하에 따라 그리고 연구대상의 범위에 따라 몇 가지로 나눌 수 있다. 먼저 연구 관심의 초점을 어디에 두느냐에 따라 사회언어학은 크게 사회언어학과 언어사회학의 두 가지 영역으로 구분할 수 있다.

사회언어학(社會言語學 : sociolinguistics)은 언어와 사회 간의 관계를 조사, 연구하는 것으로 언어의 구조들이 의사소통에서 어떠한 기능을 하는지를 이해하는 것이다. 즉 사회와 관련된 언어의 연구로, 언어가 어떤 종류의 것인가에 관해서 가능한 많은 것을 알아내기 위해 사회를 연구한다.

언어사회학(言語社會學 : the sociology of language)은 사회구조가 언어의 연구를 통해서 어떻게 더 잘 이해될 수 있는가를 발견하는 데 초점을 둔다. 즉 어떤 언어적 특질이 사회의 제도를 특성화하는 데 어떻게 사용되는가를 발견함을 목적으로 삼는다. 결국 이는 언어와 관련된 사회의 연구이다. 언어사회학도 물론 사회언어학의 변종으로, 언어학의 문제를 해결하기보다는 언어와 언어사용을 포함하는 사회문제를 탐구하는 데 초점을 둔다.

3. 심리언어학

인간 언어의 표현은 상당 부분에 걸쳐 심리작용에 의한다. 말하기와 듣기라는 실제 언어생활이 인간의 심리 작용에 기대고 있다는 사실은 쉽게 확인이 된다. 즉 우리가 말을 할 때, 본능적으로 자기 중심적 표현을 한다거나 성량, 어조, 억양 등을 변화하는 일이 바로 화자의 심리 작용에 의하기 때문이다. 그리하여 언어의 인지, 지각 및 어린이의 언어 습득 과정 등이 심리언어학(心理言語學 : psycho-linguistics), 언어심리학(言語心理學 : psychology of language)의 연구대상이 된다.

3.1. 언어(학)와 심리(학)

언어와 심리는 매우 밀접한 관계를 맺고 있다. 마찬가지로 이들을 연구하는 학문인 언어학과 심리학도 긴밀한 관계에 있는 인접 학문이며 이러한 환경에서 탄생한 분야가 바로 심리언어학이다.

언어학과 심리학의 두 학문은 연구방법 및 목표 그리고 연구의 과정에서 상당 부분 일치하는데, 이는 변형생성문법의 공헌이 컸다 할 것이다. 즉 그는 언어수행 이전의 언어능력과 표면구조의 밑바탕으로서의 심층구조를 상정함으로써 언어의 연구에 심리학적인 연구 성과의 필요성이 있음을 보여주었기 때문이다.

연구 방법론상에 있어 변형생성문법은 어떠한 모어 화자가 자기의 모국어를 사용하여 의사소통을 한다거나 또는 그 모국어에 유창하다는 것은 그의 머릿속에 내재화된 언어지식이 있기 때문이라 하였다. 그것이 그로 하여금 일상 언어생활을 자유자재로 할 수 있게끔 해주는 원리와 법칙인 것으로, 인간 정신의 중요한 부분일 것임에 틀림없고 모든 인간 행동의 중요한 인자이다.

따라서 언어학자의 목표는 언어행위를 관찰하고 거기에서 나타나는 규칙성을 발견하여 체계화할 뿐만 아니라 그가 세운 언어구조가 그 모어 화자의 언어지식을 얼마나 충실히 반영하고 있는지에 대한 설명이다. 즉 표면으로 나타난 인간의 언어행동이 전부가 아니고, 그것이 가능하게 되는 원리와 법칙의 외부적인 실례나 증거를 찾는다는 점에서 보편적 원리나 법칙을 발견하는 방법론을 택하고 있다.

그러면 심리학은 어떠한가? 심리학 역시 표면에 나타나는 인간의 생각과 행동에만 관심을 두지 않고 그 행동의 원인이라고 생각하는 감추어진 원리와 법칙의 발견에 주된 관심을 두고 있다.

연구방법과 목표의 공통성에 따라 이 학문들의 경계를 명확히 구분 짓는다는 것은 매우 어려운 일이다. 언어 이론적인 측면에서도 언어는 양면성, 즉 언어능력과 언어수행을 갖는다. 이 중 통상 언어학이라 하면 전자에 초점을 맞추어 한 언어의 구조 및 체계를 밝히는 것을 의미한다. 반면, 심리학에서는 실제 상황에서 발화되는 언어수행에 초점을 둔다는 점에서 차이를 말할 수 있다. 그러나 이러한 차이는 개념적인 차이일 뿐 실제의 연구과정에서 이들은 어느 쪽을 목표로 하든지 간에 다른 한 쪽의 영역에 관심을 갖지 않을 수 없다.

3.2. 심리언어학의 영역

관련되는 학문 영역으로 보면 심리언어학은 언어와 심리에 대한 연구이고, 사회언어학은 언어와 지역사회에 대한 연구로 정의할 수 있다. 그리고 언어연구의 대상으로 보면, 심리언어학은 언어와 개인에 대한 연구이고, 사회언어학은 언어와 사회에 대한 연구로 기술할 수 있다. 사회언어학과 달리 심리언어학에서 관심을 가지는 부분으로 다음의 세 가지를 들 수 있다.

1. 인간은 어떤 종류의 언어지식을 갖고 태어나는가?
2. 사람들은 어떻게 발화를 알아내고 만들어 내는가?
3. 언어학자들이 제안하는 문법 특히 변형문법은 사람 마음속의 문법을 정말로 반영해 주는가?

1) 언어의 습득설(習得說)

인간이 선천적으로 타고나는 언어능력의 발전에 대해서 모방에 의한 습득, 강화에 의한 습득이라는 주장이 있지만 이보다는 어린이 스스로가 문법의 규칙 내지 체계를 형성한다고 보는 것이 타당하다. 이에 대해 남기심 외(1995)에서 어린이들의 언어습득 과정에 대한 구체적 예를 제시하고 있는데, 다음과 같다.

(2) ㄱ. 나 안 자.　　　／　엄마 안 와.
　　ㄴ.*나 안 밥 먹어　／ *엄마 안 서울 가

(2)의 문장들은 보통 어린이들이 발화하는 문장들로 어떠한 규칙을 발견할 수 있는데, 부정의 '아니'가 서술부 앞에 나타난다는 점이다. 즉 어린이들의 경우 부정의 '아니'는 서술부 앞에 사용한다는 나름대로의 규칙을 설정하고 있다. 그러나 시간이 흘러가면서 그들의 규칙체계는 다음과 같은 수정을 거치게 된다.

(3) ㄱ. 나 안 자　　　／　엄마 안 와
　　ㄴ. 나 밥 안 먹어　／　엄마 서울 안 가

어린이들은 (2ㄴ)이 비문임을 깨닫게 되어 이를 (3)과 같이 수정하게 된다. 그럼으로써 부정의 '아니'는 동사 앞에 놓인다는 규칙의 변화를 만든다. 이를 정리하면 다음과 같다.

(4) 부정어 '아니'＋서술부 → 부정어 '아니'＋동사

2) 발화의 이해와 생성

발화를 이해하고 생성한다는 것은 쉽지도 간단치도 않은 문제이다. 특히 말을 이해한다는 것은 청자가 화자의 전언을 수동적으로 받아들인다는 것을 의미하지 않는다. 그것은 청자들이 언어의 한 흐름을 해석하는 능동적인 과정을 뜻한다. 즉 사람들은 발화의 대강의 실마리를 찾아 그것으로부터 그럴 듯한 전언을 능동적으로 재구성하게 된다. 언어학적 용어로 청자는 '지각적 책략(知覺的 策略)', 즉 각 문장성분을 자세

히 분류하지 않고 필수불가결한 전언을 파악하게 해 주는 지름길을 이용한다는 것이다.

3) 변형문법과 심리

변형생성문법은 어떤 언어에서 어느 배열이 허용되는지를 명시적으로 알려주는 일련의 규칙 체계로, 언어를 연구하는 궁극의 목표는 인간의 심리를 파악하기 위한 것이다. 즉 변형생성문법의 언어능력은 인간의 심리와 매우 밀접한 관계를 맺고 있음이 틀림없다. 따라서 심리 언어학자는 그러한 언어능력 및 언어지식의 모형이 과연 인간 심리의 측면에서 어느 정도의 타당성을 갖고 있는지 그리고 언어수행에 미치는 심리적 요인들이 무엇인가 하는 데 관심을 둔다.

4. 대조언어학

한국어의 계통적 연구는 한국어와 역사적 동질성을 전제하는 언어들과의 비교연구를 통해 이루어진다. 이처럼 언어들 사이의 동질성, 계통성을 전제하고 접근하는 언어학을 '비교언어학(比較言語學 : comparative linguistics)'이라 한다. 한편 비교언어학이 하나의 학문으로 자리 잡은 18세기 이후, 1900년대 중반부터는 '대조언어학(對照言語學 : contrastive linguistics)'이라는 새로운 방법의 언어학이 활발히 연구되기 시작하였다.

4.1. 이론적 배경

대조언어학은 비교언어학과는 대조적으로 언어 간에 내재하는 동질성과 이질성을 대비적으로 추구함으로써 언어의 보편성을 모색함과 동시에 개별적인 언어의 특수성을 탐색하지만 후자에 더 주안점을 두고 있다.

대조언어학의 연구방법은 제2차 세계대전 이후 시·공간적으로 좁혀진 각국의 외국어 교육방법으로 관심을 모았던 것이다. 즉 외국어를 습득하려는 학습자는 이미 형성된 자국어의 언어적 지식과 배우려는 언어를 대조함으로써 향후에 나타날 외국어 학습의 오류와 문제점을 예상할 수 있어 효과적인 학습이 된다고 보았다. 그리고 대조언어학은 미국 구조주의 언어이론을 기반으로 하고 있으며, '자극－반응'이라는 틀에 의해 형성된 언어적 습관이 새로운 언어 학습에 영향을 끼친다는 행동주의 심리학적 학습이론을 그 기반으로 하고 있다.

4.2. 역사적 발전과정

1950년대부터 시작하여 1970년대를 거치면서 제2언어 습득의 가장 중요한 방법으로 인식된 대조분석은 여러 학자들의 실험의 결과 이를 통한 학습상의 난이도 예측과 실제 학습자들의 난이도가 같지 않다는 것이었다. 이 후, 이 가설을 수정 보완한 중간언어 가설 그리고 오류분석 가설이 등장하게 된다.

1) 대조분석 가설

‘대조’란 둘 이상의 대상에 대한 차이를 밝히는 것이다. 따라서 대조 언어학에서의 대조분석이란 두 개 또는 그 이상의 언어를 대상으로 여러 분야에서의 차이를 밝히는 것을 주된 목적으로 한다. 따라서 대조되는 두 언어적 차이는 어떠한 형태로든지 학습자의 외국어 습득에 긍정적이든 부정적이든 영향을 미칠 것이라는 짐작이 가능하다. 이를 전이와 간섭이라 한다.

(1) 전이

외국어 습득에 있어 학습자들의 모국어에 대한 지식이 제2언어를 학습함에 전이(영향을 준다는 의미 정도)할 것이라고 대조분석론자들은 믿었다. 그리고 전이의 현상은 외국어 습득에 긍정적일 수도 있을 것이며, 반대로 부정적일 수도 있으며, 또는 전혀 관계없을 수도 있을 것이다. 전이의 유형은 다음과 같다.

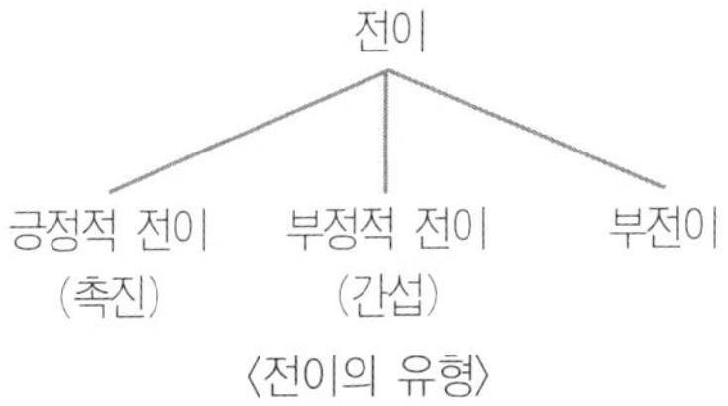

〈전이의 유형〉

대조분석론자들은 학습자의 모국어와 목표어의 구조가 유사하면 긍정적 전이인 ‘학습의 촉진’이 일어나고, 서로 다르면 부정적 전이인 ‘언어 간섭’이 일어난다고 보았다. 그리고 언어간섭에 의해 ‘오류’가 발생한다고 보았다.

(2) 간섭

외국어 학습과정에서의 오류를 불완전한 학습의 부정적인 결과로 인식한 대조분석론자들은 오류가 빨리 교정 및 수정되어져야 한다고 인식하였다. 그리고 가능한 두 언어의 대조분석을 통해 오류 가능성을 예견한 후 새로운 언어습관을 형성시킴으로 오류로부터 벗어날 수 있다 하였다.

그러나 두 언어 차이로 인한 언어간섭은 학습의 어려움과는 별개이며 학습의 어려움이나 오류의 발생에는 심리학적인 고려가 내포된 것이라며 이들의 가설은 비판을 받게 된다.

2) 중간언어 가설

대조분석 가설의 뒤를 이은 중간언어 가설은 오류를 더 이상 수정의 대상으로 파악하지 않고, 이를 제2언어 학습과정에서 나타날 수밖에 없는 언어체계로 파악하고 있다. 그리고 중간언어 체계 속에서 학습자는 목표어를 불완전한 상태로 하나의 체계처럼 계속 유지하는 현상이 나타나는데, 이를 학습의 중지에 의한 중간언어의 고착화 현상으로 '화석화(化石化 : fossilization)'라 한다.

3) 오류분석 가설

중간언어 가설과 마찬가지로 오류분석 가설에서도 오류를 부정적으로 보지 않고 학습자의 언어 학습과정에서 나타나는 자연스러운 현상으로 본다. 특히 Corder(1981)는 학습자 언어 체계를 분석할 수 있다는 점에서 학습자 오류 자료의 중요성을 교사, 연구가, 학습자의 측면에서 다루고 있다(이정희, 2003).

1. 교사에게 있어 학습자의 오류를 체계적으로 분석하는 일은 학습자
   가 목표언어에 얼마만큼 근접했는지, 그리고 앞으로 학습할 내용
   은 무엇인지를 알려준다.
2. 연구가들에게는 언어가 어떻게 학습되고 습득되는지, 학습자가 학
   습과정에서 어떤 전략과 절차를 사용하는지를 말해준다.
3. 마지막으로 학습자 자신에게는 오류가 언어 학습을 끊임없이 해
   나갈 수 있는 학습의 도구로 이용될 수 있다.

오류 자료의 중요성만큼이나 이에 대한 수정은 학습자의 화석화를
막을 수 있으며 학습 시간을 줄일 수 있다는 장점 또한 크다.

한편, 오류분석의 절차로 수집한 자료들을 유형화하여 분류한 다음
오류의 원인을 분석, 기술하고 평가하는 과정을 거치게 되는데, 이러한
과정 속에서 중요하고도 어려운 것이 바로 자료의 수집이다. 즉 학습자
의 오류 가운데서 단순한 실수를 구별하기가 쉽지 않다는 점이다. 다분
히 연구자의 주관이 개입될 가능성이 크기 때문에 신중을 기한다.

참고문헌

남기심·이정민·이홍배(1995), 『언어학개론』(개정판), 탑출판사.
박경자(1998), 『심리언어학사』, 한국문화사.
윤원섭(1994), 『언어심리학』, 박영사.
이기동·임상순·김종도 공역(1998), 『언어와 심리』, 탑출판사.
이정희(2003), 『한국어 학습자의 오류 연구』, 박이정.
이정희(2006), 대조분석론 2, 『한국어교원 양성과정(Ⅰ)』, 이화여대 언어교육원.
조명한(1985), 『언어심리학―언어와 사고의 인지심리학』, 민음사.

제1장 ‘과대표’와 ‘꽈대표’
— 된소리와 표기법

1. 들어가기

대학교에서 학년을 대표하는 학생을 ‘과대표’라고 부른다. 그런데 언제부턴가 강의실에서 ‘과대표’는 사라지고 ‘꽈대표’ 또는 축약된 형태인 ‘꽈대’만 남았다. 불과 10년 만에 생긴 현상이다. 이러한 현상은 비단 ‘꽈대표’에만 국한된 것이 아니다. 현대인, 특히 젊은 세대들은 일상의 대화에서 ‘작다’를 ‘짝다’로 발음하고, ‘좁다’를 ‘쫍다’로, ‘조금’을 ‘쪼금’ 또는 ‘쬐금’으로, 종강파티를 줄여서 ‘쫑파티’라고 한다. 사랑도 ‘싸랑’이요, 사모님도 ‘싸모님’이다. 된소리가 섞이지 않으면 언어가 성립되지 않을 정도로 요즘 사람들의 말소리는 온통 된소리 일색이다.

‘효꽈’, ‘김빱’, ‘불뻡’ 등 울림소리와 울림소리 사이에서 된소리가 일어나는 현상은 이제 보편화되었다. 효과를 [효과]로 발음하는 경우는 텔레비전 뉴스에서 아나운서의 목소리를 통해서만 들을 수 있을 정도다. 현재 표준말로 쓰이고 있는 서울말에 급격한 언어변화가 진행되고 있는데 그 중에 하나가 바로 이러한 된소리의 사용이 빈번하다는 것이다. 된소리의 사용은 특히 젊은 층에서 많이 나타나는 현상으로 이제 우리말의 급격한 변화가 성별, 학력별 차이보다는 세대 간에서 차이가 나고 있다는 의미를 내포하고 있다.

그렇다면 이러한 된소리되기 현상의 원인은 무엇이고, 된소리화가 우리 언어생활에 미치는 영향은 어떤 것이며, 우리는 이러한 현상을 어떻게 받아들여야 하는가? 하는 문제들에 대해 살펴보고자 한다.

2. 된소리의 발달 과정과 원인

한국어에서 고대시기에는 된소리가 존재하지 않은 것으로 알려져 있다. 한국어에 된소리가 등장한 것은 전기 중세국어(11~14세기)시기로, 처음에는 단어나 형태소의 결합과정에서 생겨나서 점차 어두에까지 쓰이게 되었다. 이후 후기 중세국어 시기(15~16세기)에는 '평음(平音, 예사소리) ― 격음(激音, 거센소리) ― 경음(硬音, 된소리)'의 세 계열이 확립되었고, 이러한 것이 훈민정음 초성체계에 반영되었다고 할 수 있다.

한국어는 고유어와 한자어 그리고 한자어를 제외한 외래어로 이루어져 있다. 고유어 가운에 예전에는 된소리가 아니었던 것이 현대에 와서 된소리로 변한 예로 '곳'이 '꽃'으로 '곳고리'가 '꾀꼬리'로 '가치'가 '까치'로, '갈(刀)이 '칼'로 변한 것 등을 들 수 있다. 또한 현대국어의 조사 '–까지'의 경우도 옛날에는 '–ᄀ장'으로 어두 초성이 된소리가 아닌 평음이었다.

(1) ㄱ. 곶 됴코 여름 하ᄂ니   (『용비어천가』 2장)
    ㄴ. 가지에서 우는 곳고리 는   (『두시언해』)
    ㄷ. ᄇᆞ야미 가칠 므러 즘겟 가재 연즈니   (『용비어천가』 7장)
    ㄹ. 두 갈히 것그니   (『용비어천가』 37장)

한자어의 경우 초성이 된소리인 것은 '끽(喫), 쌍(雙), 씨(氏)' 셋밖에 없다. 15세기에는 이들도 각각 '긱, 솽, 시'였기 때문에 원래 초성이 된소리인 한자음은 하나도 없었다. '긱, 솽, 시'의 초성은 이제 완전히 된소리로 바뀌게 되었는데 이것이 한자음이 역사적으로 된소리화된 예이다(배주채, 2003).

최근에 와서는 평음의 한자어를 된소리로 발음해서 만들어진 단어들이 눈에 많이 띈다. 그 대표적인 것이 '끼'와 '짱'이다. '바람기'라는 말에서처럼 '-기'는 어떤 기질이나 낌새를 나타내는 접미사로 '기운'을 뜻하는 한자어 '기(氣)'에서 유래한다. '기'에서 나온 '끼'는 '끼가 있다, 끼가 많다, 끼를 발휘하다'에서 보듯 당당히 자립명사로 쓰인다. '몸짱', '얼짱'에 보이는 '짱'의 어원도 일반적으로 한자어 '장(長)'에서 찾는다. 이 '장'을 된소리로 발음한 것이 바로 '짱'이다. 즉 우두머리, 최고의 의미를 갖고 있는 '장(長)'이 된소리화 현상을 거쳐 '짱'이 된 것이라고 추측할 수 있다. 이 말은 처음에는 또래 사이에서 싸움을 제일 잘하는 아이를 지칭하는 말로 쓰였지만, 현재는 어떤 분야에서 뛰어난 사람을 일컫는 말이나 혹은 인기가 있거나 최고를 뜻하는 의미로 확대되어 쓰이고 있다.

된소리, 거센소리가 현대인들의 감성표현에 동원되어 그들의 정서와 영합된 지는 오래다. 이는 우리말의 음운변화에서 가장 두드러진 현상일 것이다. 실제대화에서 들을 수 있는, 극단적인 예를 몇 개 더 들어

본다(천소영, 2006).

    (2) ㄱ. "그 쌔끼 덩친 짝아도 성깔은 꽤 싸납던데……."
       ㄴ. "쐬주를 강술로 들이켰더니 속이 알딸딸하고 간뗑이가 찡한
          데……."
       ㄷ. "쯩(證)도 없고 껀(件)도 없어 못 나가고 그저 집꾸석에서 쩜(點)
          천짜리 고스똡이나 쳤지 뭐냐."

그렇다면 한국어 전반에서 일어나는 된소리화 현상의 원인은 무엇일까? 고대 국어에서 예사소리(平音)뿐이었던 한국어 말소리가 중세를 거쳐 근대로 넘어오면서 점차 된소리나 거센소리로 강음화(强音化)되었다. 근대에 된소리화가 급속도록 진행된 것은 언중들의 심리상태와 관련이 있다. 임진왜란과 병자호란 같은 오랜 전쟁으로 사람들의 마음이 황폐화되었고, 이러한 황폐한 심리상태가 발음에도 영향을 미쳐 성대의 긴장자질을 갖는 탁한 소리인 된소리를 많이 만들어 내기 시작한 것이다. 현대에 들어와서도 한일합방, 한국전쟁 등과 같은 사회적 격변 상태는 우리의 말소리를 더욱 격한 소리로 변질시켜 버렸다.

그런데 이상하게도 지금처럼 전쟁도 가난도 없는, 지극히 편한 세상에 살면서 말소리가 여전히 경직 상태를 유지하고, 심지어 더욱 격하게 변하는 것은 무슨 까닭일까? 이는 아마도 상대적 빈곤감이나 복잡한 사회생활로 인한 갈등이나 불만 따위의 해소작용이라는 심리적인 면에서 그 요인을 찾아야 할 것 같다. 그뿐만 아니라 이런 경직되고 거친 말소리는 현 사회의 절대적 가치붕괴에 따른 무질서와 과소비, 퇴폐풍조, 폭력사태 등으로 얼룩지는 사회병리 현상과도 관련이 있을 것으로 생각된다.

3. 된소리의 표기법

한글은 표음문자(表音文字)로 한국어를 한글로 적을 때 발음하는 대로 적는 경우가 일반적이기 때문에 표기와 발음이 어긋나는 일은 별로 없어 보인다. 그러나 실제 맞춤법 규정을 보면 발음과 다르게 표기되는 경우를 많이 볼 수 있다. "한글 맞춤법은 표준어를 소리대로 적되, 어법에 맞도록 함을 원칙으로 한다."는 '한글맞춤법'의 규정은 소리와 표기의 불일치를 인정하는 것으로 언중들에게 커다란 혼란을 준다. 된소리의 경우도 예외는 아니다.

한글맞춤법 규정에는 된소리에 관한 것이 있다. 제3장 5항에는 한 단어 안에서 뚜렷한 까닭 없이 나는 된소리는 다음 음절의 첫소리를 된소리로 적는다고 밝히고 있다. 그 예로 두 모음 사이에서 나는 된소리 '소쩍새, 어깨, 오빠, 으뜸, 아끼다, 기쁘다, 깨끗하다, 어떠하다, 해쓱하다, 거꾸로, 부썩, 어찌, 이따금' 등이 있다. 또 하나, 한 개 형태소 내부에 있어서, 울림소리 'ㄴ, ㄹ, ㅁ, ㅇ'은 받침 뒤에서 나는 된소리는 된소리로 적는다. '산뜻하다, 잔뜩, 살짝, 훨씬, 담뿍, 움찔, 몽땅, 엉뚱하다'가 그 예이다. 다만, 'ㄱ, ㅂ' 받침 뒤에서 나는 된소리는, 같은 음절이나 비슷한 음절이 겹쳐 나는 경우가 아니면 된소리로 적지 아니한다. '국수, 깍두기, 딱지, 색시, 싹둑(~싹둑), 법석, 갑자기, 몹시' 등이 있다. 53항에는 의문을 나타내는 '-(으)ㄹ까?, -(으)ㄹ꼬?, -(스)ㅂ니까?, -(으)리까?, -(으)ㄹ쏘냐?' 등의 어미들은 된소리로 적는다고 규정하고 있다. 54항에서는 '심부름꾼, 볼때기, 뒤꿈치, 코빼기, 겸연쩍다' 등의 접미사는 된소리로 적는다고 규정하고 있다. '표준발음법'의 6장 23항에서 28항까지도 된소리 발음에 대해 규정하고 있다.

위의 규정을 보면 된소리의 표기법은 '소쩍새' 등처럼 된소리 발음을 표기에 반영하는 것을 허용하는 것과 '갑자기[갑짜기]'처럼 발음은 허용하되 표기는 하지 않는 것, 그리고 '효과[효과]'처럼 발음과 표기 모두 인정하지 않는 것 등이 있다.

4. 외래어표기법과 된소리

외래어표기법은 외국에서 들어온 외래어를 국어의 자모를 통해 표기하는 규정을 말한다. 외래어표기법은 '원음주의'를 채택하고 있다. 즉 가능한 외래어가 들어온 나라 말소리에 가깝게 표기하는 것을 말한다. 그러나 언어마다 말소리의 체계가 다르기 때문에 외래어를 원음과 똑같이 표기한다는 것은 불가능한 일이다.

이러한 문제 때문에 우리의 외래어표기법 4항에서도 언어 간 체계의 불일치를 해소하기 위해 된소리를 파열음 표기에 쓰지 않는 것을 원칙으로 하고 있다. 외래어표기법 1장 표기의 기본원칙은 다음과 같이 다섯 항으로 되어 있다.

(3) 외래어표기법 1장 기본원칙
    제1항 외래어는 국어의 현용 24자모만으로 적는다.
    제2항 외래어의 1음운은 원칙적으로 1기호만 적는다.
    제3항 받침에는 'ㄱ, ㄴ, ㄹ, ㅁ, ㅂ, ㅅ, ㅇ'만을 쓴다.
    제4항 파열음 표기에는 된소리를 쓰지 않는 것을 원칙으로 한다.
    제5항 이미 굳어진 외래어는 관용을 존중하되, 그 범위와 용례는
          따로 정한다.

서양언어의 상당수가 파열음에 유성(有聲), 무성(無聲)의 대립을 갖고 있는데 비해 한국어는 유성음이 없고 무성음이 평음, 격음, 경음의 세 갈래 대립을 갖고 있다. 영어로 예를 들자면 '[g], [k]', '[b], [p]', '[d], [t]'는 한국어의 'ㄱ, ㅋ, ㄲ', 'ㅂ, ㅍ, ㅃ', 'ㄷ, ㅌ, ㄸ'와 대응하고 있다.

따라서 두 개의 자음 음운 'g, k'를 'ㄱ, ㅋ, ㄲ' 셋 중에서 두 개만 선택하여 표기해야 되는데, 이때에 만일 된소리를 선택하면 'ㄱ, ㅋ'의 구별이 없어지는 혼란이 일어날 수 있다. 또 서양 각 언어의 파열음이 없어지는 더 큰 혼란이 일어날 수 있다. 또 서양의 각 언어의 파열음이 어떤 것은 거센소리에 가깝고(영어, 독일어), 어떤 것은 된소리에 가까워서(프랑스어, 이탈리아어, 스페인어, 러시아어) 된소리가 지나치게 많이 쓰일 염려가 있다. 그러므로 이 항목에서는 비록 외래어 원음과는 다소 멀어지더라도 평순한 표기체계를 지향하려 하였다.

그 결과 유성과 무성의 음운대립이 있는 파열음을 한글로 표기할 때 한글에 있는 된소리 표기문자, 즉 'ㄲ, ㄸ, ㅉ, ㅃ' 등을 사용하지 않고, 외국어의 유성파열음은 한글 자모의 평음 표기문자(ㅂ, ㄷ, ㄱ, ㅈ)로 표기하고 외국어의 무성파열음은 한글 자모의 격음 표기문자(ㅊ, ㅍ, ㅌ, ㅋ)로 적도록 한 것이다. 이것은 표기의 일관성을 위해 불가피한 조치로 보인다.

그러나 이러한 된소리를 배제한 표기규범이 지나친 획일주의에서 비롯된 것으로 개선되어야 한다는 의견도 만만치 않다. 특히, '버스, 달러, 센터' 등의 현실음이 된소리로 통용됨에도 불구하고 표기는 평음으로 되어 있는 소리와 표기의 불일치 문제를 어떻게 해결할 것인가가 문제이다.

앞서 밝힌 것처럼 외래어표기법은 현행 한글 자모로 표기가 가능한

한, 원음에 가깝게 표기하는 것을 원칙으로 한다. 물론 한글이 아무리 뛰어난 음소문자라고 해도 한국어와 외국어의 음운체계가 다르므로 외래어를 원음과 똑같이 적는다는 것은 불가능하다. 다만 근접표기는 얼마든지 가능하다. 된소리표기를 배제하는 것은 이런 원음주의에 대한 부정이라고도 볼 수 있다. '콩트'가 원음에 가까운지 '꽁트'가 가까운지 판단하기 어려워 '콩트'를 선택했다면 이해할 수 있지만, 분명 '꽁트'가 더 가까운데 배제했다면 이는 지나친 편의주의라고 할 수 있다. 외래어 표기법에서 된소리를 막는 핵심 근거를 좀 더 자세히 설명하면 다음과 같다(김슬옹, 2008).

> (4) 무성파열음 [p, t, k]는 영어나 독일어에서는 거센소리로 나고, 프랑스어, 러시아 어에는 된소리에 가깝게 나는데, 이것을 거센소리로 적기로 통일했다. 파리, 카페, 콩트, 꼬냑, 피에로, 아틀리에, 모스크바, 도쿄, 오사카, 후쿠오카 등. 언어에 따라 무성파열음이 된소리에 가깝게 나기도 하고 거센소리에 가깝게 나기도 하는데 이것을 언어마다 달리 표기하게 되면 표기에 혼란이 생기기 때문에 거센소리로 적기로 통일한 것이다.

(4)와 같은 설명은 외래어표기법에 대한 지나친 편의주의를 보여준다. 외래어를 국어로 자리매김한다면 외래어의 특수성(다양성)을 존중해 주는 것이 합리적이다. 외래어의 표기일람에서는 18개국 언어의 세칙을 제시하고 있다. 이렇게 친절하게 세세한 규칙을 안내하면서 언어마다 달리 표현하면 혼란스럽다고 하는 것은 납득하기 어렵다. 여기 제시된 나라들만이라도 세칙을 보완하고 나머지 나라들은 그에 준하거나 개별 어휘별로 사전에서 처리하면 충분하다. 자연스런 발음을 막는 것이 더 혼란스러울 수 있다.

물론 외래어표기법에서는 "파열음 표기에만 된소리를 쓰지 않는 것을 원칙으로 한다."고 규정하고 있다. 그러나 문제는 파열음에만 한정하지 않았다는 점이다. 영어 마찰음 /s/도 '써비스, 씨스템, 쎈터'가 아니라 '서비스, 시스템, 센터'이다. 독일어 파찰음 /ts/도 '모짜르트, 쮜리히'가 아니라 '모차르트, 취리히'다. 이는 된소리표기 제한이 단지 언어학적 이유만이 아니라 된소리에 대한 편견이 담겨 있다고도 볼 수 있다. 김슬옹(2008)은 된소리표기 자체를 제어하는 것을 표현욕망을 막는 폭력적 억압에 가깝다고까지 하였다.

언제부턴가 '짜장면'이 아닌 '자장면'이 돼 버린 중국음식을 볼 때마다 필자 또한 편의주의적이고 획일적인 언어정책에 반감을 품곤 한다.

(5) 어떤 글을 쓰더라도 짜장면을 자장면으로 표기하지는 않을 작정이다. 그것도 어른들 때문이다. 어른들은 아이들이 짜장면이라고 쓰면 맞춤법에 맞게 기어이 자장면으로 쓰라고 가르친다. 우둔한 탓인지는 몰라도 나는 우리나라 어느 중국집도 자장면을 파는 집을 보지 못했다. 중국집에는 짜장면이 있고, 짜장면은 짜장면일 뿐이다. 이 세상의 권력을 쥐고 있는 어른들이 언젠가는 아이들에게 배워서 자장면이 아닌 짜장면을 사주는 날이 올 것이라 기대하면서…….

─ 안도현(2000)

지나친 획일주의는 위와 같은 저항에 부딪히게 마련이다. 최소한 발음이라도 허용했더라면 언중들에게 표기는 '갑자기[갑짜기]'와 같이 '자장면'으로 표기하지만 발음은 '짜장면'으로 해도 된다고 설득할 수 있겠으나 지금 규정으로 [자장면]으로 발음하라고 가르칠 수밖에 없다.

물론 '마오쩌둥(모택동, 毛澤東)'과 같이 고유명사에서 쓰고 있고, '빵, 껌, 삐라, 히로뽕, 빨치산' 다섯 단어에 한해 된소리 표기를 허용했다.

다섯 단어만의 특별한 맥락이 있는 것이지만, 이는 관습적 예외 조항으로 오히려 된소리표기 욕망을 자극할 뿐이다.

외래어표기법의 이런 궁색한 된소리표기 규정은 된소리를 되도록 억제하려는 순화논리가 깔려 있다. 물론 어문규정은 근본적으로 순화 규범이다. 통일과 표준은 근본적으로 순화전략이기 때문이다. 쌍소리가 대부분 된소리로 되어 있는데다가 '싸랑해요, 쬐주' 등과 같이 제멋대로 말꼬기가 언어 순수주의에 위배된다고 보았기 때문이다. 당연히 된소리는 예사소리에 비해 강하다 보니 강조효과가 있고 그런 효과의 장단점이 존재한다. 설령 단점이 있다고 해서 장점을 부정할 수는 없다(김슬옹, 2008).

그렇다면 외래어표기법에 된소리를 합리적으로 표기할 수 있는 방안은 무엇인가? 외래어표기법은 별도의 발음법이 없고 사전에서 따로 나와 있지도 않다. 국립국어원에서는 글자 그대로 읽어야 한다고 안내하고 있다. 결국 된소리 관련 어휘들은 '서비스'건, '버스'건 무조건 예사소리로 읽어야 한다.

영어는 거의 모든 단어에 발음기호가 필요하다. 그러다 보니 배우기는 더디고 불편해도 표기와 발음을 일치시켜야 한다는 갈등이 없다. 그러나 한국어는 발음표시가 삼원화되어 있고 발음표기가 안 되어 있는 단어들이 꽤 많은 것이다. 그래서 편리한 점이 대부분이지만 한편으로는 발음과 표기의 혼동을 불러일으킨다. 이를테면 표기는 '신여성, 남존여비'이지만 발음은 '[신녀성], [남존녀비]'이다.

따라서 맞춤법규정을 없애고 사전 중심으로 가자는 견해가 설득력 있다. 두 가지를 병행할 수 있을 것이다. 외래어도 일반 맞춤법적용 전략에 따라 발음표시를 하는 것이 효과적이다. '서비스, 버스'와 같이 올

림말에 발음 정보가 없는 경우 '[써비스]'와 같이 발음을 표기하는 것
이다.

　앞서 살핀 대로 우리의 발음규정은 된소리 발음을 표기에 반영하는
것을 허용하는 것과 발음은 허용하되 표기는 하지 않는 것, 그리고 발
음과 표기 모두 인정하지 않는 것 등이 있다. 이렇게 다양한 된소리 관
련 표기방법이 있는 만큼 외래어표기도 이런 흐름을 따르면 될 것이다.

참고
문헌

김슬옹(2008), 외래어표기법의 된소리 표기 허용에 대한 맥락 잡기, 『새국어
　　　　생활』 18-4, 국립국어원.
남광우(1971), 『補訂고어사전』, 일조각.
박창원(2008), 외래어표기법의 된소리 표기에 대하여, 『새국어생활』 18-4, 국
　　　　립국어원.
심재기(2008), 외래어표기법의 문제점과 그 해결책, 『새국어생활』 18-4, 국립
　　　　국어원.
안도현(2000), 『짜장면』, 열림원.
임지룡 외(2005), 『학교 문법과 문법 교육』, 박이정.
천소영(2006), 된소리 발음과 극단적 표현, 『새국어생활』 16-4, 국립국어원.
http://news.suwon.ne.kr (수원뉴스) 2009. 04. 28.

1. 다음 주장에 대해 자신의 생각을 말해 보자.

> "언어는 변하기 마련이다. 따라서 된소리화는 자연스러운 현상으로 받아들이고, 언중들의 판단에 맡기면 된다. 물론 규범도 언중들의 판단에 따라 그에 맞게 수정해야 한다."

2. 외래어를 좀 더 세밀하게 표현하기 위해 새로운 문자를 만들어야 한다는 주장을 찾아 정리해 보고 그에 대한 자신의 생각을 발표해 보자.

제 2 장 ┊ '개고기'와 '게고기'
−한국어 모음체계의 변화

1. 들어가기

철수가 어느 날 친한 친구 준호로부터 전화를 받았다.

> 준호 : 이봐, 바쁘지 않으면 오늘 저녁에 우리집으로 와.
> 철수 : 무슨 일인데?
> 준호 : 응. 우리 시골에서 개를 보내왔길래 탕을 좀 끓였어. 소주 한잔
> 　　　 하자고.
> 철수 : 이야, 맛있겠는데. 꼭 갈게.

철수는 기쁜 마음으로 준호의 집으로 갔다. 그런데 준호의 아내가 들고 들어온 커다란 솥에서 '개다리'를 보고는 기겁을 하였다. 철수는 꽃게탕을 떠올리며 왔는데 나온 음식은 보신탕이었던 것이다.

이런 에피소드는 우리 주변에서 흔히 볼 수 있다. 현대 한국인들은

한국어의 모음 /ㅔ/[e]와 /ㅐ/[ɛ]를 거의 구별하지 못한다. 젊은 세대일수록 그 정도는 더 심하다. 이기문의 견해에 따르면 한국전쟁 때 서울의 많은 인구가 부산을 비롯한 경남지역으로 이동했는데, 경남지역 언어의 특징 중 하나가 [e]와 [ɛ]의 구분이 없다는 것이다. 바로 이 시기에 서울의 표준어 화자들은 경남지역 언어의 영향을 받았고, 이로 인해 현재 대부분의 한국인들이 [e]와 [ɛ]를 구별하지 못하게 된 것이라고 한다.

ㅔ[e]와 ㅐ[ɛ]를 구별하지 못하는 여파는 이중모음인 ㅚ[we]와 ㅙ[wɛ]에까지 미치고 있다. 많은 사람들이 '폐쇄(閉鎖)'란 단어를 '폐쇠'라고 발음하고 있다. 이 또한 [e]와 [ɛ]가 구별되지 못한 결과로 설명할 수밖에 없다. 현재 이러한 음운현상이 어느 정도로 파급되었는지 역학조사는 전혀 이루어지지 않고 있다. 따라서 단정은 하기 어려우나, 표준어 안에서 무너지고 있는 중이라고 말할 수는 있다.

언어는 생장과 소멸을 지속한다. 그것은 인간이 존재하는 동안 계속될 패턴이기도 하다. 그러는 동안에 글로 고착된 언어는 사어(死語)로 남거나 살아있더라도 (특히 표음문자의 경우에는) 영어나 프랑스어 철자법의 전철을 밟을 수밖에 없다. 아무래도 한글도 한국어의 체계 안에서 그러한 단계를 밟고 있는 것으로 보인다.

그렇다면 'ㅔ[e]'와 'ㅐ[ɛ]'가 합류되는 원인과 고대부터 현대까지 한국어 모음체계의 변화과정을 살펴보기로 한다.

2. ‘ㅔ[e]’와 ‘ㅐ[ɛ]’의 합류 원인

예전에 봤던 외국영화의 한 장면이 떠오른다. 한 남자가 은행에 들어가 창구 앞에 앉았다. 직원은 그 남자의 이름을 물었다.

직원 : 이름이 뭐지요?
남자 : 스미스입니다.
직원 : 스미스요? 스펠링이 어떻게 되죠?
남자 : s, m, i, t, h입니다.

영어의 경우 음운과 글자가 1대 1로 대응하지 않기 때문에 이런 문제가 발생한다. 다시 말해 영어의 알파벳은 언제나 같은 소리로 발음되지 않는다. 알파벳 A는 단어에 따라 [a]를 나타내기도 하고, [ə]를 나타내기고 하고, 또는 [æ]를 나타내기도 한다.

그러나 한국어의 경우는 그렇지 않다. 한국어의 경우 음운과 글자는 거의 1대 1로 대응한다. 그래서 국어사전을 보면 발음기호가 거의 표시되어 있지 않다. ‘ㅗ’는 언제나 [o]를 나타낸다. 그러나 /ㅔ/[e]와 /ㅐ/[ɛ]의 경우에는 사정이 다르다. 다음 예를 보자.

직원 : 이름이 뭡니까?
손님 : 김제동입니다.
직원 : 김제동이요? 어이[ㅔ]입니까? 아이[ㅐ]입니까?
손님 : 어이[ㅔ]입니다.

이렇게 /ㅔ/와 /ㅐ/를 구별하여 발음하지 못하는 원인은 /ㅔ/와 /ㅐ/의 음운론적 특질에 공통점이 많기 때문이다. 다음 글을 보자.

(1) '세'와 '애'는 'ㅏ'와 'ㅣ'가 결합하여 나는 소리이다. 'ㅏ'보다 'ㅣ'의 색깔을 더 많이 넣어 결합하면 'ㅔ'가 되고 'ㅣ'보다 'ㅏ'의 색깔을 더 많이 넣으면 'ㅐ'가 된다. 이 차이를 기술적으로 말하면, 'ㅔ'는 'ㅣ'를 발음할 때처럼 입을 많이 벌리지 않고 발음하는 소리인 반면, 'ㅐ'는 'ㅏ'처럼 입을 크게 벌려 발음하는 소리이다. 이 두 소리는 모두 같은 원소로 구성되어 있기 때문에 차이점보다는 공통점이 많다. 따라서 쉽게 같은 소리로 발음될 수 있는데 그것이 현대국어에서 두 소리를 구별하여 발음하지 못하는 원인이 된다. 한편, 일상생활에서 우리는 '네가'를 [니가]로 발음하고, '베개'를 [비개]로 발음하는 경우를 보게 되는데, 그것은 앞에서 말한 대로 'ㅔ' 모음에는 'ㅣ' 모음의 성격이 상대적으로 많기 때문이다.

    — 허용(2007)

혹자는 /ㅔ/와 /ㅐ/는 이미 합류가 끝나 하나의 음소로 보아야 한다고 주장한다. 그러나 아직 우리 언어규범은 /ㅔ/와 /ㅐ/의 현실발음을 표준발음으로 수용하지 않고 있다. 그 이유는 대개 다음과 같다.

(2) 'ㅟ, ㅚ'의 경우에는 중앙어의 현실발음을 표준발음으로 수용하고, 'ㅔ, ㅐ'의 경우에는 그러지 않은 것은 표기법 때문이라고 생각된다. 'ㅟ, ㅚ'를 단순모음으로 발음하든 이중모음으로 발음하든 그 표기는 바뀌지 않는다. 예를 들어 '귀'라는 단어의 모음을 단순모음으로 발음할 때나 이중모음으로 발음할 때나 '귀'라는 동일한 표기를 유지할 수 있다. 반면에 'ㅔ'와 'ㅐ'를 똑같이 'ㅔ'로 발음해도 된다고 해 놓으면 'ㅐ'라는 글자를 모두 'ㅔ'로 바꾸지 않으면 안 되게 되며 이것은 국어단어 중 'ㅐ'를 포함한 모든 단어의 표기가 일시에 바뀌어야 하는 문제가 생긴다. 그렇게 되면 표기가 달라서 문어에서 구별되던 '게'와 '개', '베다'와 '배다', '내 것'과 '네 것', '세 집'과 '새 집' 등의 구별이 모두 사라지게 되어 언어 생활에 큰 불편이 생길 것이다. 이런 이유에서 'ㅔ, ㅐ'의 경우에는 『표준발음법』에서 보수적인 태도를 취할 수밖에 없었던 것으로 이해할 수 있다.

    — 배주채(2003)

이렇게 /ㅔ/와 /ㅐ/의 변별이 사라지면서 생기게 되는 의미상의 불분명함을 극복하기 위해 화자들은 여러 방법을 사용하고 있다.

(3) 첫째는 모음의 변화이다. 예를 들어 단어에 따라 /ㅔ/나 /ㅐ/가 다른 모음으로 변화하는 경우가 종종 있는데 일인칭과 이인칭 대명사 '내'와 '네'가 대표적인 예이다. 이들은 글말에서는 구분되지만 입말에서는 /nɛ/와 /ni/로 대응된다. 유행가를 유심히 들어보면 날 버리고 떠난 주체는 '네가'가 아니라 '니가'이다. 둘째는 자음의 변화이다. '새'와 '세'가 더 이상 변별되지 않는 상황에서, 앞서 예로 든 종업원의 발화는 자음을 /ㅅ/에서 /ㅆ/로 강화시키는 방법을 통해 세(三)와 새(新)의 의미를 구별하려 한 것으로 해석된다.

－신지영·차재은(2003)

3. 한국어 모음체계의 변천과정

현대한국어의 단모음은 10개이다. 그러나 세종대왕이 훈민정음을 창제할 당시는 7모음 체계였다. 양성모음 '·, ㅗ, ㅏ'와 음성모음 'ㅡ, ㅜ, ㅓ' 그리고 중성모음 'ㅣ'의 7개가 존재했다. 그래서 훈민정음 창제 당시에는 어미활용을 하거나 곡용을 할 때, 양성모음은 양성모음끼리, 음성모음은 음성모음끼리 어울리고, 중성모음은 두 계열의 모음과 모두 어울릴 수 있었으나 음성모음과 더 잘 어울렸다. 이런 현상을 모음조화(母音調和)라 하는데, 중세국어에서는 현대국어에 비해 이 모음조화가 더 엄격하게 지켜졌다. 15세기 당시의 모음체계를 그림으로 나타내면 대략 다음과 같다.

전설　　　중설　　　후설

ㅣ　　　　ㅡ　　　　ㅜ

　　　　ㅓ　　　　ㅗ

　　　　ㅏ　　　　·

〈그림 1〉 15세기 모음체계

이러한 모음체계는 16세기 들어서면서 '·'의 음가[ʌ]가 사라지면서 급격하게 흔들리고 자연히 모음조화도 파괴되기 시작한다. 일반적으로 '·'는 /ㅏ/[a]와 /ㅗ/[o] 사이에서 나는 소리로 추정하는데 글자 '·'는 1933년 '한글맞춤법 통일안'이 마련되면서 완전히 사라졌다. 물론 이 글자가 나타낸 음가(소리값)는 이미 15세기에서부터 18세기를 끝으로 완전히 사라졌다.

'·'의 소리값이 사라진 이유는 이 소리의 기능부담량이 적어졌기 때문이다. 세종대왕이 훈민정음을 창제할 당시 사람들은 이미 '·'의 소리와 인접 소리들을 잘 구별하지 못했던 것으로 추측해 볼 수 있다. 지금 우리가 /ㅔ/와 /ㅐ/를 변별하지 못하는 상황과 비슷한 상황이 500년 전에 발생하였던 것이다. '·'는 두 단계를 거치면서 변천 및 소실되었는데, 그 첫 단계는 15세기 중엽에서 16세기 말에 '나ㄹ내>나그내, 기르마>기르마'처럼 비어두 음절에서 '·>ㅡ'로 변했으며, 둘째 단계는 18세기 중엽까지 'ㄱ래나모>가래나모'처럼 어두 음절에서 '·>ㅏ'로 변했다. 일부 방언에서는 'ㅗ'로 변화하기도 하였다.

이후 근대국어 시기(17세기 초~19세기 말)에 한국어의 단모음은 [ʌ]의 소멸과 'ㅐ, ㅔ' 등의 이중모음의 축약현상으로 인한 단모음화로 인해 /ㅡ, ㅣ, ㅗ, ㅏ, ㅜ, ㅓ, ㅔ, ㅐ/의 8개로 늘어나게 된다.

현대국어에 이르면 이중모음인 'ㅟ[uj]'와 'ㅚ[oj]'도 단모음으로 바뀌게 되어 근대국어의 8모음 체계는 지금과 같은 10모음 체계로 변화한다.
한국어 모음 체계의 변화 과정을 정리하면 다음과 같다.

    (4) 모음체계의 변화(이기문, 1998 참조)
       ㄱ. 고대 국어 : ㅣ[i], ㅡ[ö], ㅓ[ä], ㅜ[ü], ㅗ[u], ·[ɔ], ㅏ[a]
       ㄴ. 전기 중세국어 : ㅣ[i], ㅡ[ə], ㅓ[e], ㅜ[ü], ㅗ[u], ·[ɔ], ㅏ[a]
       ㄷ. 후기 중세국어 : ㅣ[i], ㅡ[ɨ], ㅓ[ə], ㅜ[u], ㅗ[o], ·[ʌ], ㅏ[a]
       ㄹ. 근대 국어 : ㅣ[i], ㅡ[ɨ], ㅓ[ə], ㅜ[u], ㅗ[o], ㅔ[e], ㅐ[ɛ], ㅏ[a]
       ㅁ. 현대 국어 : ㅣ[i], ㅡ[ɨ], ㅓ[ə], ㅜ[u], ㅗ[o], ㅔ[e], ㅐ[ɛ], ㅏ[a],
                      ㅟ[ü], ㅚ[ö]

    고대국어에서 후기 중세국어까지의 단모음의 수는 7개로 동일했지만,
일부 모음의 음가 즉 조음위치가 달랐다. 한 예로 모음 'ㅡ'에 해당하
는 음가가 고대국어 [ö], 전기 중세국어 [ə], 후기 중세국어 [ɨ]로 서로
달랐다. 이런 변화는 모음체계에서 음소의 연쇄적인 자리옮김이 있었음
을 말해 주는 것인데, 이를 '모음 추이(母音推移, vowel shift)'라 부른다.
    현재 『표준 발음법』에서는 10개의 단모음체계를 규정하면서, 8모음
체계도 인정하고 있다.

    (5) 『표준 발음법』에서 규정한 단순모음체계는 10모음체계이다. 그런
    데 남한의 중년층이 'ㅟ, ㅚ'를 단순모음으로 발음하지 않고 이중모음으
    로 발음하는 것이 현실이므로 현실을 감안하여 'ㅟ, ㅚ'를 이중모음으로
    발음하는 것도 표준발음으로 인정해 놓았다. 8모음체계도 인정한 것이
    다. 그런데 남한의 중년층 이하는 'ㅔ'와 'ㅐ'를 구별하지 못하는 것 또
    한 일반적인 경향이므로 대부분의 남한사람은 이 점에서 표준발음을 하
    지 못하고 있는 것이다.
                                                                   ー 배주채(2003)

(6) 『표준 발음법』 '제2장 자음과 모음'은 자음과 모음의 발음을 규정에 따라 정확히 발음하게 하기 위하여 만들었는데, 특히 모음의 경우 단모음과 이중모음 사이의 혼동을 막는데 주안점을 두었다. 단모음 10개는 발음할 때 발음기관의 모양이 바뀌지 않아야 하는데 그중, 'ㅚ, ㅟ'는 원칙적으로 단모음이지만 이중모음으로 발음하는 것도 허용하였다. 단모음과 마찬가지로 이중모음도 음가대로 발음해야 하며, 따라서 'ㅢ'도 원칙적으로 [의]로 발음해야 한다. 그러나 현실적으로 이중모음으로 발음하지 않는 경우를 고려하여, 자음을 첫소리로 가지고 있는 음절의 'ㅢ'는 [ㅣ]로 발음하며(예 : 희망[히망], 무늬[무니]), 단어의 첫음절 이외의 '의'는 [ㅣ]로, 조사 '의'는 [ㅔ]로 발음하는 것을 허용한다고 하였다(예, 주의[주의 / 주이], 우리의[우리의 / 우리에]).

− 임지룡 외(2005)

참고
문헌

김주원(1993), 『모음조화의 연구』, 영남대학교 출판부.
김형규(1975), 『국어사개요』, 일조각.
배주채(2003), 『한국어의 발음』, 삼경문화사.
신지영 · 차재은(2003), 『우리말 소리의 체계』, 한국문화사.
이기문(1998), 『신정판 국어사개설』, 태학사.
허 용(2007), 말소리의 특징과 우리말 발음, 『새국어생활』 제17권 제1호, 국립국어원.

1. 주변 사람들의 발음을 녹음하여 세대별로 /ㅔ/와 /ㅐ/를 얼마나 구별하고 있는지 조사해 보자.

2. '외국'과 '왜국'을 구별해서 말하고 들을 수 있는지 말해 보자. 못한다면 그 이유가 무엇인지 생각해 보자.

제3장 ┃ '등굣길'과 '진달래길'
─ 사잇소리현상의 문제점

1. 들어가기

신문에서 '등굣길', '하굣길'이라고 표기하는 것을 볼 때마다 왠지 어색함을 지울 수 없었다. 그것은 '등교'와 '하교' 아래 붙은 'ㅅ' 때문이다. '등교길', '하교길'이라고 표기하는 것이 훨씬 자연스러워 보이는 것은 필자만의 생각은 아닐 것이다.

한국어 말소리의 규칙 중에는 사잇소리현상이 있는데, 이는 두 개의 형태소 또는 단어가 어울려 합성명사를 이룰 때 그 뒷소리가 된소리로 발음되는 것을 말한다. 이때 사잇소리를 표시하기 위해 넣는 'ㅅ'을 '사이시옷'이라고 한다.

『표준국어대사전』(1999)에서는 '등굣길'과 '하굣길'을 '등교, 하교'와 '길'이 결합된 합성명사로 보고 표제어로 올려 놓았다. 그런데 이전 사전에는 이 단어가 표제어로 등재되어 있지 않다. 즉 이전에는 '등교길',

'하교길'이 두 개의 단어로 이루어진 '구'로 인식되었는데,『표준국어대
사전』을 편찬하는 시점에서 편찬자들은 이 두 개의 단어가 하나의 합
성명사가 되었다고 판단한 것이다. 또 발음도 [등교낄], [하교낄]로 사
잇소리가 일어나므로 당연히 사이시옷을 적어야 한다고 판단한 것이다.

　사잇소리와 관련된 에피소드가 있다. 몇 년 전, 한 백일장에서 시제
(時題)로 '장맛비'를 정했다고 한다. 그런데 심사위원 중 가장 원로였던
국어학자 한 분이 '장마비'로 해야 한다고 우기셨다(?)는 것이다. 다른
심사위원들이 '장맛비[장마삐]'가 표준어라고 말씀드렸더니, 그 선생님
께서 버럭 화를 내시면서 "무식하게 [장마삐]가 뭐야? [장마비]라고 해
야지?"라고 하셨다고 한다. 결국, 그 날의 시제는 '장마비'가 되었다는
이야기다.

　이름만 대면 누구나 알만한 대국어학자께서 사잇소리현상을 모르셨
을 것 같지는 않다. 아마도 그 선생님은 '장마비'를 사잇소리가 나는 것
으로 인정해 무조건 사이시옷을 붙인『표준국어대사전』의 획일주의를
용납하실 수 없었던 것 같다.

　언어는 변하는 것이고, 발음도 변한다. 따라서 발음이 변하면 그에
따라 표기도 변할 수 있다. 그러나 이러한 변화가 인위적이고 획일적으
로 이루어지게 되면 많은 혼란이 올 수 있다.

　이 장에서는 사잇소리현상을 중심으로 규범과 실제 언어생활 사이의
괴리에 대해 살펴보고자 한다.

2. 사이시옷 규정의 문제점

남북한의 표기법에서 가장 큰 차이를 보이는 규정이 사이시옷과 관련된 조항이다. 북한에서는 '빗바람, 샛별' 등 두어 가지 예외를 빼고는 사이시옷을 전면적으로 없앴다. 북한어에서의 사이시옷 폐지는 궁극적으로 발음에도 변화를 주게 되어 앞으로 남북한 언어의 이질화에 큰 요인이 될 것으로 예측된다.

한편 우리는 『표준국어대사전』(1999) 편찬을 계기로 사이시옷 규정을 엄격하게 적용한 결과 종래 관습적으로 표기하지 않던 예들까지도 일일이 사이시옷을 표기하게 되었다. '갯과[犬科]'라든지 '등굣길, 포돗빛, 북엇국' 같은 낯선 표기들이 생겼고, 그로 인해 언중들에게는 사이시옷이 갑자기 늘어난 것처럼 느껴지게 되었다. 아마도 우리말에서 복합명사에서의 경음화와 소리의 덧남 현상은 사이시옷 표기로 상당기간 유지될 것으로 보인다.

사잇소리현상은 '한글맞춤법' 제30항에 다음과 같이 규정되어 있다.

> (1) '한글 맞춤법'에 규정된 사잇소리현상
> 제30항 사이시옷이 붙은 단어는 다음과 같이 발음한다.
> 1. 'ㄱ, ㄷ, ㅂ, ㅅ, ㅈ'으로 시작하는 단어 앞에 사이시옷이 올 때에는 이들 자음만을 된소리로 발음하는 것을 원칙으로 하되, 사이시옷을 [ㄷ]으로 발음하는 것도 허용한다.

> 냇가[내ː까 / 낻ː까]　　샛길[새ː낄 / 샏ː낄]　　빨랫돌[빨래똘 / 빨랟똘]
> 콧등[코뜽 / 콛뜽]　　깃발[기빨 / 긷빨]　　대팻밥[대ː패빱 / 대ː팯빱]
> 햇살[해쌀 / 핻쌀]　　뱃속[배쏙 / 밷쏙]　　뱃전[배쩐 / 밷쩐]

2. 사이시옷 뒤에 'ㄴ, ㅁ'이 결합되는 경우에는 [ㄴ]으로 발음한다.
   콧날[콛날 → 콘날]   아랫니[아랟니 → 아랜니]
   툇마루[퇻:마루 → 퇸:마루]   뱃머리[밷머리 → 밴머리]

3. 사이시옷 뒤에 '이'소리가 결합되는 경우에는 [ㄴㄴ]으로 발음
   한다.
   베갯잇[베갣닏 → 베갠닏]   깻잎[깯닙 → 깬닙]
   나뭇잎[나묻닙 → 나문닙]   도리깻열[도리깯녈 → 도리깬녈]
   뒷윷[뒫:늍 → 뒨:늍]

　　1번의 발음 규정을 정함에는 논란이 극히 심하였다. 예컨대 '냇가'의 발음을 [낻:까]로 할 것인가 [내:까]로 할 것인가, 또 '깃발'의 경우 [긷빨]로 할 것인가 [기빨]로 할 것인가 하는 문제였다. [기빨]은 [긷빨] → [깁빨] → [기빨]과 같은 과정을 거친 것이어서 원칙으로는 [긷빨]을 표준 발음으로 정하는 것이 합리적이지만, 실제 발음을 고려하여 [기빨]과 [긷빨] 모두를 표준 발음으로 허용하게 되었다(국어어문규정집, 1988).

　　사잇소리현상이 일어나기 위해서는 위 조항에 나타난 세 가지 요건을 갖추더라도 한 가지 조건이 더 필요한데, 복합어를 이루는 구성 요소 중에 적어도 하나는 고유어이어야 하고 구성요소 중에 (서구)외래어가 없어야 한다는 것이다. 그런데, 이 같은 규정을 엄격하게 적용했더니 종래의 표기와 달라져서 너무 낯설거나, 하나의 형태가 일관된 표기를 갖지 못하는 등 몇 가지 문제가 발생하게 되었다. 그간 사이시옷이 표기되지 않았었기 때문에 표기해 놓고 보니 낯설게 느껴지는 것은 시간이 해결해 주겠지만, 하나의 형태가 고정된 표기를 갖지 못한다는 것은 사소한 문제가 아니다.

　　또 하나의 문제는 외견상 똑같은 음운·형태적 환경인데도 어떤 때

는 시옷이 표기되고, 어떤 때는 안 된다는 점인데, 그러한 문제는 대부분 복합어의 구성 요소 중 어느 한쪽이라도 고유어일 때만 사이시옷을 표기한다는 단서 때문에 생긴다.

> (2) 화병(火病) ; 홧김(火ㅅ김),
> 　　수도세(水道稅) ; 수돗물(水道ㅅ물),
> 　　기차간(汽車間) ; 기찻길(汽車ㅅ길)

(2)의 예들은 뒤에 오는 어기(語基)의 어두 경음화가 일어나지만 한자어끼리 복합되는지 고유어와 한자어가 복합되는지에 따라 같은 형태가 사이시옷을 받치어 적기도 하고 그렇지 않기도 해서 혼란을 주는 예들이다.

이렇게 한자말끼리 어울린 합성어에서 사이시옷 표기를 허용하지 않는 이유는 사이시옷은 사잇소리현상으로 인해 붙는, 즉 소리 때문에 붙는 문법형태소임에도 불구하고 이를 '글자' 위주로 다루었기 때문이다. 이로 인해 한국어를 배우는 외국인은 물론 한국인들조차 하나의 낱말이 순 고유어인지 한자어인지를 알아야 올바로 표기할 수 있는 어려움을 안게 된 것이다.

더욱 큰 문제는 이러한 규칙에 예외 조항이 많다는 것이다. '한자말＋한자말'로 된 합성어임에도 다음 여섯 단어는 그 형태가 굳어져 있다는 이유로 사이시옷을 받치어 적도록 하고 있다.

> (3) 곳간(庫間), 셋방(貰房), 숫자(數字), 찻간(車間), 툇간(退間), 횟수(回數)

완벽한 규정은 있을 수 없으나 예외를 자꾸 인정하다 보면 없는 것만 못한 규범이 될 수 있다. 그 단적인 예가 '개나리길, 진달래길'이다.

얼마 전부터 과거의 주소체계를 버리고 새로운 주소체계를 만들면서 골목마다 길이름을 붙이기 시작했는데 막대한 경비를 들여 만든 주소체계가 잘 쓰이지 않고 있다는 보도를 들은 적이 있다. 이 길이름에 '개나리길'이 있다. '개나리-길'은 대체로 [개나리길]이 아니라 [개나리낄]로 발음되고 있으므로 한글맞춤법 제30항에 의하면 '개나릿길'로 표기되어야 한다. 그런데 실제로는 '개나리길'이 통용되고 있다. 여기서 한글맞춤법 규정에 어긋나는 현행표기를 그대로 인정할 것이냐, 아니면 규정에 맞추어 '개나릿길'로 수정할 것이냐 하는 문제가 생기게 되었다. 만일 '개나리길'을 그대로 인정한다면 그에 합당하게 규정을 수정 보완해야 하는 것이다. 길이름에 대해서는 공청회 등을 거쳐 예외 규정을 적용해 사이시옷을 쓰지 않기로 결정했지만, 앞으로도 어떤 사례가 발생할 때마다 맞춤법이 '걸림돌'로 작용할 가능성이 크다. 사이시옷을 쓰지 않기로 한 것은 순전히 길이름의 표기에서 거의 절대적인 비율로 사이시옷이 표기되지 않았기 때문이다. 규정이 아무리 잘 되어 있어도 언중들이 따르지 않는 한 효과가 없다는 사실을 보여주는 전형적인 예이다.

(4) 혼잣말, 시쳇말, 존댓말 ; 머리말, 인사말, 예사말

(4)의 예들은 표준발음과 연관되어 논란이 되었던 예들이다. 사람에 따라서 '머리말, 인사말, 예사말'에서는 'ㄴ'소리가 덧나지 않는다는 것을 받아들이기 힘들다. '촛국[촏국>초꾹]'과 '초밥[초밥]'의 경우처럼 누구에게나 분명히 다른 발음으로 인정되는 경우도 아닌데 굳이 '존댓

말'과 '인사말'로 구별하는 것이 어떤 기준에 의한 것인지 납득하기 어렵다. '존댓말'과 '인사말'의 구별은 자연스러운 언어지식이 아니라 번거로운 암기대상일 뿐이다. 사이시옷 규정으로 인해 하나의 형태가 다른 꼴로 표기되어, 의미전달에 도움이 되지도 않을뿐더러 혼란만 가중시킨다면 다시 생각해 볼 문제이다.

사이시옷 규정의 또 다른 문제점은 성기지(2000)에서 지적하고 있는 것처럼 '한글맞춤법' 제30항에서 참고사항으로 밝혀놓은 "한 낱말 아래에 다시 된소리나 거센소리가 나는 낱말이 이어질 경우에는 사이시옷을 받치어 적을 필요가 없다."라는 규정이다. '갈비-뼈, 위-쪽, 아래-쪽, 뒤-편, 위-층, 뒤-처리' 등이 그 예이다. 그러나 여기에도 '셋-째, 넷-째'의 경우에는 사이시옷을 받치어 적는다는 예외가 도사리고 있다.

3. 사잇소리 표기의 해결 방안

앞서 살핀 사잇소리 표기의 문제점을 해결하기 위해서 사이시옷을 '소리'를 기준으로 적는 것도 한 방법이 될 수 있다.

  (5) 법원에 소장이 갔다.

(5)의 문장은 그 의미를 얼른 이해하기가 어렵다. 그 이유는 '소장'이라는 단어가 법원에 제출하는 '訴狀'을 의미하는지 아니면 군대의 계급인 '小將'을 의미하는지 명확하지 않기 때문이다. 전자라면 합성명사이기에 사잇소리현상이 일어나 [소짱]이라고 발음해야 하고, 후자의 뜻이

라면 [소장]이라고 발음해야 한다. 즉 표기는 같은데 발음은 달라지는 혼란이 오는 것이다. 이 경우 발음 나는 대로 표기해서 '법원에 솟장(訴狀)이 갔다'고 적던지 '법원에 소장(小將)이 갔다'고 적으면 아무런 문제가 없을 것이다(성기지, 2000).

물론 사이시옷 규정의 문제를 탓하기 이전에 우리의 발음생활을 돌이켜 볼 필요가 있다. '머리말, 인사말, 예사말'의 표준발음이 [머리말], [인사말], [예사말]이라는 것을 알고 평상시에 올바르게 발음했다면 표기규정을 탓할 필요가 없을 것이다. 지금도 우리는 어두에 불필요한 된소리발음을 하는 등, 발음을 무분별하게 함으로 인해 표기에 적잖은 혼란을 겪고 있다. '눈곱', '나침반' 등을 많은 사람들이 '눈꼽', '나침판'으로 잘못 쓰는 것도 발음이 잘못 되었기 때문이다. '햇님[핸님]'이 아니라 '해님[해님]'이 올바른 표기이고 발음이라는 사실을 아는 사람이 많지 않은 것이 우리의 언어현실이다.

<table>
<tr><td>참고
문헌</td><td>문화체육관광부(1988), 『국어어문규정집』, (주)대한교과서.
성기지(2000), 『생활 속의 맞춤법 이야기』, 도서출판 역락.
송명숙(2005), 사이시옷연구, 순천대 교육대학원 석사학위 논문.
채　완(2002), 사이시옷 규정과 문자생활의 인식, 『인문과학연구』 8, 동덕여자
　　　　대학교 인문과학연구소,</td></tr>
</table>

1. 우리 주변에서 사잇소리현상의 사례들을 찾아보자.

2. 다음은 『용비어천가』 제4장의 한 구절이다. 여기에 사용된 사이시옷을 찾고, 15세기 한국어의 사잇소리 표기규정과 그 기능에 대해 조사해 보자.

> 狄人ㅅ서리예가샤 狄人이 굴외어늘 岐山 올무샴도 하눓뜨디시니

1. 들어가기

한 문장을 구성하는 문법형태소와 어휘형태소들의 기본적인 기능이나 의미를 통해서 우리의 사고는 표현된다. 그러면서 동시에 언어 내용에 대한 단정과 확인, 그리고 감탄과 추측, 간접적 영향이나 직접적 영향 등의 다양하고 섬세한 의미들을 드러내고 싶을 때가 있다. 이를 심리적 태도(psychological attitude)라고 한다. 우리는 언어 외적인 표현들과 함께 직접적인 언어활동으로 의사소통을 하고 있지만, 때로는 명제가 갖는 기본적인 언어 내용과 함께 그것을 표현하는 화자의 심리적 태도들도 중요한 의사소통의 기술이 된다. 그렇다면 화자의 심리적 태도를 나타내는 언어적 표현에는 어떤 것들이 있을까?

일반적으로 서술어의 종결표현이나 이에 결합하는 선어말어미들로 화자의 심리적 태도를 나타낸다. 그렇지만 심리적 태도의 범위를 넓혀 살펴보면 다양한 층위에서 이들이 실현되고 있음을 알 수 있다. 예를

들어 서술어의 어미에서 뿐만 아니라 보조용언이나 보조사 및 억양 등
에서도 화자의 심리적 태도가 나타난다. 그리고 구체적인 장면에서 화
자가 일이나 상대 등을 어떤 방식으로 파악하고 있는지와 관련된 다양
한 표현들, 예를 들면 피동 표현, 사동 표현, 높임 표현 등도 포함될 수
있다. 명제를 구성하는 어휘를 어떻게 선택하느냐에 따라서도, 음운론
적인 방법으로도 화자의 심리적 태도가 드러난다.

이제 한국어에 나타난 화자의 심리적 태도를 나타내는 방법에 대하
여 음운론적, 형태론적, 통사론적, 의미·화용론적 측면으로 나누어 살
펴보기로 한다.

2. 음운론적 측면

음운론적 측면에서 화자의 심리 상태를 표현하는 방법을 살펴보면
다음과 같다.

> (1) 동수 : 명주가 1등을 했대.
> 　　 연수 : 그래↑.
> 　　 동수 : 너도 놀랐지.

> (2) 동수 : 명주가 1등을 했대.
> 　　 연수 : 그래↓.
> 　　 동수 : 역시 우리가 예상했던 대로야.

(1)과 (2)에서 동수의 발화에 대한 연수의 반응은 언어적 표현만을 보

면 동일하다. 두 경우 모두 연수는 '그래.'라고 답했다. 그러나 두 발화의 어조가 다르다. 그 이유는 연수의 심리적 태도의 차이 때문이다. (1)에서는 동수의 발화에 '놀람'을 표현하기에 올림조의 어조로 표현했고, (2)에서는 동수의 발화에 대해 놀라지 않고 '확인' 또는 '알고 있음'을 표현하기에 내림조의 어조로 표현하고 있다.

그리고 어두의 이유 없는 경음화 현상도 화자의 심리적 태도를 표현한다고 볼 수 있다. 일반적으로 변동규칙으로서의 경음화 현상이 음운론적 조건과 형태론적 조건으로 결정되는 데 반해서 어두의 첫음절을 이유 없이 경음으로 발음하는 현상은 언어 내적인 문제라기보다 잘못된 발음 습관으로 이해되는 부분이다. 그러나 이러한 발음 습관은 좀 더 강조하고 싶은 부분을 강하게 발음하려는 화자의 심리적 태도를 반영하고 있다고 생각할 수 있다.

> (3) ㄱ. 사나이 울리는 신라면 / 싸나이 울리는 신라면
> ㄴ. 진한 국물맛 / 찐한 국물맛
> ㄷ. 생라면도 맛있어요 / 쌩라면도 맛있어요.

(3)에서는 '사나이'보다는 '싸나이'로 더 남자다움을 강조하고 있고, '진한'보다는 '찐한' 국물맛이 더 일품이며, 그런 라면은 '쌩라면'도 맛있다는 화자의 심리적 태도를 반영하고 있다.

> (4) ㄱ. 조금만 먹어.
> ㄴ. 쪼금만 먹어.
> ㄷ. 조·금·만 먹어.

(4ㄱ)의 '조금'에 강세를 두어 '쪼금'이라는 이유 없는 경음화 현상은

'조금'의 의미를 더 강조하는 것으로 보인다. 그리고 각 단어마다 강세
와 휴지를 둔 (18ㄷ)의 경우도 '조금'의 의미를 강조하려는 화자의 심
리적 상태를 표현하고 있다.

3. 형태론적 측면

형태론적 측면에서 화자의 심리적 태도를 나타내는 방법은 먼저 종
결어미와 선어말어미에 의해 실현하는 것이다.

> (5) ㄱ. 너 오늘 지각했어?
> ㄴ. 너 오늘 지각했지?
> ㄷ. 너 오늘 지각했네!
> ㄹ. 너 오늘 지각했구나.

(5ㄱ)은 화자가 자신이 모르는 사실에 대하여 단순히 물어보는 것이
다. 그러나 (5ㄴ)은 화자가 지각한 사실을 분명히 알고 있거나, 확실히
알지는 못해도 그 말이 사실이라는 확신이 있을 때 사용하고, (5ㄷ)는
화자가 직접 관찰을 통해서 알게 된 사실을 표현하는 데 사용한다. (5
ㄹ)은 화자가 직접 보지는 않았지만 알게 된 사실에 대한 표현으로 이
들은 모두 종결어미에 의해 화자의 심리적 태도를 드러내고 있다.

화자의 심리적 태도는 선어말어미에 의해서도 나타낼 수 있다. 미래
시제를 표현하는 선어말어미는 주어가 무엇이냐에 따라 미래라는 시간
개념을 나타내기도 하고, 추측이나 짐작, 또는 강한 의지를 표현할 수
있다.

(6) ㄱ. 나는 과학자가 되겠다.
　　ㄴ. 나는 과학자가 되리라.

(6)의 문장들은 모두 미래 시제를 나타내면서 동시에 (6ㄱ)은 주어가 일인칭일 때 '-겠-'을 결합하여 주어의 강한 의지를 나타내고, (6ㄴ)은 '-(으)리-'를 결합하여 추측이나 짐작의 심리적 태도를 나타내고 있다.

다음은 보조조사를 통해 화자의 심리적 태도를 적극적으로 반영하는 경우이다.

(7) ㄱ. 너도 / 너까지 / 너마저 / 너조차 나를 싫어하니?

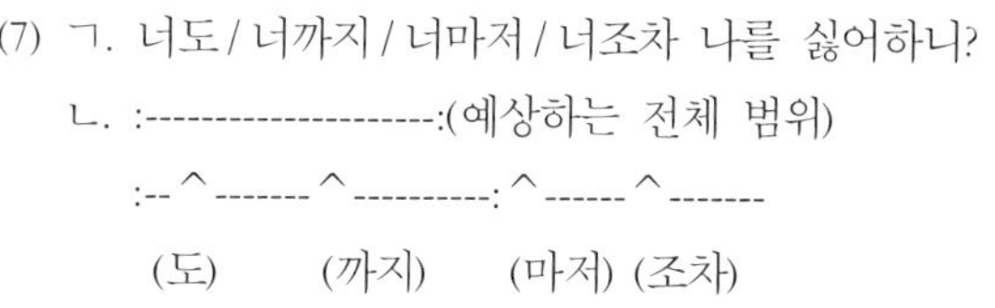

'도, 까지, 조차, 마저'라는 보조조사는 '역시 같다', '…를 포함하는'의 공통의미를 갖는다. '까지'는 예상하는 전체 범위를 벗어나지 않고 그 범위 안에서의 일정 범위까지 이야기할 때, '마저'는 예상하는 전체 범위 가운데 마지막까지를 포함할 때이며 '조차'는 예상하는 전체 범위를 벗어난 부분을 포함해서 이야기할 때 사용할 수 있다. 그러므로 그 서운함의 정도를 '도>까지>마저>조차'로 본다면 가장 서운한 화자의 심리적 태도를 드러내는 방법은 '너조차 나를 싫어하니?'라는 문장을 사용하면 된다.

(8) ㄱ. 너는 성격만 좋다.
　　ㄴ. 너는 성격도 좋다.

(8)의 문장에서 나타내는 명제는 '너는 성격이 좋다'는 것이다. 그런데 여기에 보조조사 '-만, -도'의 결합으로 화자의 심리적 태도는 달라진다. (8ㄱ)은 다른 것은 다 좋지 않은데 성격만 좋다는 약간의 질책과 비난이 드러난 문장이고, (8ㄴ)는 모든 것이 다 좋은데다가 성격도 좋다는 최고의 칭찬을 드러내는 문장이 된다.

언어내용을 구성하는 어휘를 선택하는 데에도 어떤 어휘를 선택하느냐에 따라 화자의 심리적 태도를 나타낼 수 있다.

(9) ㄱ. 그만 조용히 좀 해 주시겠어요?
    ㄴ. 그만 좀 닥쳐주실래요?
    ㄷ. 죄송하지만, 조용히 해 주시겠어요?

(10) ㄱ. 조금도 미안하지 않습니다.
     ㄴ. 눈곱만큼도 미안하지 않습니다.

(9)의 표현은 모두 높임의 표현을 사용하고 있지만 (9ㄱ)의 화자보다 (9ㄴ)의 화자는 청자를 대하는 태도에 있어 '닥치다'라는 어휘를 사용함으로써 좀 더 무례하거나, 조롱, 비아냥의 느낌을 드러낸다. 그리고 심리적으로 가까운 거리에 놓인 관계임을 나타낸다고도 볼 수 있다. (9ㄷ)은 '죄송하지만'이라는 말을 더함으로써 좀 더 격식을 차리는, 공손한, 심리적으로 거리가 먼 관계임을 알 수 있다.

(10ㄱ)은 미안하지 않다는 표현에 '조금도'라는 어휘를 사용하여 전혀 미안하지 않다는 화자의 심리를 표현하고 있다. 그런데 (10ㄴ)처럼 '조금도'라는 어휘 대신에 '눈곱만큼도'라는 어휘를 사용하면 미안하지 않음의 강도가 더 강한 것으로 느껴진다.

또한 (9ㄴ)과 (10ㄴ)을 통해 공식적인 자리에서의 발화가 아니라는 것, 화자의 교양 정도, 청자와의 심리적 거리, 화자의 심리적 상태 등을 짐작할 수 있다.

(11) ㄱ. 과학 기술의 발달에 의해 사라져 가는 인간적인 면
　　 ㄴ. 과학 기술의 발달때문에 사라져 가는 인간적인 면

(12) ㄱ. 너로 인해 시작된 일이다.
　　 ㄴ. 너때문에 시작된 일이다.

(11ㄱ)의 '-에 의해'라는 표현은 과학기술의 발달을 간접적인 영향 정도로 보는 화자의 태도를 나타내고 있는데, (11ㄴ)의 '때문에'는 과학 기술의 발달을 직접적인 이유로 파악하고 있는 화자의 심리적 태도를 보여주고 있다. 또한 (12)의 예도 그 일이 너의 간접적인 영향으로 시작된 것을 의도하기 위해 (12ㄱ)의 '-로 인해'를 사용하였고, (12ㄴ)처럼 '때문에'를 사용하여 그 일이 너의 직접적인 영향으로 생긴 일임을, 그리고 보다 부정적인 측면에서의 원망이나 질책 등을 의도하는 화자의 심리적 태도를 표현하고 있다.

4. 통사론적 측면

통사적 측면으로는 어순교체에 의해서 화자의 심리적 상태를 나타낼 수 있다. 예를 들어 문장의 성분을 어떻게 배치하느냐에 따라 의미 초점을 둔다거나 강조점에 차이를 둘 수 있기 때문에 화자가 무엇을 강조

하느냐에 따라 어순 배열을 달리 하게 된다.

> (13) ㄱ. 빨리 집에 가거라.
>   ㄴ. 집에 빨리 가거라.

> (14) ㄱ. 동수가 빵을 먹었다.
>   ㄴ. 빵을 동수가 먹었다.
>   ㄷ. 빵을 먹었다, 동수가.

(13)과 (14) 문장의 기본의미에는 차이가 없으나 (13)처럼 부사어를 어디에 배치하느냐에 따라 '집에 가는 일' 전체를 강조할 수도 있고, '가거라'를 직접 강조하는 문장을 만들 수도 있다. (14ㄱ)이 일반적인 주어-목적어-서술어의 어순으로 기본 의미를 전달한다면 (14ㄴ)은 '빵을'이라는 성분을 어두에 배치함으로써 '빵'에 의미의 초점을 두고 있다는 화자의 심리적 태도를 나타내고 있다. (14ㄷ)도 '동수가'라는 주어를 문장의 끝에 배치하여 기본적인 어순을 달리함으로써 화자가 강조하는 부분이 무엇인지를 드러낸다.

다음은 높임의 표현으로 화자의 심리적 태도를 나타내는 방법이다. 일반적으로 높임 표현의 사용 여부는 언어활동에 관여하는 화자와 청자, 주체, 객체에게 높임의 의향을 갖느냐에 따라 결정되는데, 실제의 언어 생활을 관찰해 보면, 언어환경이나 심리적 거리 등에 의해서도 높임 표현이 달라지는 것을 알 수 있다. 화자와 청자가 대등한 관계라 하더라도 처음 만났을 때는 서로 격식을 갖추어 '합쇼체'를 쓰다가, 차츰 가까워지면 '해라체'나 '해요체'를 쓰게 된다. 물론 장소에 따라서 격식을 갖추어야 하는 장소에 따라서도 대등한 관계의 표현이 달라지기도 한다.

(15) ㄱ. 동수 : 처음 뵙겠습니다. 강동수입니다.
　　　연수 : 잘 부탁합니다.
　　ㄴ. 동수 : 일은 잘 끝났어?
　　　연수 : 덕분에 잘 마무리 되었지. 고마워.

(15ㄱ)은 처음 만나는 자리에서 나누는 인사이다. 동수와 연수가 동등한 관계임에도 처음 만난 낯선 관계라는 심리적 거리를 '습니다'라는 종결어미로 높임 표현을 하고 있다. 그러나 (15ㄴ)은 시간이 흐른 뒤에 이들의 심리적 거리가 가까워졌음을 '끝났어?', '고마워' 등의 '해체'로 알수 있다.

(16) ㄱ. (회사에서)
　　　한 부장 : 김 과장, 이 일을 이렇게 처리하면 어떻게 합니까?
　　　　　　　　 내가 이사님께 얼마나 꾸중을 들었는지 압니까?
　　　김 과장 : 정말 죄송합니다. 제가 좀 더 신경을 썼어야 했는데…….
　　　한 부장 : 계약에 실패했으니, 이사님 심정이 어떻겠습니까?
　　　김 과장 : 제가 모든 책임을 지겠습니다.

　　ㄴ. (퇴근 후 식당에서)
　　　한 부장 : 김 과장, 오늘 일은 잊어, 직장 생활하다 보면 오늘
　　　　　　　　 같은 일 자주 있는 일 아니겠어?
　　　김 과장 : 예, 저도 낮에는 속상했는데, 지금은 괜찮아요. 부장
　　　　　　　　 님이야, 저에게 형님같은 분인데요. 뭘.
　　　한 부장 : 그래. 우리 앞으로 더 잘 해 보자. 알았지?
　　　김 과장 : 예, 부장님.

(16ㄱ)의 대화에 나타난 높임 표현은 '회사'라는 공적인 언어환경과 이들의 관계가 친밀감보다는 공적인 관계임을 나타낸다. 회사라는 공적

인 자리에서의 대화이므로 격식을 갖추어 김 과장은 한 부장을 높이고 있고, 한 부장은 김 과장을 낮추고 있다. (16ㄱ)의 대화는 공적인 장소에서 이들의 상하관계에 중점을 두고 '합쇼체'를 사용하여 높임 표현의 질서를 유지하고 있다. 그러나 (16ㄴ)의 사적인 자리에서의 대화는 한 부장은 김 과장과의 상하관계에 중점을 두기보다 '해요체'를 사용하여 친밀감을 표현하였다. 한 부장 역시 권위적인 상사의 태도보다는 '해체'로 표현하여 좀 더 친근하게 상대방을 배려하고 있는 심리적 태도를 나타내고 있다.

또 화자와 청자의 의도에 따라 높임 표현이 달라지기도 한다. 평소 비격식체인 '해체'를 쓰는 친근한 사이라도 상대방에게 화가 났거나 거리감을 느낄 때는 '합쇼체'를 쓰기도 한다.

(17) ㄱ. 동수 : 연수야, 지난 번 일은 내가 잘못했어.
　　　　　연수 : 그럴 수도 있지 뭐. 괜찮아.
　　　ㄴ. 동수 : 연수야. 지난 번 일은 내가 잘못했어.
　　　　　연수 : 누구십니까? 잘못을 하셨으면 사과를 하시지요.
　　　　　동수 : 왜 이래. 미안하다니까.
　　　　　연수 : 그걸 지금 사과라고 하시는 겁니까?

(17ㄱ)은 친근한 관계에서 사과를 주고받는 대화이다. 서로 동등한 관계이기 때문에 '해체'를 사용하여 거리감이 느껴지지 않는 반면 (17ㄴ)은 서로 동등한 관계에 놓인 동수와 연수의 대화에서 연수의 일방적인 격식체 사용으로 상대방에게 화가 났다는 심리적 상태를 표현하고 있다.

이렇게 우리말은 화자와 청자의 상하관계와 친소관계에 따라 높임표현과 낮춤 표현을 구별하여 쓰기 때문에 대화상의 표현을 통해 화자와 청자의 관계를 파악할 수 있다. 뿐만 아니라 화자와 청자의 심리적 거리, 화자의 심리적 상태 역시 알 수 있는 것이다.

　다음은 사동 표현과 피동 표현에 의해 화자의 심리적 태도를 나타내는 방법이다. 문장은 동작이나 행위를 누가 하느냐에 따라 능동문과 피동문으로 나뉜다. 주어가 제 동작을 제 힘으로 하는 것을 능동이라 하고, 주어가 다른 주체에 의해서 동작을 당하게 되는 것을 피동이라 한다. (18)의 피동 표현에서는 행위를 감추거나 책임을 회피하려는 화자의 심리적 태도를 드러내고 있다.

(18) ㄱ. 2005년부터 5년째 1위 자리를 지켜 온 박 선수가 신인 김 선수에게 세계 1위의 자리를 <u>빼앗기고</u> 말았다.
　　ㄴ. 북한의 식량난은 지난해의 대규모 홍수, 국제 곡물 가격의 상승, 국제 원조의 감소 등 여러 요인이 복합적으로 작용한 결과로 <u>해석됩니다.</u>
　　ㄷ. 엄　마 : 이게 무슨 소리니?
　　　철　수 : (겁에 질려서) 엄마, 접시가 <u>깨졌어요.</u>
　　ㄹ. 손　님 : (식당에서) 테이블이 안 <u>닦였네요.</u>
　　　종업원 : 죄송합니다. 잠깐만 기다리세요.

　(18ㄱ)은 1위를 지켜오던 기존 우승자인 '박 선수'의 입장에서 신인 선수에게 1위를 빼앗긴 상황을 아쉬워 하는 언론의 의도가 반영되었다. (18ㄴ)의 피동형은 어떤 문제 원인이 단순하거나 명확하지 않을 때 원인을 모호하게 표현하려는 의도를 반영하고 있다. (18ㄷ)은 자신이 접시를 깼으면서도 접시가 저절로 깨어진 것으로 표현하며 직접적인 비난과 책임을 회피하고자 하는 의도를 읽을 수 있다. (18ㄹ)에서는 손님이 종업원을 직접적으로 비난하지 않고, 식탁이 안 닦여진 사항을 제시

함으로써 간접적으로 종업원의 실수를 지적하고 있다.

주어가 남에게 동작을 하도록 시키는 사동 표현은 시킴의 정도에 있어서 좀 더 강한 단형 사동 표현과 권유의 느낌을 갖게 하는 장형 사동 표현으로 화자의 심리적 태도를 나타낼 수 있다.

(19) ㄱ. 장가 온 새서방을 저렇게 우두커니 <u>앉혀 두는</u> 법이 어디 있느냐?
    ㄴ. 장가 온 새서방을 저렇게 우두커니 <u>앉아 있게 두는 법이</u> 어디 있느냐?

(20) ㄱ. 노래할 애들은 치마를 <u>입히면</u> 좋겠어.
    ㄴ. 노래할 애들은 치마를 <u>입게 하면</u> 좋겠어.

(19ㄱ)의 사동 표현은 사동접미사 '-히'에 의해 나타나는데, 신랑을 앉아 있도록 한 책임을 강하게 따지려는 화자의 의도가 또는 신랑을 강제로 앉아 있도록 시킴의 정도가 강한 심리적 태도가 드러난다. 그런데 (19ㄴ)의 '앉아 있게 두는 법'이라 장형 사동으로 바꾸면 그 책임의 정도가 덜 하다는, 또는 앉아 있게 한 시킴의 정도가 덜한 심리적 태도를 드러낼 수 있다. 사동 표현은 남에게 시키는 의미가 있어서 때로는 지나치게 권위적이라는 느낌을 줄 수 있는데 (20ㄱ)에 비해 (20ㄴ)의 발화가 덜 권위적인 느낌을 준다. 그러므로 사동문을 만드는 방법도 어떤 심리적 태도를 표현하느냐에 따라 장형 사동문을 선택하거나 단형 사동문을 선택하는 것이다.

마지막으로 본용언에 보조용언을 결합하여 화자의 의도를 표현할 수도 있다.

(21) ㄱ. 나 같으면 일주일 내로 한다.
　　ㄴ. 나 같으면 일주일 내로 해버린다.
　　ㄷ. 나 같으면 일주일 내로 하고 만다.

(21ㄱ)의 '한다'와 비교하여 (21ㄴ)의 '해버린다'는 '버리다'라는 보조용언을 사용하여 '완료'의 의미를 나타내며 쉽게 일을 처리하는, 별 것 아니라는, 그리고 뭔가 시원해 하는 심리 태도를 나타낸다. (21ㄷ)의 '하고 만다'에는 좀 더 확고한 주어의 의지를 드러내고 있는데, 이렇게 결합하는 보조용언의 의미에 따라 좀 더 다양한 화자의 의도를 표현할 수 있다.

5. 의미·화용론적 측면

다음은 의미·화용론적 측면에서 화자의 심리적 태도를 나타내는 방법으로 같은 개념의 내용을 표현하는 데 있어서도 어떻게 표현하느냐에 따라 화자의 심리적 태도가 달리 나타날 수 있다.

(22) ㄱ. 난 결점이 없는 사람이 아니다. 완벽과도 거리가 멀다.(타이거 우즈)
　　ㄴ. 죄송합니다.

(23) ㄱ. 파장이 커지는 사건에 더 큰 파문을 일으켰다. 더 세련된 단어
　　　 를 사용했더라면 하는 아쉬움이 있다.(버락 오바마)
　　ㄴ. 제가 표현을 잘못 했습니다.

(22ㄱ)과 (23ㄱ)은 타임지가 선정한 '사건만큼 기억에 남는 명 사과'

중 일부이다. 이들은 모두 잘못을 저지른 상황에 대한 자신의 심리적 태도를 드러내는 사과의 표현을 하고 있다. (22ㄴ)은 자신의 잘못에 대한 뉘우침을 표현하는 반면에 (22ㄱ)은 완벽한 인간은 없다는 논리로 자신의 잘못을 인정하지 않으려는 화자의 심리적 태도를 나타내고 있다. 마찬가지로 (23ㄴ)의 표현이 자신의 실수를 인정하는 화자의 태도를 보여주는 것이라면 (23ㄱ)의 표현은 적극적인 사과의 태도라기보다는 자신의 실수를 완곡하게 표현하고자 하는 화자의 태도를 보여준다. 실제적이고 구체적인 표현보다 완곡하게 간접적이고 추상적인 표현으로 화자의 심리적 부담을 줄이기 위한 태도를 반영하고 있는 예이다.

언어는 인간의 사고와 감정을 표현하는 기호체계이다. 우리는 그 기호체계를 통해 언어내용을 전달하는 과정에서 언어내용 뿐만 아니라 화자의 심리적 태도까지 읽을 수 있다. 지금까지 살펴본 것처럼 우리는 어떠한 형태소에 의해서, 단어에 의해서, 통사적 구성에 의해서, 나아가 음운론적 방법 및 의미·화용적 표현을 통해 우리의 심리적 태도를 나타내고 있었다. 그러므로 언어내용과 그것을 전하는 화자의 심리적 태도를 이해하는 일은 인간에 대한 이해를 가능하게 할 것이다. 상대방의 심리적 태도를 이해하고 나아가 자신의 화법을 점검하는 일은 바람직한 대화를 위해서 갖추어야 할 자세이다.

참고문헌

구현정 외(2007), 『화법의 이론과 실제』, 박이정.
김미형(2005), 『생활의미론』, 한국문화사.
박동근(2008), 『한국어 어휘연구의 새로운 모색』, 소통.
성광수 외(2005), 『한국어 표현문법』, 한국문화사.
임지룡 외(2005, 『학교문법과 문법교육』, 도서출판 박이정.
조오현 외(2008), 『한국어학의 이해』, 소통.

1. 다음의 글을 읽고 현대국어의 이유 없는 어두 경음화 현상을 조사하고, 이에 대한 자신의 생각을 정리해 보자.

> 오정란(1988 : 16~18)에서는 된소리되기를 사회 심리적 기능의 차원에서 심리적인 강화 욕구에 의한 것으로 문명의 진보로 인간의 물질문명은 급성장하였으나, 정신적인 공허감이 증가하였고 이러한 심리 상태를 표면에 드러내 보이지 않으려는 자기 방어의 노력이 언어활동 시에는 자기 과시 현상으로 나타난 것이라 보았다.
>
> 또 정치변동과도 긴밀한 연관을 맺으며 발달해 온 것으로 정권 교체, 국내외의 난동으로 민심이 흉흉해지고 생계가 어려워지고 지금까지의 규범이 무너져버리는 불안한 세태에서의 언어활동은 다분히 자기 과시적인 되고, 경직된 심리 상태가 된소리의 특성과 부합되기에 사회 불안기에 특히 된소리가 증가했으리라 추정하면서, 된소리되기로 의미 분화를 하는 것을 제외하고는 국어 순화의 차원에서 불필요한 된소리의 사용은 지양되어야 한다고 하였다.
>
> —박동근(2008)

2. 화자의 심리적 태도는 언어적인 측면에서 나타나는 것만큼이나 언어외적인 측면으로도 나타낼 수 있다. 대화 시 나타나는 우리의 표정이나 몸짓은 언어적 표현만큼이나 다양한 화자의 심리적 태도를 나타내는 것이다. 긍정의 표정이나 몸짓, 부정의 표정이나 몸짓, 그 밖의 다양한 언어 환경을 설정하고 적절한 언어외적 표현을 생각해 보자.

<머리를 통해 나타나는 화자의 심리>
1. 머리를 긁적인다.
2. 자신의 머리를 쓰다듬는다.
3. 자기의 머리를 툭툭 친다.
4. 인지, 중지, 약지의 세 손가락을 나란히 하여 가볍게 머리를 두드린다.
5. 이야기 도중 음성을 낮추면서 머리를 숙인다.
6. 머리 스타일을 자주 바꾼다.
7. 머리를 짧게 자른다.
8. 긴 머리를 짧게 깎거나 삭발을 한다.
9. 남녀가 서로 상대의 머리카락을 쓰다듬는다.

—http://blog.empas.com/nesi4034/18310548

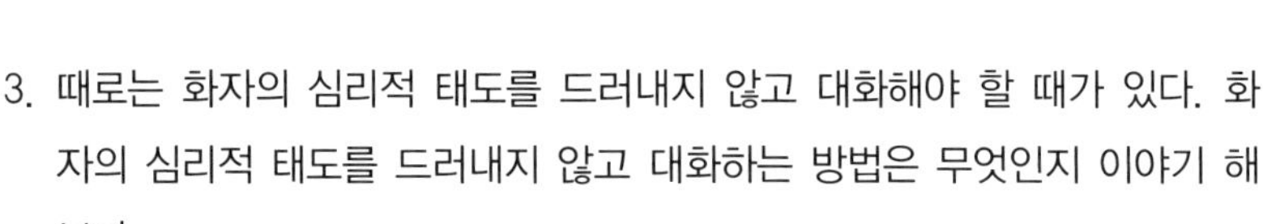

3. 때로는 화자의 심리적 태도를 드러내지 않고 대화해야 할 때가 있다. 화자의 심리적 태도를 드러내지 않고 대화하는 방법은 무엇인지 이야기 해 보자.

1. 들어가기

요즘 개그 프로그램의 한 코너에서는 한국어를 배우는 외국인들의 언어사용이 웃음의 코드로 사용된다. '들어간다, 문제~', '안돼, 말도', '좀 줘, 나' 등의 우리말 구조와 어순을 달리한 대화들이 그 예이다. 그런데 그것이 왜 웃음을 주는 걸까. 바로 영어와 한국어의 어순이 다른데, 한국어를 말하며 영어식 어순으로 이야기를 하고 있기 때문이다.

언어는 인간의 사고와 감정을 반영하고, 인간의 사고와 감정은 언어로 표현된다. 갈무리된 말은 한 개인에만 있는 것이 아니라 한 겨레에 붙은 모든 사람에게 공통적이라서 같은 겨레는 이 공통된 말의 구조에 이끌려 어떠한 공통된 정신, 생각, 마음을 가지게 된다. 이것이 그 나라의 정신(얼)이요, 사고의 방식이다. 그러므로 한 나라의 언어는 그들 언어 공동체의 공통 인식을 담고 있는 문화유산이고, 한 나라의 언어를 배운다는 것은 그 민족의 사고방식과 문화를 함께 배우는 것이다. 언어는 문화를 반영하고, 문화 또한 언어를 반영한다.

이 장에서는 국어의 구조적 특성을 통해 문화적 특성을 살피고, 이와 함께 한국인의 의식이 어떻게 반영되는지 살펴보기로 한다. 국어의 어순이 갖는 보편적인 특성들과 함께 개별적인 특징을 살피는 것은 바로 한국인의 문화적 특성과 한국인의 의식을 이해하는 방법이 될 것이다.

2. 한국어의 어순

한국어의 문장은 SOV 어순을 기본으로 한다. 터키어, 몽고어, 일본어 등이 같은 문장구조를 지닌다. 그러나 한국어의 어순은 '주어-목적어 -서술어'의 기본 어순을 지니면서도 매우 자유로운 어순을 취한다. 이러한 어순을 지닌 언어가 가진 보편적인 특성은 수량어의 경우를 제외한 모든 수식하는 말은 원칙적으로 수식받는 말의 앞에 위치하며 부사어의 위치가 자유롭다. 그리고 특별한 경우가 아니면 의문문에서 영어처럼 주어와 서술어의 위치가 바뀌는 일이 없으며, 의문사가 반드시 문장의 처음에 와야 한다는 제약도 없다.

SOV 어순이 갖는 보편적인 특성 중 다른 하나는 후치사적 특성으로, 문법 관계 표시 요소들이 선행어의 뒤에 놓이는데 한국어에서는 조사와 어미가 이를 실현하고 있다.

한국어는 연결어미와 종결어미가 다양하게 발달하여 문법의 많은 부분을 차지하고 있다. 한국어에서 모든 문법적 요소는 어간이나 어근 뒤에 온다. 즉 조사는 명사 뒤에 붙고 어미는 동사나 형용사의 어간 뒤에 쓰인다. 용언의 어간과 어말 사이에 결합하는 선어말어미들은 어말 어미가 그 자체로 어간에 결합하여 단어를 이룰 수 있는 것과 달리 반드시 어말어미와 함께 구조를 이루는 의존적인 형태소이다.

그리고 한국어의 문법범주 실현은 대개 형태론적 층위에서 실현된다. (1ㄱ)의 예처럼 어간에 선어말어미를 계속 첨가하여 중요한 문법 기능 즉, 시제법, 높임법, 강조법 등을 실현하고 있다. 또, (1ㄴ)처럼 통사적 층위에서 문장성분을 이동하여 의문문을 만드는 것이 아니라 서술어의 형태를 바꾸어 의문법을 실현한다.

(1) ㄱ. <u>그들의</u> 의심은 끝이 <u>없었다.</u>
　　　그(3인칭)＋들(복수)＋의(관형격) － 없(어간)＋었(과거)＋다(종결)

　　ㄴ. 동수가 집에 <u>있습니다.</u> → 동수가 집에 <u>있습니까?</u>
　　　동수 is at home. → Is 동수 at home?

또한 서술어의 종류에 따라 문장 성분들이 정해지고, (2ㄱ)의 예처럼 이들은 수식하는 성분과 수식받는 성분들이 다른 성분들과 긴밀한 관계를 형성하며 서술어에 이끌려 관계를 맺고 있다. (2ㄴ)은 각각의 성분들이 서로 구조적인 관련성을 맺고 있는 예인데, 서술어에 결합하는 형태소들로 문법적 현상을 설명할 수 있다. 그러므로 한국어는 SOV 어순을 보이면서도 조사나 어미에 의해 자유롭게 이동이 가능하고, 서술어에 그 문장이 나타내는 대부분의 문법적 기능을 나타낸다.

(2) ㄱ. <u>그 사람</u>은 <u>내 친구</u>에게 반갑게 <u>인사했다.</u>

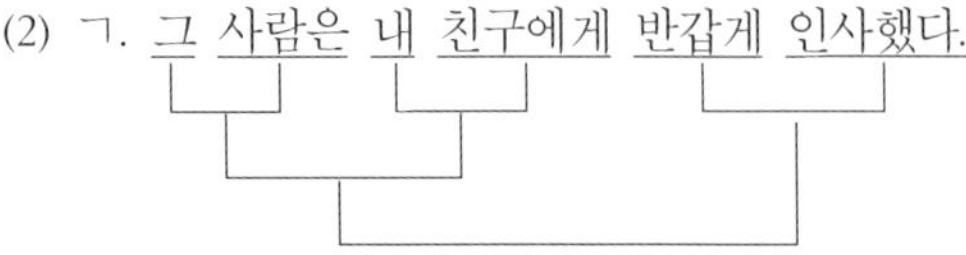

　　ㄴ. 아버지, 어제는 어머니께서 연수에게 옷을 입히시었습니다.
　　　　아버지 ―――――――――――――――――――― 습니다.
　　　　어제는 ―――――――――――――――――― 었 ――
　　　　어머니께서 ―――――――――――――――― 시 ――
　　　　연수에게 ――――――――――――――― 히 ――
　　　　입히다 ―――――――――――――― 옷을――

3. 한국어의 표현

한국어는 서술어가 마지막에 오는 SOV 어순이다. 그리고 서술어는
문장의 구조에서 중요한 문법적 기능을 담당한다. 문장의 가장 핵심적
인 서술어를 맨 마지막에 두는 이러한 문장 구조는 문장을 듣는 사람에
게 절정감을 형성하고 심리적 충격을 완화하며 대화를 끝까지 들어야
하는 습관을 갖게 한다.

　　(3) ㄱ. 철수가 오늘 아침 학교에 <u>가지 않았다.</u>
　　　　ㄴ. 철수가 <u>가지 않았다</u> 오늘 아침 학교에
　　　　　　(철수 <u>didn't go</u> to the school this morning.)

(3ㄱ)에서 문장의 핵심은 서술어라고 할 때 '가지 않았다'라는 동사
가 맨 마지막에 오기 때문에 듣는 사람에게 이야기를 끝까지 주의 깊게
듣게 만들며, 앞서 나오는 성분들의 의미를 고려하여 서술어를 짐작함

으로써 심리적 충격을 완화한다고 볼 수 있다. 만약 (3ㄴ)과 같은 어순이라면 이야기의 초반에 이미 서술어 '가지 않았다'라는 일차적 정보를 주게 되므로 뒤에 오는 요소들은 부차적 정보로 인식하게 된다. 물론 중요한 정보가 마지막에 온다는 것은 고속화 시대의 빠른 일처리에는 효율성이 떨어지는 면이 있고 가부 간의 결말을 지연시키는 폐단을 가져올 수 있다. 그러나 청자로 하여금 새로운 정보에 갑자기 노출되었을 때 심리적으로 준비할 수 있는 시간을 줄 수 있다는 점에서 상대방을 배려하는 의식을 드러낸다고 할 수 있다.

그리고 이러한 구조는 말을 하면서 서술어에 담길 문법적 형태소들을 준비하는 시간을 확보하는 것이므로 충분히 문법적인 문장을 만들게 된다. 화자가 좀 더 문법적인 문장을 만들 수 있는 시간을 확보함으로써 안정적인 발화상태를 유지하게 되는 것은 여유로운 대화 상태를 유지하는 방법이다.

일반적으로 같은 상황을 어떻게 인식하느냐에 따라 다양한 표현을 할 수 있다. 사막에서 물 한 컵을 얻어 마신 후 컵에 남겨진 물을 바라보며 이야기하는 두 사람의 대화는 인식의 차이, 가치관의 차이, 관점의 차이를 말해 준다.

(4) ㄱ. 물이 반 컵<u>이나</u> 남았다.
　　ㄴ. 물이 반 컵<u>밖에</u> 안 남았다.

(4ㄱ)은 일반적으로 긍정적이고 낙관적인 사람의 이야기로 마신 물보다 남은 물에 대한 가치를 더 생각하는 표현이라 할 수 있고 (4ㄴ)은 남은 물에 대한 가치를 중요하게 생각한다기보다 앞으로 다가올 일에

대한 걱정으로 부정적인 사고방식을 보여주는 예이다. 따라서 한 언어의 어휘 양상을 살펴보면 그 어휘들이 어떻게 발달되었는지, 그리고 부정적인 어휘 체계가 더 발달했는지 긍정적인 어휘 체계가 더 발달했는지를 통해 그 언어를 사용하는 사람들의 관점이나 가치관을 짐작할 수 있을 것이다.

(5) ㄱ. 저 하찮은 나무에서도 새가 운다.(박정선, 2004)
    ㄴ. 새들은 제 이름을 부르며 운다.(김형경, 2005)
    ㄷ. 바람이 울다 잠든 숲(최나미, 류준화, 2004)
    ㄹ. 으악새 슬피 우는 밤
    ㅁ. Birds are singing.

(5ㄱ, ㄴ)의 한국의 새는 늘 운다. 게다가 바람도 울고, 갈대도 울고, 그래서 마음도 울고 싶을 때가 많아 보인다. 그러나 (5ㅁ)처럼 미국의 새는 노래한다. '새가-울다'가 '새가-노래한다', '새가-지저귄다'와 같은 구조보다 더 일반적으로 표현되는 한국어와 달리 미국의 새는 'singing'으로 주로 표현된다. 새의 노래 소리를 어떻게 인식하고 있느냐에 따라 다르게 표현되기 때문에, 한국에서 울던 새가 미국으로 날아가면 아마도 그 새는 금세 노래하게 될 것이다. 이러한 표현들은 한국인의 정서적 측면을 보여주는 예라 할 수 있다.

한편 똑같은 상황에서 한국어는 존재적 표현을 하고, 영어는 소유적 표현을 한다(김미형, 2005). (6ㄱ)처럼 한국인의 의식은 그 자리에 있는 그대로 두고 상대의 존재를 인식하는 반면에 (6ㄴ)처럼 영어는 자기 소유적 표현을 함으로써 내가 가진, 나를 중심으로 한 사고방식의 예를 보여준다고 할 수 있다.

(6) ㄱ. 나는 차가 한 대 있다.

    ㄴ. I have a car.

또한 책이나 영화의 제목을 국어로 번역하는데 있어서 (7ㄱ)의 예처럼 국어는 좀 더 내포적인 의미를 사용하고, 영어는 지시내용을 직설적으로 표현하는 경우가 많다. 이는 즉각적이고 직선적이며 논리적인 서구의 인식과 달리 한국인의 의식은 에두르고 완곡한, 그러면서 무언가 상징적인 의미를 통해 은근한 은유적 표현들을 즐겨 사용하기 때문이다.

(7) ㄱ. 7일간의 사랑(Man, woman and child, 1983)
      사랑과 영혼(ghost, 1990)
   ㄴ. 투모로우(the day after tomorrow, 2004)
      악마는 프라다를 입는다(The Devil wears Prada, 2006)
      스모킹 에이스(smoking ace, 2007)
      파르나서스 박사의 상상극장(The imaginarium of doctor parnassus, 2009)
      꼬마 니꼴라(le petit Nicolas,2010)
      파라노말 엑티비티(paranormal activity, 2010)

그러나 현대의 관점에서 보면 이러한 한국인의 특성은 좀 달라졌다. 지금은 보다 빠르고, 보다 직접적이며 있는 그대로를 드러내는 현대인의 특성을 반영하는 것처럼 책이나 영화의 제목이 원어 그대로 번역되는 추세이다. (7ㄴ)처럼 원제를 그대로 번역하여 사용한다거나 원어 발음을 그대로 표기하는 제목들이 눈에 띈다. 우리의 사고방식의 변화가 언어적 표현에 그대로 나타나고 있다고 볼 수 있다.

결국 한국어의 표현을 구조적인 측면에서 살펴보면 한국인의 가치관,

인식의 방법을 읽을 수 있다.

4. 자유로운 생략

마지막으로 한국어의 구조적 특징은 성분들의 생략이 자유롭다. 문장을 이루는 성분들이 인도유럽어에 비해 자유롭게 생략되는데 이것은 맥락 중심의 해석을 통해 충분히 이해 가능하기 때문이다.

   (8) 동수 : 뭐 먹을까?
       연수 : 비빔밥.

(8)에서 무엇을 먹겠냐는 질문에 '나는 비빔밥을 먹겠다'라는 문장으로 대답하는 것이 아니라, '비빔밥'이라는 단어 하나만으로 대답을 하더라도 충분히 언어 내용이 전달된다. 사실 이러한 생략 현상은 논리적으로 비약을 하거나 정확하지 않은 결과들을 만들기도 한다. 논리적 판단을 한다거나 객관적 설명을 하는데 있어 성분의 생략은 정확성을 떨어뜨릴 수 있기 때문이다.

그러나 주어, 조사, 서술어를 모두 생략해도 그 맥락을 통해 상황이 충분히 이해된다는 것은 한국인이 맥락 중심의 사고를 하고 있다는 것으로 설명할 수 있다. 그리고 이러한 생략은 말의 함축미를 드러내 은근한 말맛을 만들어낼 수 있는 방법으로 모나지 않고 은근한 정서를 좋아하는 우리의 감성적 사고 유형과 밀접한 관련을 갖는다.

맥락 중심의 사고를 한다는 것은 대화의 격률을 어긴 다음의 대화에서도 잘 나타난다.

> (9) ㄱ. 동수야, 학교 가니?
>   ㄴ. 건강하시죠, 아저씨?

(9ㄱ)의 아저씨의 질문에 (9ㄴ)은 '네, 학교에 가요' 그리고 '아저씨도 건강하시죠?'라는 대화의 바른 순서를 위배하고 있지만, (9)의 대화는 충분히 이해되고 빈번히 사용되고 있는 구조이다. 이렇게 통째로 한 문장을 생략하면서도 우리의 맥락 중심의 사고방식으로 대화의 질서를 유지할 수 있는 것이다.

언어란 소통의 수단이면서 사고를 지배하고 제약한다. 따라서 언어가 다르다는 것은 말의 소리나 단어, 문법체계뿐만 아니라 세상을 바라보는 다르다는 것을 의미한다.

그러므로 한국어의 구조는 한국인의 사고방식을 반영하고 있고, 이러한 한국인의 인식의 방법도 한국어만의 개별적인 특징을 만든다.

따라서 한 언어의 구조를 이해하고 습득한다는 것은 결국 그 나라 사람들의 세상을 바라보는 방법을 이해하는 일이 된다.

참고 문헌

권경근 외(2009), 『언어와 사회, 그리고 문화』, 박이정.
김미형(2005), 『생활의미론』, 한국문화사.
목정수(2009), 『한국어 문법, 그리고 사유』, 태학사.
원동연(2005), 『이것이 한국어다』, 김영사.
조오현 외(2008), 『한국어학의 이해』, 소통.
최기호 외(2004), 『언어와 사회』, 한국문화사.

1. '세상을 보는 관점이 언어권마다 다르다'에 대한 설명을 뒷받침하는 구체
   적인 예를 찾아보자.

2. SOV 어순이 갖는 보편문법으로서의 특징과 한국어만이 갖고 있는 개별
   문법으로서의 특징을 간단히 정리해 보자.

3. 다음의 글은 방송인 김제동씨의 칼럼 중 일부이다. 이 글을 통해 자신이
   생각하는 가장 한국적인 말을 찾아 왜 그런지 함께 이야기해 보자.

> 얼마 전 디스커버리 채널에 출연했습니다. 제가 주인공은 아니었고
> 요, 가수 비와 배우 이병헌 씨가 세계 속 한국 대중문화의 발전을 이야
> 기하는 다큐멘터리였습니다. 포장마차에서 술을 마시다가 카메오처럼
> 화면에 담기게 됐습니다. 비는 어머니의 이야기를 털어놓았습니다. 여
> 기까지 올 수 있었던 힘이 무엇이냐는 질문에 비는 돌아가신 어머니에
> 대한 안타까움을 말하며 '한'이라는 단어를 꺼냈습니다. 통역이 있었는
> 데 '한'이라는 단어의 등장에 잠시 난감해했습니다. '정'도 그렇지만
> '한'도 번역할 알맞은 영어가 없다는 거지요.
>
> 촬영이 어느 정도 끝났을 때 기자 분이 다가왔습니다. '한'이라는 단
> 어에 대해 한 번 더 물어봐도 되겠느냐, 외국인에게 어떻게 설명하면
> 좋겠냐고 말이지요. 저도 잘 모르겠다고 대답했지요. 한반도의 5000년
> 역사를 꿰뚫어 온 정서를 이제 겨우 삼십 몇 년 살아본 제가 어찌 정
> 의하겠냐고. 한 100년쯤 살고 나면 알게 될까 싶다고요. 그 대신 저는
> 고 박경리 선생님의 말씀을 대신 전했습니다. 한국의 위대한 작가가
> 말씀했는데 '한'은 가장 과거적이며 가장 미래적인 단어라고 말입니다.
>
> '한'이 미래적인 단어이기도 하다는 말씀을 들었을 때 좀 충격을 받
> 았습니다. '한'이 과거에 대한 이야기라고 생각했거든요. (…중략…)
>
> ─'동아광장'(2009. 6. 19)

제6장 '날 물로 보지마'
−광고전략으로서의 중의성

1. 들어가기

광고는 과장된 표현으로 소비자를 현혹시키는 기술이라는 부정적인 평가와 '자본주의의 꽃' 또는 '20세기 가장 훌륭한 예술형식'이라는 긍정적 평가를 함께 받고 있다. 긍정적이든 부정적이든 "우리가 숨 쉬고 있는 공기는 질소와 산소, 그리고 광고로 구성되어 있다. 우리는 광고 속을 헤엄쳐 다닌다."는 프랑스의 광고인 로베르 궤링의 말처럼 광고는 우리 삶의 일부가 되었다. 따라서 광고를 올바로 이해하고 받아들일 수 있는 능력을 갖추는 것이 무엇보다 중요하다.

광고는 영상기호, 음향기호, 그리고 언어기호의 복합적 구성물로, 소비자의 호기심을 유발시켜 상품을 구매하도록 하는 일종의 설득커뮤니케이션이다. 초기의 광고는 언어기호를 중심으로 이루어졌지만 최근에 와서는 언어기호보다 영상기호가 광고에서 더 중요한 기능을 하고 있다. 심지어 영상기호로만 이루어진 광고도 등장하고 있다. 그러나 정확한 정보의 전달로 보다 효과적인 설득을 하기 위해서는 언어라는 형식을 통해서 그 내용을 담아내는 것이 효율적이다.

"옷 한 벌 세탁에 1달러－무료로 방충처리해 드립니다."라는 세탁소 광고를 "옷 한 벌 방충 처리에 1달러－세탁은 무료로 해 드립니다."로 바꿨더니 매출이 20%나 신장했다는 한 실례는 광고에서 언어기호가 얼마나 중요한 지를 잘 보여준다.

광고에서 언어는 소비자에게 거는 말이다. 따라서 소비자의 취향에 맞는 말을 어떻게 거는가 하는 것은 광고의 목표를 달성하는 데 매우 중요하기 때문에 광고주들은 소비자의 취향에 맞는 말을 하기 위해 다양한 언어전략을 마련한다. 현대의 광고에서는 먼저 눈에 띄고 보다 강렬한 인상을 남기면서 오랫동안 소비자의 기억 속에 남아 있도록 하는 전략이 필요한데, 이에 가장 잘 부응하는 것이 포지셔닝(positioning) 전략이다. 이 전략에는 '보편적 이해'에 대한 원칙과 '특별한 효과'에 대한 원칙이 적용되는데, 보편적 이해를 위해서는 가장 익숙한 어휘나 문장을 이용할 필요가 있고, 특별한 효과를 위해서는 가능한 단순하고 오래 기억에 남을 수 있는 표현을 찾아야 함을 뜻한다. 이러한 표현에 가장 적합한 것이 중의성을 활용한 표현이다.

동음이의어와 다의어를 활용한 언어유희(pun)는 언어전략이나 오락의 기능을 발휘하면서 규범적 언어체계의 틀을 벗어난다. 이러한 규범적 언어체계의 일탈이 가져오는 중의성은 소비자를 낯설게 하고, 이러한 중의성을 해소하기 위해 광고 텍스트에 소비자들의 관심이 집중된다. 이는 소비자의 관심을 유발하는 것을 목표로 하는 광고전략에 부합하기에 많은 광고텍스트들이 어휘적 중의성을 광고의 표현전략으로 활용하고 있다.

2. 중의성의 개념 및 유형

중의성(重義性, ambiguity)은 글자 그대로 하나의 문장이 두 가지 이상의 의미를 전달하고, 해석되는 경우를 말한다. 즉 하나의 문장은 두 가지 이상의 의미를 전달하고 해석되어야 하지만, 여러 가지 요인으로 인하여 두 가지 이상으로 해석되는 경우가 발생할 수 있다.

> (1) 아름다운 시골소녀
>   ㄱ. 시골이 아름답다.
>   ㄴ. 시골의 소녀가 아름답다.
>   ㄷ. 시골의 아름다운 소녀

(1ㄱ)의 문장은 통사적 요인, 즉 수식 범위에 의해 (1ㄱ)과 (1ㄴ)의 두 가지 의미로 해석이 가능하다. 이렇게 통사적 요인에 의한 중의성을 구조적 중의성이라고 한다. 이러한 중의성은 (1ㄷ)과 같이 어순을 바꿈으로써 해소될 수 있다.

중의성은 모호성(vagueness)과 혼동되는 경우가 많은데, 모호성은 표현 그 자체의 미비점 또는 불완전성 때문에 생기는 의미해석상의 혼란을 뜻한다.

> (2) 한 교수(의) 책을 가져 왔다.
>   ㄱ. 한 교수가 <저술한> 책
>   ㄴ. 한 교수가 <보유한> 책
>   ㄷ. 한 교수가 <팔고 있는> 책

관형격 조사 <의>는 특정한 맥락 속에서만 화자가 의도한 원래의 의미를 표현할 수 있어 맥락을 배제하고 본다면, 위와 같은 표현방식은 주어진 의미를 표현하는 데 매우 불충분하다. 또 <의>가 표현하고자 하는 의미도 맥락에 따라 얼마든지 달리 해석 가능하므로 일정하게 예측할 수도 없어 모호성이 발생한다.

일반적으로 중의성과 모호성의 개념을 명확히 구분하려고 하는 반면에 임지룡(1993)의 경우는 중의성을 '청자가 해석하는 데 곤란을 느끼는 복합적 의미관계'로 규정하면서 양자를 엄격히 구분하지 않고 있다.

박영순(1998)에서는 중의성에 대한 전반적이고 종합적인 견해를 제시하면서 중의성과 엄격히 구별해 오던 모호성을 중의성에 포함시키고 중의성을 7가지로 분류하였다.

먼저 어휘적 중의성은 주로 동음어와 다의어에 의해 발생하고, 구조적 중의성은 수식범위의 차이로 인해 주로 발생한다. 논리적 중의성은 부정문에서 부정소의 적용범위에 따라 발생한다. 예를 들면 '나는 밥을 안 먹었다'라는 문장은 '안'이라는 부정소의 적용범위에 따라 첫째, '나는 밥을 안 먹고, 빵을 먹었다' 둘째, '나는 밥을 안 먹고, 밥을 버렸다' 셋째, '나는 밥을 안 먹고, 철수가 밥을 먹었다'라는 의미로 해석된다. 즉 첫째는 목적어가, 둘째는 서술어가, 셋째는 주어가 부정되어 중의성이 나타난다.

모호성에 의한 중의성은 낱말이나 문장의 뜻이 분명하지 않음으로 인해 발생한다. 예를 들어 '그저께 그 일은 잘 되었다'라는 문장에서 '그 일'이 정확하게 어떤 일인지 알 수 없을뿐더러 '잘 되었다'도 구체적으로 무슨 일이 어떻게 되었다는 건지 그 의미를 정확하게 알 수 없다.

화용론적 중의성은 하나의 문장이 어떤 상황에서 발화되었느냐에 따라 달리 해석됨으로써 발생한다. '날씨가 덥다'라는 발화는 상황에 따라 '창문을 열어라', '에어컨을 틀어라', '옷을 벗어라' 등의 여러 의미로 해석될 수 있다.

관용적 중의성은 문장을 직설적인 의미와 관용적인 의미로 해석하느냐에 따라 발생한다. 예를 들어 '그들은 손을 잡았다'라는 문장은 '그들은 서로의 손을 잡았다'라는 직설적 의미로 이해될 수도 있고, '손을 잡았다'가 관용적으로 굳어져서 '그들을 동업을 하기로 하였다' 또는 '그들을 협력하기로 하였다' 등의 의미로 이해될 수도 있다. 끝으로 '은유적 중의성'은 직설적인 의미와 은유적 의미의 두 가지 해석이 중의성을 유발한다.

이상에서 살핀 중의성의 유형 중 광고에 주로 나타나는 유형은 어휘적 중의성과 은유적 중의성, 관용적 중의성이다. 그밖에 화용적 중의성도 종종 나타난다. 따라서 다음 절에서는 이들 4가지 유형의 중의성이 광고텍스트의 표현전략에 어떻게 활용되는지를 살펴보도록 하겠다.

3. 광고텍스트에 사용된 중의성의 유형

3.1. 어휘적 중의성

어휘적 중의성은 주로 동음이의어와 다의어에 의해 주로 발생한다.

  (3) ㄱ. 말이 많다.
　　　ㄴ. 손이 크다.

(3ㄱ)에서는 '말'이라는 어휘가 '馬', '斗', '言' 중 어느 것으로 해석되느냐에 따라 그 의미가 달라지고, (3ㄴ)에서는 '손'의 용법이 중심의미인 신체의 일부분인 '손'(手)인가, 주변의미인 '씀씀이, 손버릇, 관계'인가에 따라 중의성이 발생한다.

어휘적 중의성은 의사소통에 장애요소가 된다. 그러나 어휘적 중의성은 여러 가지 의미를 개별어휘에 결부시킴으로서 언어유희로서의 기능을 수행하며, 결과적으로 소비자의 관심을 끌고 기억효과를 높이는 데에 기여하기 때문에 광고텍스트에서 가장 많이 사용되는 표현전략의 하나가 되었다.

먼저 광고텍스트에 나타난 동음이의어에 의한 중의성을 살펴보자.

(4) ㄱ. 이 정도 쯤이야!
    국화꽃 계열 추출 성분의 머릿니 치료제　　　<신신제약>
  ㄴ. 기막힌 복국이 생각날 때 복 주고 복 받는 집
                                       <복요리 전문점>
  ㄷ. 豚 봤다. 새해에는 돈 꽉 잡으세요.　　<롯데카드 / 텔레비전>
  ㄹ. 때가 왔다.
    이 남자 찌든 때
    한 방에 보냈습니다, 형님
    모든 때엔 세제혁명　　　<세제혁명 / 사리엔스 / 텔레비전>

(4ㄱ)은 '이 정도쯤이야'에서 '이'는 소비자에게 우선적으로 대명사로 인식되면서 아주 쉽다는 의미를 전달한다. 동시에 원숭이 어미가 새끼의 이를 잡아주고 있는 배경사진을 통해 명사 '이(虱)'의 의미도 전달한다. 이러한 이중적 의미를 통해 광고주는 '이(虱)' 정도는 이 약을 통해 쉽게 없앨 수 있다는 메시지를 소비자에게 전달하고 있다. (4ㄴ)에서 '복'은 '물고기 이름'과 '복(福)'을 동시에 의미하며, 이를 통해 복을 먹음으로 복을 받을 수 있다는 의미를 전달하고 있다. (4ㄷ)에서 '때'는 '때(時)'와 '때(오염물질)'의 동음이의어를 활용해서 이 세제가 등장해서 '때(오염물질)'을 없앨 '때(時)'가 왔다는 의미를 전달하고 있다.

(4ㄹ)에서는 돼지해에 돈(豚)을 봤으니, ‘돈(금전)’을 많이 벌라는 의미
를 동음이의어 ‘돈’을 활용해서 소비자에게 전달하고 있다.

다음은 다의어를 이용한 경우를 살펴보자.

   (5) ㄱ. 뒤는 내가 책임진다.
        2007년 당신의 뒤가 행복해집니다. <쾌변요구르트 / 파스퇴르>
     ㄴ. 한 번 보고 두 번 보고 자꾸만 보고 싶네
                       <쾌변요구르트 / 파스퇴르 / 텔레비전>
     ㄷ. 쿠쿠를 만나면 여자에겐 뉴스가 됩니다.
        새로움은 쿠쿠로부터   <쿠쿠 / 쿠쿠홈시스 / 텔레비전>

(5ㄱ)에서 ‘뒤’는 ‘後’와 ‘사람의 똥’을 이중적으로 의미하고 있다. 영
화 포스터를 패러디한 이 광고텍스트에서는 이 제품을 통해 쾌변을 볼
수 있다는 의미를 전달하고 있다. (5ㄴ)의 경우에서 ‘보다’는 ‘視’와 ‘대
소변을 누다’는 이중적 의미를 전달하고 있다. 역시 노래가사를 패러디
해, 자꾸 만나고 싶은 것처럼 변을 잘 볼 수 있다는 의미를 소비자에게
전달하고 있다. (5ㄷ)에서는 ‘뉴스(News)’가 ‘새로운 소식’이라는 의미와
‘새로움’이라는 의미를 이중적으로 나타내고 있다. 이 제품을 사용하면
새로움을 느끼게 되고, 이 제품을 다른 사람들에게 널리 알리고 싶게
된다는 의미를 전달하고 있다.

지금까지 살펴 본 광고텍스트들은 동음이의어와 다의어를 활용해서
소비자들이 제품을 쉽게 기억하도록 하는 전략을 사용하고 있다. 이러
한 중의성을 활용한 광고텍스트들은 소비자들로 하여금 ‘재미있다’라는
생각을 갖게 하기 때문에 딱딱하고 정적인 광고텍스트들에 비해 매우
짧은 시간에 광고하려는 상품명을 소비자들에게 기억시키는 데 있어서
탁월한 효과를 발휘한다.

3.2. 은유적 중의성

은유란 어떤 사물이나 관념을 그와 비슷한 다른 것을 끌어내어 설명하는 것으로 우리의 언어생활에서 흔히 쓰이는 표현법이다. 눈치가 더딘 사람을 '형광등'이라고 하고 행동이 굼뜬 사람을 '굼벵이'라고 하는 것 등이 좋은 예이다. 은유는 언어 보편적인 현상으로, 한 개념을 더 구체적이고 인간에게 가까운 개념을 통해 이해하고자 하는 인간의 인지 과정을 반영한다. 은유적 표현은 직설적인 의미와 은유적 의미의 두 가지로 해석됨으로써 중의성을 유발한다. 예를 들어 '저기 있는 햇병아리들이 귀엽지 않니?'라는 문장은 '저기 있는 병아리들이 귀엽지 않니?'라는 직설적 의미와 '저기 있는 신입생은 귀엽지 않니?'라는 은유적 의미로 해석될 수 있다.

이러한 은유적 중의성 역시 소비자의 호기심과 제품에 대한 인지도를 높이는 데 크게 기여할 수 있기에 광고텍스트에 많이 나타난다.

(6) ㄱ. 남자의 몸은 34%의 용기와 10%의 망설임
　　　그리고 56%의 꿈으로 채워져 있다.

<드림카카오 56 / 롯데제과 / 텔레비전>

　　ㄴ. 차를 살 때면 사람들은 왜 김삿갓이 될까?

<르노삼성자동차 / 2007>

(6ㄱ)에서는 남자의 몸을 초콜릿에 비유하고 있는데, 남자의 몸이 용기와 망설임 그리고 꿈으로 채워져 있다는 직설적 의미로도 해석될 수 있고, 동시에 56% 채워져 있는 꿈이 초콜릿 속에 포함된 카카오를 의미하기도 한다. 결국 남자를 지탱하는 데 있어 중요한 꿈이 남자 몸에서 차지하는 비중이 이상적인 56%인 것처럼, 이 초콜릿 속에도 중요한 재료인 카카오가 가장 이상적인 비율인 56% 함유되어 있다는 메시지

를 소비자에게 전달하고 있다.

(6ㄴ)에서는 차를 사려는 사람들을 김삿갓에 비유하고 있다. 배경사진에 삿갓을 쓴 모델을 등장시킴으로써 소비자들은 일단 직설적인 의미로 이해해서 김삿갓이라는 실제인물을 떠 올린다. 그러나 소비자는 곧바로 김삿갓이 실제인물을 의미하는 것이 아니라, 김삿갓이 팔도를 유랑했다는 사실에 빗대어 좋은 조건으로 자동차를 사기 위해 여기저기를 돌아다니는 소비자를 표현하고 있음을 알게 된다.

3.3. 관용적 중의성

관용구는 축자의미와 관용의미를 동시에 갖기 때문에 중의성이 발생하고 이러한 중의성을 광고에 이용하기도 한다(문금현, 2002).

(7) ㄱ. 날 물로 보지마.　　　　　　　　＜이온음료 2% 부족할 때＞
　　ㄴ. 이 맛에 꽂혔다?　　　　　　　＜로열크러스트 / 피자헛＞
　　ㄷ. 상대방의 얼굴을 보면서 통화할 때 우리는 쇼한다고 한다.
　　　Show를 하라.　　　　　　　　＜이동통신Show / KTF＞
　　ㄹ. 당당하게 등 돌리는 법　　　　＜컬럼비아스포츠웨어＞

(7ㄱ)의 '물로 보지마'는 '우습게 여기지 마라'는 관용의미와 '물로 보지 말고 이온음료로 봐 달라'는 축자의미를 동시에 갖는다. (7ㄴ)에서는 프리미엄 수제소시지가 모짜렐라치즈 안에 꽂혀들어 있는 배경 사진을 통해 '꽂혔다'가 '끼우다'라는 축자의미와 이런 피자를 보고 '마음이 끌린다'는 관용의미를 동시에 나타내고 있음을 이해할 수 있다.

(7ㄷ)의 'Show한다'는 '일부러 꾸미는 일'이라는 관용의미와 '보이거

나 보이도록 늘어놓는 일'이라는 축자의미를 동시에 갖는다. 소비자는 '쇼 한다'라는 표현에서 일차적으로 '일부러 꾸미는 일'이라는 관용의미를 떠올리기 쉽다. '쇼 한다'는 일부러 꾸미는 일을 비하하는 표현으로 광고에 이러한 표현의 사용은 소비자의 호기심을 자극하기에 적당하다. 이러한 호기심으로 광고를 접한 소비자는 '쇼 한다'가 '(화상전화를 통해) 상대방의 얼굴을 본다'는 축자적 의미로도 사용되고 있음을 알게 된다. (7ㄹ)의 '등 돌리다'는 '관계를 끊고 배척하다'는 관용의미와 '등을 반대 방향으로 움직인다'는 축자의미를 동시에 나타낸다.

3.4. 화용론적 중의성

화용론적 중의성은 하나의 발화가 상황에 따라 의미가 달리 해석됨으로써 발생하게 된다.

광고텍스트에서 생산자는 텍스트내부에 이러한 중의성을 의도적으로 발생시켜 수용자의 혼동을 유발시키는 책략을 구사하는데, 화용론적 중의성은 주로 텔레비전광고에서 나타난다.

> (8) 여1 : 그만 끝낼래요.
> 　　　　안 겪어본 사람은 몰라요.
> 　　여2 : 그럼 헤어져야지 뭐.
> 　　자막 : 양희은, 무릎관절염과 이혼하다.
> 　　NA : 무릎 관절염과의 이혼, 트라스트.
> 　　　　　　　　　　　　　　　　　〈트라스트 / SK케미칼 / 텔레비전〉

(8)의 광고는 중년의 여성 모델이 텔레비전 속의 인물로 등장해서

'그만 끝낼래요'라요 대사하고, 텔레비전을 시청하고 있는 여성 모델이 '그럼 헤어져야지 뭐'라고 맞장구치는 상황을 연출한다. 이러한 상황에서 소비자는 '끝낼래요', '헤어져야지'를 당연히 배우자와의 이별을 결심하는 의미로 받아들이게 된다. 그러나 다음 장면에 나오는 자막과 내레이션을 통해 배우자와의 이별이 아닌 관절염의 고통에서 해방된다는 의미임을 알게 된다. 이 광고텍스트 역시 하나의 발화를 소비자가 상황에 따라 달리 이해하게 함으로써 호기심유발과 제품에 대한 인지라는 광고전략을 잘 구현하고 있다.

광고의 기능은 단순히 제품의 고지(告知)에서 시작해서 상품의 우수성을 소비자에게 알려 제품을 구매하게 하려는 설득의 기능으로 변화했고, 이제는 광고의 맥락자체를 소비자가 즐기게 만드는 관계설정으로 변화하였다. 이러한 기능을 구현하기 위해 광고에서는 다양한 표현전략을 활용하고 있는 것이다. 따라서 광고의 언어전략을 올바로 이해하는 일은 광고를 비롯한 수많은 정보의 홍수 속에 살아가는 우리들이 정보를 신속하고 정확하게 받아들이는 데 작게나마 도움을 줄 수 있을 것이다.

참고문헌

곽재용(1988), 국어의 중의성 연구, 영남대학교 대학원 석사학위 논문.
박영순(1998), 중의문의 의미에 대하여, 『추상과 의미의 실재』, 박이정.
박영준 외(2003), 『광고언어연구』, 박이정.
박영준 외(2006), 『광고언어론』, 커뮤니케이션북스.
박종갑(2003), 『토론식 강의를 위한 국어의미론』(개정판), 박이정.
이석규 외(2003), 『텍스트 분석의 실제』, 도서출판 역락.
이재원(2005), 『광고언어연구』 개정판, 한성문화.
임지룡(1993), 『국어 의미론』, 탑출판사.
최형용(2000), 광고 전략과 언어적 중의성, 『텍스트언어학』 9, 한국텍스트언어학회.
한성일(2007), 광고 텍스트의 중의성 연구, 『한말연구』 20호, 한말연구학회.

1. 중의성을 활용한 수수께기, 유머 등을 찾아 보자.

2. 우리 주변에서 중의성으로 인해 혼란을 겪었던 경험을 발표해 보자.

제7장 '웃음'은 왜 일어날까?
– 대화격률과 함축

1. 들어가기

유머(humour)는 '남을 웃기는 말과, 그 말과 함께 행해지는 행동의 통칭'으로 정의할 수 있다. 일반적으로 농담, 위트, 풍자가 주로 웃음을 유발하는 말로 인식되고 사용되기 때문에 유머는 이 모두를 포괄하는 것으로 이해할 수 있다.

유머는 웃음을 유발시키는 것을 목적으로 하는데, '웃음'은 왜 일어나는가에 대해서는 2,000년 전부터 수많은 철학자와 심리학자들이 다양한 학설들을 제기했다. 바보나 우스꽝스러운 모습에 웃게 된다는 우월감이론, 심리적 긴장이 해소되면서 웃게 된다는 해소론, 그리고 말과 행동이 그것의 본래 의도와 어긋날 때 발생하는 오해와 이 오해를 발견하는 과정에서 웃음이 발생한다는 부조화론 등이 그것이다. 그러나 이들 이론들은 모두 문제점을 지니고 있어 어느 한 이론만으로 웃음발생의 원인을 설명하기는 부족하다.

이 장에서는 웃음을 유발하는 유머의 원리를 '비예측성'과 '의도성' 그리고 '용인성'의 측면에서 살피고자 한다.

2. 비예측성

한성일(2002)에서는 유머의 원리를 '비예측성'으로 보았다. 먼저 유머 한 편을 보자.

> (1) ㉠ 두 사람의 사냥꾼이 숲 속에서 사냥을 하다가 그 중 한 명이 땅에 쓰러졌다. 그는 숨을 쉬는 것처럼 보이지 않았고, 그의 눈꺼풀은 뒤집어졌다. 다른 사냥꾼이 휴대폰으로 구조 센터에 전화를 걸었다. 그는 상담원을 붙들고, "내 친구가 죽었어. 나는 어떻게 해야 돼요"라고 흥분하며 말했다. 상담원은 차분한 목소리로 말했다. "자, 침착하세요. 내가 도와드릴게요. 먼저 그가 죽었는지 확인해야 돼요."
> ㉡ 잠시 침묵이 흘렀고, 총성이 들렸다. 그리고 그 남자가 전화로 말했다. "됐어요. 이젠 어떻게 하지요?"

(1)은 몇 년 전 영국의 한 연구기관에 의해 세계에서 가장 재미있는 유머로 선정된 텍스트이다. 모든 텍스트가 그러하듯이 유머도 유머텍스트만의 전형적인 유형을 지니고 있는데 일반적으로 유머는 '구조만들기'와 '급소 찌르기'로 이루어진다.

(1) 역시 전형적인 유형을 지니고 있다. ㉠의 '구조 만들기' 단계에서 수용자는 사냥꾼이 다른 사냥꾼의 죽음을 확인하는 결말을 예상하게

된다. 물론 유머텍스트의 유형에 익숙한 수용자는 결말이 단순하지 않을 것이라는 것을 예상할 수 있다. 그러나 결국 사냥꾼은 다른 사냥꾼의 죽음을 확인하는 절차를 기다릴 수밖에 없다. 이런 상황에서 상상도 할 수 없는 행동이 일어난다. 이처럼 상상할 수도 없는 언행이 일어나는 것, 그리고 그것으로 문제가 해결되는 과정을 '급소 찌르기'라고 하자. ⓛ의 잠시 침묵이 흐르는 시간은 누구나 죽음을 확인하는 과정을 예측할 것이다. 그러나 총성이 울린다. 유머에서의 '급소 찌르기'는, 그 전에 ⓐ 가능한 한 너무나 당연한 상황으로 이야기를 이끌어가야 한다. ⓑ 그런 상황에서 실로 상상할 수 없는 말이나 행동이 나온다(총성이 울린 것). ⓒ 상상 밖의 결과로서 문제가 해결되거나 끝난다("됐어요. 이젠 어떻게 하지요?). 여기서 ⓐ를 '구조 만들기'라고 하고 ⓑ와 ⓒ를 비예측적 상황제시를 통한 '급소 찌르기'라고 한다. 그러니까 수용자는, ⓑ에서 너무도 예측 못한 상황에 황당하던 것이 ⓒ에 이르러서는 오히려 너무나 당연한(말이 안 되긴 하지만 다른 시각에서는 너무나 말이 되는) 내용으로 공감한다. 그리고 감탄을 하게 되는 것이다("됐어요. 이젠 어떻게 하지요?"). 순간 웃음이 폭발한다.

결국 유머는 수용자를 너무나 당연한 방향으로 예측을 유도한 상태에서, 수용자의 예측과는 전연 다른 언행이 벌어져서 수용자를 황당하게 만들고(비예측성), 결말에서는 황당하던 것을 (전혀 다른 시각에서의) 정확한 타당성을 제시함으로써 공감을 유도하게 하는 것이 핵심이다. 그 순간에 웃음이 폭발하게 되는 것이다. 이것이 유머의 웃음유발 요인이요 과정인 것이다. 단, ⓑ와 ⓒ를 겸하는 경우도 있다.

3. 유머의 의도성

의도성은 하나의 텍스트를 텍스트답게 만드는 텍스트성(textuality)의 하나로, 텍스트 생산자가 의도하는 바를 추구하고 달성하기 위해서 텍스트를 사용하는 모든 방식을 가리킨다. 여기서는 유머의 구조, 대화 전제의 위배와 대화격률의 위배 등을 웃음을 유발시키려는 유머생산자의 의도를 중심으로 살펴보겠다.

3.1. 유머텍스트의 구조에 반영된 생산자의 의도

앞서 살핀 대로 '급소 찌르기'에서 나타나는 놀라움과 의외성이 웃음을 만들어 낸다. 이때 가장 중요한 것은 수용자가 생산자의 의도를 예측하지 못하도록 해야 한다는 것이다. 결말에 대한 예측이 빗나갈수록 놀라움과 함께 웃음유발의 강도가 커지기 때문이다.

따라서 생산자는 '구조 만들기' 단계에서 하나의 강력한 관점을 제시함으로써 수용자가 이야기 속의 상황들을 생산자 자신이 의도한 관점으로 보도록 유도하는 구성전략을 사용한다. 결국 유머텍스트의 구조는 생산자의 의도가 반영된 결과물이다.

> (2) ① 아프리카의 한 장관이 러시아를 공식 방문해 러시아 장관 집에 저녁 초대를 받았다. 으리으리한 저택과 벽을 가득 메운 예술품들을 본 아프리카의 장관은 경악했다. 쥐꼬리만한 월급을 받는 줄로 알았던 러시아 장관이 엄청나게 호화롭게 사는 것이 아닌가.
> ② 러시아 장관은 그를 창가로 데리고 갔다. "저기 고속도로가 보이죠?" "예." "실은 공사비용이 200억 루블이었고 업체는 250억

짜리 계산서를 끊었습니다. 그 차액은 나에게 보냈구요."
③ 2년 뒤 러시아의 장관이 아프리카를 공식 방문해 그 장관 집을
방문했다. 그는 생전에 보지 못한 궁전을 보고 놀라 물었다.
"이해할 수 없군요. 2년 전에 당신은 내 생활이 왕과 같이 화려
하다고 하지 않았습니까? 그런데 당신에 비하면……"
④ 아프리카의 장관이 어리둥절해 있는 그를 창가로 데리고 갔다.
"저기 고속도로가 보이죠?" "아뇨."
⑤ "바로 그겁니다."

(2)에서 ①~④는 '구조 만들기'에 해당하고 ⑤는 '급소 찌르기'에
해당한다. 생산자는 역시 ①과 ②를 통해서 수용자가 ⑤에서 앞선 내용
과 유사한 결과를 예측하게 한다. 특히 ④를 듣는 순간 수용자는 '아프
리카 장관이 러시아 장관과 마찬가지로 고속도로 공사비를 일부 착복했
구나.'라는 예측을 하기 쉽다. 그러나 결과는 전혀 엉뚱하다. 아프리카 장
관은 고속도로 자체를 건설하지 않고 그 많은 공사비를 착복한 것이다.
급소 찌르기에 의한 이러한 놀라움이 수용자를 웃음 짓게 하는 것이다.

3.2. 대화격률의 위배

그라이스(Grice, 1975)는 대화에서의 '협력의 원리'를 제시하고, '격률
(maxims)'이라고 불리는 네 개의 소 원리들을 다음과 같이 제시했다.

(3) 협력원리 : 대화가 진행되는 단계에서, 당신이 참가하고 있는 대화
교환의 방향으로 필요 되어지는 만큼 대화하라.
격률들
① 양(quantity)의 격률－필요한 양만큼의 정보를 제공하라.

② 질(quality)의 격률 - 진실된 사실만을 말하라.

③ 관련성(relevance)의 격률 - 적합성이 있는 말을 하라.

④ 방법(manner)의 격률 - 명쾌하라, 표현의 애매함을 피하라, 중의
성을 피하라, 간결해라, 순서대로 말하라.

대화의 참여자들이 협력의 원리와 그 격률을 따르는 한, 그들이 무엇을 전달할 의도를 가졌는지는 쉽게 파악된다. 그러한 의도적으로 격률을 위반할 경우에는 대화의 함축이 발생할 가능성이 커진다. 대화의 함축(conversational implicatures)은 말해진 것과는 구별되는 것으로 사람들이 어떤 의도를 암시하거나 함의할 때 전달되는 지식을 말한다. 텍스트 생산자는 격률을 적절히 위배함으로써 함축을 통해 자신의 의도대로 대화를 이끌어 가게 된다.

(4) 한 남자가 거리에서 커다란 개와 함께 걸어가는 사람을 보았다.
남자는 그 사람에게 "당신의 개는 뭅니까?" 하고 물었다.
그 사람은 "내 개는 물지 않습니다"라고 대답했다.
이에 남자는 그 개를 쓰다듬었는데 그 순간 개가 손을 물었다.
손을 다친 남자는 "당신의 개는 물지 않는다면서요!" 라고 소리를
질렀다.
그러자 그 사람이 하는 말,
"그 개는 내 개가 아니에요."

(4)의 한 가지 문제점은 의사소통과 관련 있는데, 특히 발화되어진 것보다 그 이상의 것을 가정하게 된 남자에게 문제가 있다. '당신의 개' 속의 가정은(즉 그 사람은 개를 가지고 있다) 화자 청자에게 사실이므로, 전제에는 아무 문제가 없다.

사실 진짜 문제는 그의 질문 '개가 뭅니까?'와 그 사람의 대답 '아니오'를 그들 앞에 있던 개에 적용한 한 남자의 가정에 있는 것이다. 이 남자의 입장에서 볼 때, 그 사람의 대답은 예상보다 적은 정보를 주었던 것이다. 즉 남자는 그 사람이 위의 대화 맨 마지막에 나타난 정보, 즉 '그 개는 내 개가 아니에요'라는 정보를 제공해 주기를 기대했던 것이다. 그러나 만약 그 사람이 이 정보를 좀 더 일찍 제공했다면 위 텍스트는 유머텍스트로서 성립하지 못할 것이다. 위 유머텍스트에서는 이러한 '양의 격률'을 위배함으로써 웃음을 유발시키고 있다.

이상에서와 같이 효율적인 대화의 격률을 위배하는 것이 오히려 효율적인 대화를 이끌 수 있다는 점을 유머텍스트에서 확인할 수 있는데, 다른 많은 텍스트에서도 대화격률의 의도적 위배가 텍스트의 전략으로 활용되고 있다.

3.3. 대화전제의 위배

구현정(1999)에서는 유머에서의 불일치와 그로 인한 웃음은 대화격률을 지키지 않는 것과 대화전제를 위배함으로써 발생한다고 보았다. 대화전제(conversational presupposition)는 대화에서 당연하다고 여기는 사실들을 말한다. 대화전제를 구성하는 것은 배경지식이나 세상사에 대한 지식, 문법이나 표현의 특징으로부터 분명하게 드러나는 고정전제, 동일한 민족이나 문화공동체에서 공유되는 문화적 전제 등이 포함된다. 유머텍스트에서는 이와 같이 당연하다고 생각되는 전제를 위배함으로써 불일치를 일으키고, 이것이 결과적으로 웃음을 발생시키는 원인이 된다.

(5) 남　자 : 아버님 희정 씨를 제게 주십시오. 열심히 살겠습니다.
　　아버지 : 내 집사람은 만나봤나?
　　남　자 : 예!
　　아버지 : 그래, 어떻던가?
　　남　자 : 예쁘시긴 하지만, 저는 역시 희정 씨와 결혼하고 싶습니다.

결혼 허락을 청하는 예비 사위에게 "내 집사람을 만나봤나?"라는 장인의 질문은 한국사회 구성원들이 공유하는 상식으로는 당연히 '내 집사람에게 허락을 받았는가'라는 의미가 전제되었음을 쉽게 납득할 수 있다. 그런데 이 대화에서 남자는 그 대화의 전제를 위배하는 답변을 함으로써 불일치가 일어나고 이러한 불일치에 의해 웃음이 발생하게 된다.

유머텍스트를 이해하기 위해 필요한 대화전제의 하나인 배경지식의 불일치 역시 웃음을 유발한다. 흔히 패러디된 유머텍스트의 경우 원텍스트와 변형된 패러디 텍스트 사이의 불일치를 통해 낯설게 하기를 유발시키고 그러한 낯설게 하기를 통해 웃음을 유발하는 경우가 많다. 이때 생산자는 수용자가 잘 알고 있을 법한 원텍스트에 대한 배경지식을 '구조 만들기' 부분에서 환기시킨다. 즉 생산자의 예측을 일정한 방향으로 유도해 나간다. 생산자는 수용자가 원텍스트의 내용을 알고 그 내용을 떠올리기를 기대하고 있는 것이다. 그리고 '급소 찌르기' 부분에서 이러한 대화전제를 뒤집으면서 웃음을 유발시키는 것이다.

(6) ① 산신령이 연못에서 나와 나무꾼에게 물었다.
　　　"금도끼, 은도끼가 네 것이냐?"
　　　고개만 젓던 나무꾼은 쇠도끼가 나오자 고개를 끄덕인다.
　　② 그런데 산신령이 갑자기 묻는다. "쇠도끼는 뭐에 쓰려고?"

그 때 나무꾼이 갑자기 쇠도끼를 들며 신령을 위협한다.
"가지고 있는 금도끼 다 내놔."

(6)의 생산자는 ①에서 원텍스트(Ur-text)의 내용을 수용자에게 환기시기면서 상황을 점검한다. ①은 우리가 잘 알고 있는 옛날이야기 '금도끼 은도끼 텍스트'와 내용이 똑같다. 이때 수용자는 자신의 배경지식을 활성화해서 원텍스트의 뒷부분을 떠올리게 된다. 그런데 ②에서 신령이 나무꾼에게 '쇠도끼는 뭐에 쓰려고?'하고 묻는 대목, 즉 원텍스트의 내용이 새롭게 변용되는 순간 수용자의 호기심은 최고에 달한다. 그 순간 생산자에 의해 새롭게 개작된 '금도끼 다 내놔'라는 표현에서 수용자는 원텍스트의 착한 나무꾼에서 강도로 돌변한 새로운 모습의 현대판 나무꾼의 모습에 당황하게 된다.

4. 유머의 용인성

동일한 내용의 유머텍스트를 들었을 때 어떤 수용자는 박장대소를 하는 반면 다른 수용자는 아주 썰렁하다는 듯이 반응하는 경우가 있는데, 이는 바로 용인성과 관련이 있다. "익살의 성공은 익살을 듣는 이의 귀에 달린 것이지, 익살을 하는 이의 혀에 달린 것은 아니다."(세익스피어, 『사랑의 헛수고』 5막 2장)라는 말에서도 알 수 있듯이 유머의 성패는 수용자의 용인 여부에 달려 있다고 해도 과언이 아니다.

용인성의 관점에서는 수용자가 용인할 수 없는 유머, 즉 수용자의 배경지식으로 이해할 수 없고 공감할 수 없는 유머는 좋은 유머텍스트가 될 수 없다. 따라서 생산자는 수용자의 배경지식을 고려한 유머를 구사해야 한다.

> (7) 프랑스를 여행 중인 한 외국인이 성당에서 결혼식을 구경하다가 옆에 있던 사람에게 물었다. "신랑이 누굽니까?" "쥬느쎄빠."
> 다음날 다시 성당에 들러보니 이번엔 장례식이 열리고 있었다. 그는 옆자리의 중년 부인에게 물었다.
> "죽은 사람이 누굽니까?" "쥬느쎄빠."
> 대답을 들은 외국인이 혀를 차며 가엾다는 듯 말했다.
> "쯧쯧, 결혼한 지 하루 만에 죽다니."

(7)은 '쥬느쎄빠'라는 프랑스어의 의미를 수용자가 이해하느냐 하지 못하느냐에 따라 그 성패가 달라진다. '쥬느쎄빠'는 불어로 '모른다'는 뜻이다. 잘 모르겠다는 프랑스인의 대답을 외국인이 이름으로 착각했다는 것이 웃음의 포인트이다. 그러니 '쥬느쎄빠'가 뭔지 아는 사람은 웃지만 그게 뭔지 모르는 사람을 웃을 수가 없는 것이다.

그렇다면 생산자가 수용자들에게 유머를 알아듣는 데 필요한 정보를 먼저 제공하면 어떨까? 결론부터 말하자면 수용자는 유머와 관련된 배경지식을 생산자가 말해 주지 않은 상태에서 알고 있어야 한다. 물론 문제에 대한 사전지식이 없는 사람이라 해도 해법을 충분히 이해하고 받아들일 수 있다. 생산자가 자세히 설명해 주면 그만이다. 하지만 유머를 나눌 때 이런 방법을 쓰면 유머는 거의 실패하게 마련이다.

왜냐하면 우스개는 두 사람이 같은 배경을 공유하고 있다는 암묵적인 합의에서 출발하는 것이기 때문이다. 이것이 바로 우스개의 기반이 되는 '친교'이다. 친교란 공동체에 속한 사람들이 함께 나누는 느낌이라 할 수 있다. 구체적으로 말하면 공통의 세계관과 어떤 일에 대한 공통된 반응이다(강현석 역, 2001).

참고문헌

강현석 역(2001), 『농담 따먹기에 대한 철학적 고찰』, 이소출판사.
구현정(1999), 대화와 유머, 『한글사랑』 봄호, 한글사.
구현정(2000), 『개정 대화의 기법』, 경진문화사.
이석규·한성일(2008), 『웃으면서 성공하기』, 글누림.
한성일(2002), 유머 텍스트의 원리와 언어학적 분석, 경원대학교 대학원 박사학위 논문.
한성일(2003), 유머 텍스트의 의도성과 용인성, 『텍스트 분석의 실제』, 도서출판 역락.

1. 유머를 여러 편 찾아 읽어 보고 무엇 때문에 웃게 되는지 생각해 보자.

2. 대화의 격률을 지키지 않음으로 인해 의사소통에 문제가 발생한 예를 찾
   아보자. 그리고 대화의 격률을 의도적으로 지키지 않음으로써 함축적 의
   미를 전달하는 대화의 예를 찾아보자.

제8장 | 연개소문과 김춘추가 만났을 때 통역이 필요했을까?
―한국어의 계통

1. 들어가기

준희는 인터넷을 검색하다가 생활사투리라는 유머를 보게 되었다.

표준어 : "잠시 실례합니다."
경상도 : "내좀 보이소."
전라도 : "아따 잠깐만 보더라고."
충청도 : "좀 봐유."

표준어 : "어서 오십시오."
경상도 : "퍼뜩 오이소."
전라도 : "허벌라게 와버리랑께."
충청도 : "빨리 와유."

의미는 통하는데 지역마다 말의 맛이 이렇게 다를 수 있을까? 생각하면서 요즘 재미있게 보고 있는 드라마 <선덕여왕>의 멋진 김춘추와 김유신이 생각났다. 친구와 재미나게 보았던 <황산벌>에서 김유신과 계백장군이 전쟁에서 우위를 점하기 위해 병사를 장기말로 삼아 두던 장기판 영상도 떠올랐고, 유동근의 연기가 멋졌던 <연개소문>에서 당나라와의 피나는 전쟁과 목숨을 건 안시성 전투장면도 떠올랐다. 이 드라마, 영화 속에서의 김춘추와 김유신, 계백과 연개소문이 살았던 1,300년 전의 신라와 백제, 고구려시대의 사람들은 어떻게 살았을까? 김춘추와 연개소문, 김유신과 계백, 계백과 연개소문이 만났다면 어땠을까? 지금의 우리들처럼 말이 통했을까?

2. 고구려와 신라어

고구려와 당나라의 전쟁, 신라와 백제와의 전쟁의 시기에 국가의 운명을 걸고 치열한 외교전을 벌이기 위해 지금으로부터 1367년 전인 642년, 고구려의 수도인 평양에서 김춘추와 연개소문의 역사적인 만남이 있었다. 그리고 그 만남은 한국사의 물줄기를 크게 바꾸어 놓았다. 이 상황에서 두 사람이 나누었을 대화의 내용은 다음과 같을 것이다.

(1) 연개소문 : 귀공의 존함이 춘추…. 김춘추라 하였는가? 무슨 일로
이 먼 곳까지 찾아온 것이오?
김 춘 추 : 귀국과 우리나라 모두에 이익이 되는 제안을 드리려 왔
습니다. 연개소문 대막리지 합하! 바로 저희 신라와 고
구려가 동맹을 맺는 것이옵니다.
연개소문 : 함께 백제를 친다. 그래서 백제 땅을 나누어 먹는다, 이 말

쓸이겠지? 괜찮겠군. 좋아요. 동맹을 합시다. 다만, 조건이
　　　　　있소. 귀국이 동맹을 맺는 신의의 표시로, 원래 우리 땅이었
　　　　　던 마현과 죽령을 되돌려 주시오. 그러면 동맹을 맺으리다.
김 춘 추 : 제게는 그런 결정을 내릴 권한이 없습니다. 그리고 신의
　　　　　표시로는 너무 과하다고 여겨집니다.
연개소문 : 흥! 과하기는 개뿔이 과한가? 과거 왜구가 쳐들어와서
　　　　　나라가 망하게 된 것을 우리 광개토대왕께서 구해주시
　　　　　지 않았더냐! 그런데 너희가 무슨 보상을 했더냐? 보상
　　　　　은커녕 나중에 백제와 손을 잡고 우리 고구려를 치더니
　　　　　만, 이번에는 백제를 배신해서 백제왕을 죽인 게 너희
　　　　　신라 놈들 아니냐? 너희처럼 신의라고는 약에 쓰려도
　　　　　없는 인종과 무슨 동맹을 할까? 여봐라! 어서 이 신라
　　　　　놈을 감옥에 가둬라!

－ 함규진 '한국사를 움직인 만남'

　김춘추는 사위와 딸을 죽인 백제를 치기위해 고구려와의 동맹을 연
개소문에게 제안한다. 그러나 고구려의 옛 땅을 반환하라는 요구 때문
에 협상이 깨지고 옥에 갇히는 신세가 된다. 이때 고구려왕의 총애를
받던 고구려의 신하인 선도해로부터 그 유명한 '토끼의 간' 이야기를
듣는다. 그는 즉시 연개소문을 찾아가 자신이 신라로 돌아가면 왕에게
고하여 고구려의 옛 땅인 죽령 서북의 땅(경북과 강원도지역)을 돌려주겠
다고 속이고 풀려난다. 이 역사적인 사건에 대한 관련 문헌에서 통역을
두었다는 기록을 찾을 수 없다. 아마 김춘추는 통역 없이 자신의 의사
를 직접 전달했던 것으로 보인다.

　고구려어와 신라어가 서로 의사소통이 되는 언어였음을 추측할 수
있는 근거로는 『삼국유사』 권1 '김유신 편'에 나오는 다음의 이야기를
들 수 있다.

(2) 유신공은 진평왕 17년 을묘년(595)생으로 북두칠성의 정기를 타고 태어났기 때문에 등에 북두칠성의 무늬가 있었고 또 신기하고 이상한 일이 많았다. 김유신의 나이가 18세 되던 임신년에 검술을 익혀 국선(國仙)이 되었다. 그 당시 백석이란 자가 있었는데 어디서 왔는지는 알 수 없으나 몇 해 동안 낭도(郎徒)에 속해 있었다. 김유신이 고구려와 백제를 정벌하는 일을 밤낮으로 깊이 계획하고 있었는데 백석이 그 계획을 알고 김유신에게 함께 그 일을 도모하자고 말하였다.

'백석'이라는 고구려 사람이 신라 사람의 틈에 몇 년 동안 끼어 있으면서도 전혀 발각되지 않았다는 것은 의미심장하다. 또 다른 예로 신라의 장수 거칠부가 고구려를 염탐하기 위해 들어가 고구려 고승 혜량을 신라로 인도했다는 기록도 보인다. 이는 고구려와 신라의 언어가 비슷했을 것이라는 추측의 근거가 된다.

3. 고구려어와 백제어

그렇다면 고구려와 백제의 언어상황은 어떠했을까? 고구려의 연개소문, 백제 의자왕, 신라의 김춘추, 그리고 당나라 황제가 모여 자국의 입장을 가지고 정치회담을 한다고 가정한 영화의 한 장면을 떠올려 보면서 이 문제를 생각해 보자.

(3) 당 황 제 : 현재 동북아의 긴장은 우리 당나라가 정한 국제 질서를
변방의 약소국인 너희 고구려와 백제가 따르지 않기 때
문이다.
연개소문 : 너희 당나라 몇 년 됐서. 50년도 안 됐디. 우리 고구려

는 700년 됐시야. 700년.

당 황 제 : 연개소문! 그대가 천하의 질서를 어기려하는가?

연개소문 : 질서, 하하 그거래 누구래 정하는긴데. 보아라! 니 아바
디 당태종 이세민이가 형제들 쳐죽이고 황제된 것도 하
늘이 정한 질서네?

김 춘 추 : 황제께선 철학적 정통성을 말씀하고 안 있나.

연개소문 : 그래, 내래 구테타 일으켜서 정권잡았다 와! 김춘추 너
래 반쪽짜리 왕족 주제에 유신이랑 짝짝꿍하고 서리 정
권잡지 않았서. 의자왕 니 아바디도 서자디. 여기 정통
성있는 놈이래 누구래 있서야. 전쟁은 정통성 없는 놈
들이 정통성 세우려고 하는 기야.

의 자 왕 : 그것이 정치적 경륜이제.

김 춘 추 : 하루가 멀다하고 남의 백성 쳐죽이는 게 정통성이가?
니놈 왕 되고 지난 20년간 하루도 편한 날이 없었서.
대야성에서 내 딸을 죽이삔 거 벌써 잊어버려 삔나.

의 자 왕 : 554년, 우리 고조할아버지 성왕을 죽여서 어따 묻었서?
니네 조상하고 전쟁한 거 한번 씨부러볼까.

김 춘 추 : 니캉 내캉은 같은 하늘아래서 살수 없는 존재데이.

－영화 '황산벌' 중에서

고구려와 백제에 대한 양나라 사람들의 기록을 보면 다음과 같다.

(4) 백제의 지금에 언어와 복장은 대략 고구려와 같은데 다닐 때 두손
을 맞잡지 않고 절할 때 다리를 펴지 않는 점이 다르다.
　(今言語服章略與高驪同行不張拱拜不申足則異)

－『양서』 권54

(5) (백제의) 언어와 복장은 대략 고구려와 같다. (言語服章略與高麗同)

－『남사』 권79

　(4)와 (5)의 기록에 의하면 고구려와 백제의 언어와 복장이 유사했다는 것을 알 수 있다. 여기서 한 가지 고려해야 할 점은 백제에서는 지배층인 왕족과 귀족들은 왕을 '어라하(於羅瑕)'라 불렀고 평민들은 왕을 '건길지(鞬吉支)'라고 불렀다는 사실이다. 이는 백제의 지배계층의 언어와 피지배계층의 언어가 달랐음을 의미한다. 이것은 고구려의 벼슬인 '막리지(莫離支)'의 '지(支)'와 일치한다. 이는 고구려의 후손 온조가 '미추홀(현재 인천지역)'을 중심으로 건국한 백제는 마한과는 별도의 국가로 존재했으며 후대에 마한을 통합하였기 때문에 지배층은 부여계 언어를 썼으며 피지배계층은 마한어를 썼기 때문이다.

　그러므로 백제의 인명과 지명에서 고구려어와 유사한 예들을 많이 찾아 볼 수가 있다. 고구려어에서 '성(城)'을 뜻하는 단어는 '홀(忽)'인데, 백제의 지명에서도 '위례홀'과 '미추홀' 같이 '홀(忽)'이 발견된다. 이 '홀'에 대응하는 단어로 마한에서는 '비리(卑離)'가 쓰였는데 이것이 후기 백제어에서는 '부리(夫里)'로 나타난다. 이 '부리(夫里)'는 마한어 '비리(卑離)'의 변화형이고, 신라와 가야지역의 '벌(伐)'과 대응되는데 사벌(沙伐), 서라벌(徐羅伐), 비자벌(比自伐)이라는 지명이 그것이다. 온조와 비류가 나라를 세운 지역에서 마한어의 특징인 '비리(卑離)'는 나타나지 않고 오히려 '홀(忽)'이 등장하고 마한어는 한반도의 충청과 호남지역에 분포했고 다른 지역에서는 마한어가 사용되지 않았다.

　또한 위례홀과 같은 '미추홀'의 별칭으로 '매소홀(買召忽)'이 있는데 이 '매(買)'는 매홀(買忽)과 같이 '수(水)'의 뜻을 가지고 있다. 그리고 청주의 옛 이름은 '살매(薩買)'이고 매(買)가 어미일 경우에는 강을 뜻하는데, 경기도 이천(利川)의 옛 이름은 '남천(南川)'이며 백제시대에는 '남매(南買)'라고 했다. 이처럼 매(買)가 한반도 중부지역에만 분포되었고 마한

지역에는 존재하지 않았다는 것이다.

따라서 백제어의 지명과 인명 등이 고구려어와 일치하는 점을 볼 때 고구려어와 백제어가 같았음을 알 수 있다.

『삼국사기』에 실린 도미설화(都彌說話)를 보면 백제왕이 평민의 아내 도미의 부인이 절세미인이라는 소문을 듣고 도미의 아내를 유혹하는데 도미의 아내는 남편과 고구려로 도망한다. 또『신증동국여지승람』에는 고구려의 안장왕이 태자 시절 백제에 첩자로 들어가 한주를 만나고 그녀를 안내로 삼기 위해서 노력하는 내용이 있다. 그리고 고구려 장수왕의 첩자 도림이 백제의 개로왕에게 감언이설로 백성들의 원망을 받게 만든 후에 장수왕이 백제를 공격하고 개로왕은 아차산성에서 죽는 내용도 있다. 이러한 설화들은 당시 고구려와 백제 사람들의 의사소통에 크게 문제가 없었음을 단적으로 보여주는 예들이라고 할 수 있다.

4. 신라어와 백제어

다음으로 김유신과 계백의 만남은 어땠을까? <황산벌>에서 인간 장기를 두며 심리전을 펼치는 김유신과 계백의 대화를 옮겨 보았다.

    (6) 유신 : 니 올 줄 알았데이.
       계백 : 우리 땅인께.
       유신 : 계백아! 차포 떼줄까?
       계백 : 개소리 허덜말고, 물르지나 말랑께.
       유신 : 인천 앞바다에 당나라 배 떴을 때, 이 전쟁은 이미 끝난기
            라. 괜한 희생자만 는다. 그만 길을 열그라.

계백 : 전쟁을 쪽수로 하는가? 쉰소리 그만하고 담수나 둬.
유신 : 니는 전쟁은 알아도 정치는 모른데이. 정치를 모르는 장군
　　　은 부하들을 개죽음하게 만드는 아주 무책임한 장군인기라.
계백 : 니는 정치를 잘 아는 장군잉께. 쌀 배달 다니는가.
유신 : 와 이리덥노. 안 덥나. 그 갑옷 좀 벗그라.
계백 : 거시기 하기 전에 절대 못 벗제.
유신 : 계백아! 인간은 지가 아무리 날고 긴다케도 지 입으로 지 팔
　　　꿈치도 핥지못하는 존재데이ㅡ. 내일보세.

ㅡ영화 '황산벌' 중에서

영화 속에서 유신은 경상도 사투리를 쓰며 계백은 전라도 사투리를 쓰나 의사소통에는 무리가 없어 보이며 이 심리전에서 계백이 지면서 패자의 길을 걷게 되고 유신은 승리를 거머쥔다. 이 영화 속 장면처럼 계백과 유신이 만났을 때 현재의 우리처럼 어려움 없이 의사소통이 되었을까? 중국의 기록에 남아있는 신라와 백제에 관한 기록을 살펴보자.

(7) 변진과 진한은 섞여 산다 성곽과 의복은 다 같은데 언어와 풍속은
　　다른 점이 있다.(弁辰與辰韓雜居城郭衣服皆同言語風俗有異)

ㅡ『후한서』 권85

(8) 변진과 진한은 섞여 사는데 또한 성곽이 있다 의복과 거처는 진한
　　과 더불어 같고 언어와 법속이 서로 비슷하다.(弁辰與辰韓雜居亦有
　　城郭衣服居處與辰韓同言語法俗相似)

ㅡ『삼국지 위지동이전』 권30

(9) 신라의 언어는 백제의 통역이 있어야 중국과 통한다.(語言待百濟而
　　後通焉)

ㅡ『양서』 권54

(7)과 (8)의 기록들을 보면 한반도 남부에 있었던 신라어와 가야어가 같았으며, (9)의 기록을 보면 신라어와 백제어는 같은 계통의 언어였으며, 백제어는 신라어와 중국어, 신라어와 고구려어 사이에서 교량적 역할을 했던 것으로 보인다.

『삼국유사』 권1 '백제 무왕 편'을 보면 백제의 평민인 서동이 신라의 장터에서 신라의 아이들에게 '선화 공주님은 남몰래 짝지어 두고 / 서동방을 밤에 몰래 안고 간다네.'라는 노래를 가르쳐 부르게 하여 선화공주를 아내로 얻었다는 이야기도 백제어와 신라어는 의사소통에 어려움이 없었다는 것을 입증하는 한 근거가 될 것이다.

5. 삼국의 언어와 중세국어

삼국에 관한 중국의 기록과 언어자료를 통해 1,000년 전 고구려와 백제, 그리고 신라지역에 살던 사람들이 자유롭게 이동을 하고 대화를 했고 전쟁을 했으며 자국의 이익을 위해 적장을 만나 자국의 언어로 외교를 했음을 볼 수 있었는데 이것은 삼국이 방언적 차이를 지닌 단일한 언어를 쓰고 있었다고 조심스럽게 결론지을 수 있다.

이러한 삼국 언어는 신라의 삼국통일로 신라어 중심으로 통합된 후 중세국어로 발전하게 된다. 이러한 한국어의 형성 과정은 이기문 교수가 제시한 다음 그림을 통해 쉽게 이해할 수 있다.

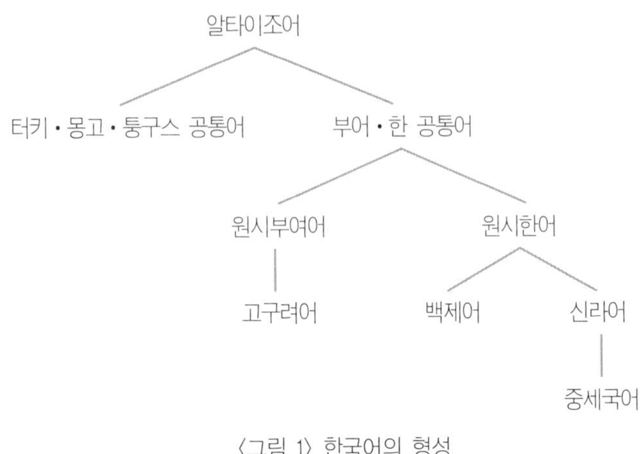

〈그림 1〉 한국어의 형성

삼국의 언어가 같은 계통의 언어로 방언적 차이였음은『삼국사기지리지』에 기록된 삼국의 지명어와 중세국어를 비교해 봄으로써 좀 더 입증이 가능할 것이다.

현대어에서 '골, 고을'인 '마을'에 대한 고구려어는 '구루(溝漊), 홀(忽)'이고 백제어는 '굴(屈), 골(骨)'이었고 신라어는 '골(骨大)'이었고 이 말은 중세국어 '골(洞, 州)'로 이어져 현재 '골, 고을'로 나타난다. 현대어에서 '뾰족한 모양의 지형을 가진 곳'을 의미하는 '곶, 봉곶'은 고구려어에서 '고지(古次), 구지(忽次), 구스'로 백제어에서는 '고시(古尸伊), 곶(串)'이며 신라어에서는 '고지(古自)'이고 중세한국어 '곶, 골'로 이어졌다.

또한 현대어 '물'은 고구려어에서는 '믈(馬), 믈(勿), 매(買)'로 백제어로 '매(買), 믈(勿), 나리(내리)'로 신라어에서는 '믈(勿)'로 나타나며 중세국어에서는 '믈, 나리, 내'로 이어져 현재에 이른다. 이외에도 현대어의 '나라, 누리'에 해당하는 말이 고구려어에서는 '나, 노(內, 奴, 惱)'로 백제어에서는 '나(羅), 노(奴)'로 나타나며 신라어에서도 '나(羅), 노(奴)'였고 중세국어에 '나라, 누리(國, 世)'로 이어진다.

또한 현대어의 '거칠-'은 고구려어 에서는 '겇, 거슬(骨衣)'로 백제어에서는 '거칠(居柒)'로 신라어에서는 '거칠(居柒)' 중세국어에서는 '거츨-'로 그대로 이어지고 있다. 현대어의 '검다'는 뜻의 '검-'은 고구려어에서는 '거믈-(今勿)'로 백제어에서도 '거믈(今勿)'로 신라어에서도 '거믈(今勿)'로 중세국어에서도 '검-'으로 그대로 이어져서 현대어에 이어져 왔다. 현대어의 '쇠'의 고구려어는 '식(蘇文)'이었고 백제어는 '소시(召尸), 구지(仇知)'였으며 신라어에서도 '소(素)'였고 중세국어에서 '쇠'로 이어져왔다. 현대어 '납'은 고구려어에서는 '나믈(乃勿)'로 나타나며 중세국어에서는 '납, 나믈'로 이어졌고 현대어의 '수리, 고개, 재, 봉우리'는 고구려어에서도 '수리(述爾), 수늙'이었고 백제어에서는 '자, 잣(子兮, 子, 自)'로 중세국어에서는 '수늙'으로 이어졌다.

삼국의 언어자료의 예에서 보면 신라어와 백제어의 어휘가 유사한 어휘가 많았으며, 이는 중세국어로 이어졌는데, 고구려어, 신라어, 백제어가 모두 같은 어휘도 여러 어휘를 찾을 수 있었고 이는 중세국어로 이어져서 현대에 우리가 쓰고 있는 언어이다. 이는 백제어가 고구려와 신라, 당나라 사이에서 교량적 역할을 했던 것으로 보여진다.

이기문(1986)과 박병채(1990)에서는 『삼국사기지리지』에서 분석된 고구려말 어휘 자료들에는 중세국어와 이어진다고 본 어휘가 각각 44%, 68% 였는데 현재 고구려어로 보이는 80여 개의 단어들 중에서 신라어와 유사한 것이 20여 개나 되고 또 중세국어와 유사한 것이 36개나 된다고 분석하고 있는데 이것은 삼국의 언어가 중세국어에 이어지고 있다는 증거가 되고 대체로 서로 의사소통이 되는 단일어였으나 고구려어와 신라어는 상당한 방언의 차이를 가지고 있었으며 신라어와 백제어는 약간의 방언의 차이를 가지고 있던 것으로 설명할 수 있을 것이다.

참고문헌

고려대학교 민족문화연구소 편(1968), 『한국문화사대계』, 고대민족문화연구소 출판부.
고종석(1999), 『국어의 풍경들-고종석의 우리말강좌』, 문학과 지성사.
김수경(1989), 『고구려·백제·신라 언어연구』, 한국문화사.
박병채(1990), 『고대국어학연구』, 고대민족문화연구소 출판부.
이기문(1986), 『국어사개설』(개정판), 탑출판사.
정주리·박영준·시정곤·최경봉 공저(2004), 『역사가 새겨진 우리말 이야기』, 고즈윈.
천소영(1990), 『고대국어 어휘연구』, 고대민족문화연구소 출판부.

http://shindonga.donga.com/docs/magazine/shin/2004/04/29/2004
04290500046/200404290500046_1.html '신동아 536호,
언어사적 측면에서 본 고구려의 뿌리'(2004년 5월 1일)
http://news.naver.com/main/read.nhn?mode=LSD&mid=sec&sid1
=103&oid=032&aid=0000091021 '경향신문, 고구려,
백제, 신라는 한 민족인가?'(2004년 10월 27일)
http:blog.net/printViw.html?articlePrint_7760821 '함규진의 한국사를 움직인 만남'

1. 고대 삼국의 언어상황을 알 수 있는 문헌자료에 대해 조사해 보자.

2. 고대 한국어, 특히 고구려어와 고대 일본어와의 관련성에 대해 조사해 보자.

3. 다음 문헌자료를 어학적으로 분석하고 설명해 보자.

> 1) 水城郡 本 買忽 今 水州『삼국사기지리지』권2
>
> 2) 火王郡 本 比自火郡(一云 比斯伐) 今 昌寧縣『삼국사기지리지』권1

 # 채팅문자에 표정을 넣고 싶어
-통신언어의 다양성

1. 들어가기

직장인인 철수 씨는 중학생인 아들과 주말에 무슨 영화를 보러갈까 고민하다가 우연히 강동원 주연의 <전우치>라는 영화 광고를 보게 되었다. 어렸을 때 재미있게 읽었던 이야기라 영화도 재미있을 것 같아 인터넷에서 관객들의 영화평을 찾아 자세히 읽어보았다.

  (1) ㄱ. 초딩영화! (진주)
      ㄴ. 철학적대사빨 ㅋㅋㅋㅋ 정말 잼났어요^^ (다비도프)
      ㄷ. 진짜 대박!!! 기대한만큼 강추(사랑합니다)
      ㄹ. 허얼~~~~ㄷㄷㄷ (엘프)
      ㅁ. 깨방정 히어로의 탄생!! 꽃미남 히어로의 발견 (동원의 유)

<전우치>에 대한 관객들의 영화평을 보면서 철수 씨는 조금 당황스러웠다. '초딩, 강추, 깨방정, 꽃미남' 등의 새로운 어휘와 'ㅋㅋㅋㅋ,

ㄷㄷㄷ' 등의 문자의 나열과 '^^' 등의 기호가 어우러져 있어서, 이해하기 어렵기도 했고, 한글이 아닌 무슨 외계어를 보는 듯한 느낌을 받았다.

처음에는 이렇게 우리 글을 무분별하게 파괴하는 사람들에 대해 화가 났지만, 과연 얼마나 많은 사람들이 이런 표현을 사용할까? 내 또래들은 이런 표현을 이해할까? 등등의 궁금증이 생겼다. 그래서 통신언어의 유형과 그 특징에 대해 알아보기로 했다.

2. 통신언어의 유형과 특징

컴퓨터를 활용한 의사소통에서 사용되는 통신언어는 이제는 너무나 익숙해진 표현이다. 통신언어 독특한 기호나 문자, 그리고 숫자 등을 사용하여 마치 암호처럼 사용하기도 하고, 통신 상에서만 의미가 통하는 신조어들이 쏟아져 나오고 있다. 또한 감정이 담겨 있지 않은 문자에 각종 기호와 문자를 조합하여 자신의 감정이나 의사를 표현하는 감정(emotion)과 아이콘(icon)을 합성한 말'이라는 의미의 이모티콘(emoticon)을 사용하여 새로운 언어로 의사소통을 하고 있다.

인터넷과 메신저, 핸드폰문자 등을 통해 일상에서 이루어지는 통신언어의 유형을 장소정(2002)에서 정리해 보면 다음과 같다.

먼저 운영자 언어로 통신망이나 인터넷 웹사이트, 홈페이지의 운영자들이 메뉴 안내문 등에서 사용하는 언어로 주로 메뉴나 공지 사항, 그리고 동호회의 모임방을 만든 목적, 취지 등을 실은 글에 사용하는 언어이다. 둘째로 게시판 언어로 인터넷이나 통신 이용자들이 올리는 각종 댓

글에서 나타나는 언어이다. 셋째로 채팅 또는 대화방 언어로 게시판 언어와 함께 통신 사용자들의 언어를 구성하는 양대 영역으로서 대화방에서 오고가는 언어이다. 넷째로 휴대전화에 사용하는 문자메시지이다.

철수 씨의 중학생 아들 진호는 주말에 영화를 같이 보려고 친구 성일에게 문자메시지를 보냈다.

<표 1> 휴대전화의 문자메시지의 예

핸드폰 문자메세지	표 준 어
진호 : 하이루!!! 칭구 시방 뭐혀. 성일 : 걍이써-0- 넘 띰띰해 -_- 진호 : 낼 열라 잼난 저누치보러 벙개할까염. 조아? 성일 : ㅎㅎㅎ 우왕 굳 ^0^ 진호 : 쌀앙하는 칭구 낼 보삼. 　　　20000 안뇽 휘~~잉.	진호 : 하이!!! 친구야 지금 뭐하고 있어. 성일 : 그냥 있어. (아함 졸려) 너무 심심해. (무표정) 진호 : 내일 매우 재미있는 전우치보러 갈까. 좋아? 성일 : 우하하 너무 좋아.(웃는표정) 진호 : 사랑하는 친구야 내일 보자. 이만 안녕. (의성어)

<표 1>의 진호와 성일 사이에 주고받은 문자메시지를 중심으로 통신언어의 특징을 살펴보면 다음과 같다.

첫째, 통신어는 문자로써 상대방과 대화를 한다는 특수한 상황을 반영하여 음운을 탈락시키거나 소리 나는 대로 적는 특성이 있다. '칭구 → 친구, 저누치 → 전우치, 조아 → 좋아' 등에서 보면 소리 나는 대로 표기하거나 자음 'ㅎ'을 탈락시켜 실제로 대화하고 있는 것과 같은 친밀감과 현장감을 얻는 효과를 주며 글자수를 줄여 자판을 쉽고 빠르게 치는 경제성을 얻고자 하는 특징이 있다.

둘째, 음절을 줄이는 현상이 흔히 나타난다. '뭐혀'는 '무엇을 하고 있어'라는 말의 줄임말이며 '걍이써', '낼', '잼난' 등은 '그냥 있어',

‘내일’, ‘재미가 있는’ 등의 축약된 형태로 음절을 줄여서 발음을 쉽고 빠르게 하려는 표현의 경제성과 관련이 있다.

셋째, 문법면에서는 ‘~셈, ~염, ~삼’ 등 완결성이 부족한 문장구조가 많다. ‘칭구→ 친구야, 낼→ 내일은’ 등에서 보듯이 조사를 생략하는 경우가 많은데 이는 구어체의 표현을 그대로 사용하는 것으로 조사가 너무 생략되면 문맥의 의미에서 혼란을 가져올 수도 있다. 또한 ‘벙개할까염→ 만날까요, 보삼→ 보자’ 등과 같이 청유형 종결어미를 사용해야 할 부분에 문장의 종결어미를 사용하지 않고 명사형 어미를 쓰고 있다. 이는 긴 종결어미를 간단하게 줄여서 표현 효과를 높이며, 나아가 개인적인 친밀감을 높이고 부드러움을 느끼게 하는 효과가 있다.

넷째, 문자메시지에는 비속어, 은어, 외래어 및 외국어, 방언 등의 다양한 어휘를 사용하고 있다. 예를 들면 ‘하이루’는 영어 ‘하이(hi)’에 ‘-루’가 결합된 형태이며, ‘매우’의 의미를 지닌 ‘열라’와 같은 비속어가 사용되었다. 또한 ‘지금 무엇을 하고 있어’라는 뜻의 방언형인 ‘시방 뭐혀’ 등과 같은 표현을 그대로 사용하고 있다. 이러한 은어나 비속어, 방언의 사용은 통신이용자들 사이의 동질감이나 집단의식을 높이며 일상생활에서의 대화처럼 자연스럽게 표현하는 효과를 가져다준다.

다섯째, 통신상에서는 표정이나 감정을 전달할 수 없기 때문에 표정이나 감정을 시각적으로 표현한 이모티콘을 사용한다. 이모티콘의 예로는 ‘졸린 모습 또는 하품하는 모습(-0-)’, ‘무표정한 모습(-_-)’, ‘즐거워하는 모습(^0^)’ 등이 있다. 또한 ‘하하하 웃는 모습(ㅎㅎㅎ)’에서 보듯이 자모만을 사용하여 감정을 전달하기도 한다. 또한 ‘감탄(!!!)’, ‘의문(?)’, ‘감탄이나 강조(~~)’의 느낌을 전달하기 위한 기호를 많이 사용하기도 한다. 그리고 ‘안뇽(안녕)’의 예에서 보듯이 자음이나 모음을 바꾸어 사이버 공간 속에서 자기들만의 자유로운 분위기나 새로움을 느끼게도 한다. 또한 '휘~~잉'처럼 바람소리의 의성어로 사라지는 모습, '어머, 이크, 우와, 오홀, 우씨, 에궁, 호오, 허걱' 등과 같이 놀라는 모습을 표현하기 위해 의성어나 의태어를 사용하여 사실감을 주기도 한다. 이러한 감정이나 느낌을 나타내는 문자, 기호, 이모티콘 등은 통신언어에서 실제로 상대방과 마주하면서 대화하는 것 같은 생동감을 주는 효과가 있다.

여섯째, '20000 → 이만, 10002 → 많이, 8282 → 빨리빨리, 79 → 친구, 5585 → 보고파요, 7942 → 친구사이' 등의 예처럼 숫자를 활용하여 새로운 통신언어를 만들어 내기도 한다.

3. 언어의 다양성과 언어 규범

통신언어는 현장성과 친밀감을 주는 언어로 전파력이 강하다는 특성이 있으며, 빠르게 변해가는 디지털 사회에 맞게 빠르게 변화해 가는 신속성과 언어의 경제성을 지니고 있으며. 감성의 시대에 맞는 정서를 문자에 담아 표현하기 위해 새로운 문자를 만들어내며 표음문자로써 다양한 말의 조합이 가능한 한글의 우수성을 느낄 수 있게 한다는 장점을 가지고 있다.

그러나 한편으로는 국어의 언어규범이나 형식을 무시하거나 파괴하는 현상이 나타나며 네티즌을 통해 무분별하게 사용되며 전파되고 있다는 부정적인 면을 지적해 볼 수 있다. 문자의 변형으로 인하여 그 의미를 파악할 수 없으며 의사소통의 기능을 할 수 없는 너무도 낯선 문자인 '외계어'를 만들어 내기도 한다. 그래서 인터넷을 통해 정보를 공유하고 상호간에 빠르고 친밀한 의사소통을 하고자 하는데 통신어가 원활한 의사소통을 방해하기도 한다.

다음은 통신언어로 블로그에 올린 윤동주의 <서시>이다.

<표 2> 통신언어의 예

통신언어의 예	시의 원문
서심돠→주니주니	서시→윤동주
돼지는 날까정 ↑↑갈구며 이빠시 쪽팔림 없기를 잎새랑 맞장뜨는 바람에도. 지는 괴로웠슴돠. ☆을 노래허는 가심으로 모든 돼져가는 것들을 사탕해얌돠 앤드~ 지한테 딱 걸린 길을 걸어가야함돠 오널 밤도 빤짜기 횡횡한테 시비검미돠.	죽늘 날까지 하늘을 우러러 한 점 부끄럼 없기를 잎새에 이는 바람에도 나는괴로워했다. 별을 노래하는 마음으로 모든 죽어가는 것을 사랑해야지. 그리고 나한테 주어진 길을 걸어가야겠다. 오늘 밤에도 별이 바람에 스치운다.

<표 2>의 예를 보면 먼저 서술형 종결어미를 '-슴돠'로 축약하여 장난스럽고 직설적인 어투가 가볍게 행동하고 부정적인 이미지를 주어 원래 시의 순수한 삶을 살고자하는 소망과 의지를 다지는 시적화자의 내면의 깊이가 드러나지 않는다. 또한 '돼지는, 이빠시, 쪽팔림, 맞장뜨다, 시비걸다' 등의 비속어를 많이 사용하여 거칠고 부정적인 느낌을 주며 윤동주의 '내면적인 갈등과 바람직한 인생관' 그것을 함축해 놓은 '별, 바람, 밤' 등의 상징어의 의미가 사라져버렸다. '빤짜기, 횡횡, 밤'에 묻혀 장난스럽고 유머러스하게 비꼬는 듯한 대화가 되어버렸다. 장난스럽고 가볍고 거친 어투가 시를 읽고 느끼는 감동으로 정서가 순화

되는 것을 방해한다.

통신언어의 지나친 사용은 언어규범에 대한 우리의 인식을 무감각하게 만든다. 국어의 규범을 지켜야하는 보고서 등에서 맞춤법과 띄어쓰기를 지키지 않으며, 예의를 갖춰야할 웃어른과의 대화에서나 공공방송에서도 무분별한 채팅언어나 은어, 속어를 사용하여 우리말을 오염시키는 문제는 심각하다. 또한 네티즌의 대화방이나 토론방, 메일 등을 통해 익명성을 빙자하여 욕설과 비방을 거르지 않고 올리는 악플로 인한 대화하는 상대에게 정신적인 피해를 주기도 한다.

결국 통신언어는 잘 쓰면 약이 되고 못 쓰면 독이 된다. 언어의 다양성은 인정되어야 한다. 무조건적으로 언어 규범만을 강조하는 것도 바람직하지 않다. 그렇다고 해서 규범을 파괴하는 오염된 언어를 마냥 방치할 수만은 없다.

다양한 매체의 발달로 인해 조성된 새로운 의사소통 환경에서 효과적이고 올바른 의사소통을 이루기 위해 우리 모두 노력해야 할 것이다.

참고 문헌

박용찬(2000), 『우리말이 아파요』, 국립국어원.
상상플러스제작팀(2006), 『상상플러스 세대공감−Old & New』, 동아일보사.
장소원・남윤진・이홍식・이은경(2002), 『말의 세상, 세상의 말−미디어 속의 언어세상』, 도서출판 월인.
전병용(2002), 『매스미디어와 언어』, 청동거울.

http://blog.naver.com/mrpizzalove?Redirect=Log&logNo=1100787 10225 2010년 신조어 열전
http://cafe.daum.net/sak-geo/ysjp/184 채팅용어로 시 한 수 읊어봅니다.
http://dic.search.naver.com/search.naver?where=dic&sm=tab_jum &query=%uC774%uBAA8%uD2F0%uCF58〉이모티콘
http://k.daum.net/qna/view.html?qid=2cmu6&q=일상언어와 통신언어의 차이점

1. 아래의 예문에서 볼 수 있는 통신언어의 의미에 대해 생각해 보고, 통신
   언어가 우리의 언어생활에 미치는 긍정적인 기능과 부정적인 기능은 어
   떤 것이 있는지에 대해 생각해 보자.

> 앙 뇽 들 하 쉐 혁-.
> 언 어 파 궬 아..
> 심 각 하 긘 하 지 만.
> 꼭 나 뻥 것 凹_. 은 安 이 락 응
> 생 각 훼 흙-..
> 우 선. ① 번 째   .
> 지 금 ME 도 ..언 어 파 궬 가 ?머 신 가
> 하 눙 짓 을 하 거 이 쩌..
> But!!.슈성 아닝 가 흙 -??
> 중략
> 생 각 하 지 말 아 주 십 사..
> 그 리 고 과 대 망 상 도..=_=;;
> 글 엄 困샤 눼 리 뽀 데凹渼凹困 여 쏨 돠.

2. 10~20대들이 주로 쓰는 표현들을 부모님이나 할아버지에게 사용해 보고
   어떻게 반응하시는지 말해 보자.

제10장 ▌ # 왜 '모루'와 '달' 그리고 '재'가 다 '산'이지?

─지명어에 새겨진 고대 한국어의 흔적

1. 들어가기

어느 날 학교에서 돌아온 철수가 집에 와서 엄마에게 물었다.

> 철수 : 엄마. 선생님께서 "너는 본관이 어디니?"라고 물으시던데, 본관
> 이 뭐야?
> 엄마 : 본관은 성씨 시조의 고향이야. 너는 김해 김씨야.
> 철수 : 그럼 엄마는 어디 서씨야?
> 엄마 : 나는 부여 서씨지
> 철수 : 그럼 우리 조상의 뿌리는 김수로왕이니까 가야 사람이란 말이지.

철수는 '기회가 되면 가야문화 체험여행을 친구와 함께 가야지' 하는
생각을 하면서 문득 자신이 태어난 고향마을이 떠올랐다. 철수의 고향
은 '경기도 동두천(東豆川) 남산모루(南山隅)'이다. '이름에는 의미가 있

지? 땅이름도 의미가 있겠지. ‘동두천’, ‘남산모루’는 무슨 뜻이지?’

꼬리를 잇고 떠오르는 의문을 해결해 보고자 철수는 인터넷사이트를 검색해 보았다.

> (1) 동두천은 본래 고구려 시대에는 ‘내을매(內乙買)’ 또는 ‘내이미(內爾 米)’라고 불리었다. 『대동지지(大東地誌)』에는 백제의 영토로 기록되어 있 다. 신라 경덕왕 16년(757)에는 사천으로 변경하여 ‘견성군(堅城郡, 현재 포천군)’의 영현(領縣)으로 삼았다가 고려 현종 9년(1081)에 양주에 예속 되었고 조선에 들어와서 세조 12년(1466) 1월 관제개정(官制改正)에 따라 양주가 목(牧)으로 승격되어 진이 두어졌다. 그 당시 양주의 속현으로는 견주·풍양·사천이 있었으며 목의 34개 방리중의 하나인 이담이 동두 천시의 근원이 되었다.
>
> —‘동두천시 역사와 문화유적’(1999)

‘동두천’은 고구려시대에는 ‘내을매현’ 또는 ‘내이미현’으로 불렸으며 신라시대 경덕왕 때에는 ‘사천군’으로 불리다가 현재는 ‘동두천’으로 ‘새머리내’ 또는 ‘새머리미’마을이다. 이것은 ‘동쪽의 강이 시작되는 마을’이라는 의미를 지니고 있으며 역사적으로는 백제에 속했던 전략적 요지의 마을이었다. 그런데 한자지명인 ‘사천군’과 ‘동두천’은 그 의미를 알겠는데 고구려 시대에 쓰인 ‘내을매현’, ‘내이미현’은 무슨 뜻일까? ‘남산모루’는 ‘남산’이란 한자어와 ‘모루’라는 우리말이 합쳐진 지명으로 보이는데 과연 무슨 뜻일까?

이 장에서는 철수의 고향마을 지명을 통하여 지명어 속에 담긴 한국어의 흔적들을 찾아내 보자.

2. 지명에 남은 고구려어의 흔적

고구려시대에 쓰였던 '내을매(內乙買)현'과 '내이미(內爾米)현'은 무슨 뜻인지를 『삼국사기지리지』의 고구려 지명어를 통해 살펴보자.

    (2) 買忽 一云 水城 (『삼국사기지리지』 권4)
       泗水縣 本 史勿縣 今泗州 (『삼국사기지리지』 권1)
       買召忽縣 一云 彌鄒忽 (『삼국사기지리지』 권4)

    (3) 川里(나리) '찬기파랑가' (신라 향가)
       水曰 沒 『계림유사』
       시미 기픈 므른(源遠之水) 『용비어천가 2』
       믈 爲 水 『훈해용자』

    (4) 세미(回泉) (제주시 회천)
       물미 (제주시 한경면 고산리)
       자천동 : 자나리 (강원 평창)
       인천동 : 이나리 (경북, 구녕해)

(2)에서 보면 '買 : 勿 : 彌 : 水'가 대응되는데, 이는 [매 : 믈 : 미] 등으로 발음이 되고 그 의미는 '물'이다. (3)에서 보면 중세 한국어에서 '水'의 뜻을 나타내는 단어가 '믈'이다. 고구려 지명어의 '買', '米'는 신라 지명에서는 '勿', '川'와 대응되며, 현대 국어에서는 [매], [미], [나리>내]로 나타난다. (4)를 보면 현재의 지명어에서도 '미'와 '나리'가 남아있는 것을 알 수 있다.

이런 지명어는 대체로 '강이 있는 지역'이나 '강가의 마을'에 붙여진 지명어이다. 이 지명어와 관련된 알타이제어의 예를 살펴보면 몽고어

'mo-ren(江, 海)', 만주어 'mu-ke(水)', 일본어 'mi(水)', 에벤키어 'mu(水)' 등이 있다. 신라 경덕왕 때 사천군(동두천)이 속했던 견성군(포천)에 대한 현재 포천군지의 기록으로 보면 '포천(抱州, 抱川)'은 영평천과 포천천이 있어 '물이 많은 고장'이란 뜻으로 추정되며, 특히 수원산(水源山)을 안고 있어 '포천(抱州, 抱川)'이란 지명이 생긴 것이라고 한다.

따라서 '내을매(內乙買)현'과 '내이미(內爾米)현'은 '강이 있는 마을'이라는 의미의 지명으로 본래 백제 땅이던 곳이 고구려의 점령으로 고구려어 지명인 '매', '미' 등이 쓰이다가 통일신라시대 이후에 이름이 바뀌어 현재까지 '동쪽에 강이 시작되는 마을'이란 의미의 '동두천'이라 불리고 있는 것이다.

3. 지명에 남은 백제어의 흔적

'남산모루'는 '남산'이란 한자어와 '모루'라는 우리말이 합쳐진 지명 같은데 이것은 무슨 뜻일까? 자료를 통해 그 어원과 의미에 대해 조사를 해 보자.

먼저 한자어 지명인 '남산(南山)'에서 '남(南)'은 '앞(前)'의 의미를 갖는다. 즉 '앞에 있는 산' 또는 '마을을 감싸고 있는 산'이란 뜻이다.

(5) 우리말이 북방에서 내려왔다는 결정적인 증거의 하나는 우리말의 방위가 남쪽=앞쪽, 북쪽=뒤쪽, 동쪽=왼쪽, 서쪽=오른쪽과 같이 북을 등지고 남쪽을 향해 내려 왔음을 나타내 주는데 있다. 우리가 집을 지을 때도 남쪽을 향해 짓고 묏자리도 남향을 명당으로 여기어 선호하는 까닭도 같은 맥락에서 이해할 수 있다.

ㅡ 도수희, 『백제의 언어와 문화』

다음으로 우리말인 '모루'에 대한 흔적을 찾아보자.

(6) 백제지명 모량부리(毛良夫里)＞현지명 고성(高敞)
　　別號洪原其山鎭曰椵山 피모로 (용가 4 : 21)
　　辟支山(ヘキシノムレ)(むれ)に登りて盟ふ](『일본서기』권9)
　　mulu 만주어

(7) 山曰每 [muai] (『조선관역어』)
　　刹刹每也(晉1) 手良每如(晉3) ('향가')
　　노폰 뫼와(高峰) (『野雲』51)
　　ᄆᆞᄅᆞ(물) 종(宗) (『자회상』32, 『석천』26, 『유합상』23)
　　묏 산(山) (『훈몽자회상』3)

(6)에서 보면 백제 지명어 '毛良(모량)'은 '산, 산꼭대기'를 의미하는 말로 [모로], [모라]로 발음되었을 것이며, '산(山)'을 의미하는 고대일본어 'むれ(무레)'와 만주어 'mulu'도 친근 관계를 갖는다고 볼 수 있다.

(7)에서 보면 '毛良'은 중세국어에서는 '뫼', '뫼ᄒ'(山)로 나타나며 '뫼'는 '모로(山), ᄆᆞᄅᆞ(宗), 모롱이(宗), 모라'의 '-ㄹ' 탈락형으로 보인다. 따라서 'ᄆᆞᄅᆞ＞마루＞뫼, 메'로 변천하였고, '뫼'는 한자어 '山'으로 대체되었다.

(8) 黃等也山＞黃山＞連山＞論山 (놀뫼＞놀미)　　(충남 논산)
　　갈미(갈산), 퉁미　　　　　　　　　　　　　(경기도 의왕읍)
　　뒷두미(후두미), 건지미　　　　　　　　　　(경기도 반월면)
　　산몰랭이, 산몰랑이　　　　　　　　　　　　(전라도 방언)
　　신산ᄆᆞ루 (新山洞)　　　　　　　　　　　　(제주시 일도리)
　　눈믜　　　(臥山里)　　　　　　　　　　　　(제주시 조천면 와산리)
　　물미　　　(水山里)　　　　　　　　　　　　(제주시 애월면 수산리)

(8)에서 보듯이 현재 지명에서는 '뫼'는 사라지고, '산'을 의미하는 고유어인 '뫼'와 '미', '몰랭이', '몰랑이' 등에서 '마루, 모루'의 흔적을 발견할 수 있다. 따라서 '남산모루'라는 지명은 '앞에 큰 산이 있는 산 동네'라는 의미임을 알 수 있다.

4. '산(山)'의 의미를 지닌 지명어

앞서 살핀 대로 역사적으로 백제 지역이었다가 전쟁으로 인하여 고구려의 지배를 받았고, 후에 신라의 땅이 되었다가 현재에 이른 역사의 흔적이 고스란히 지명어 속에 남아있음을 알 수 있다. '산(山), 뫼, 메, 모루, 마루 , 미, 재, 고개, 바위, 언덕, 달, 수리, 령(嶺), 악(嶽), 현(峴), 오름, 골' 등의 많은 지명어들이 '산, 높은 곳'이라는 의미로 쓰이고 있다.

그런데 이러한 지명들은 왜 특정 지역에서 주로 쓰이게 되었을까? 지명들 사이에는 어떤 의미의 차이가 있을까? 하는 궁금증을 갖게 된다. 이러한 궁금증을 해소하기 위해 '산(山)'의 의미를 가진 지명어들에 대해 좀 더 살펴보자.

> (9) 非達忽 一云 大豆山城(『삼국사기지리지』 권4)
> 於殷虎丁八乙未, 入阿斯達山爲神 今九月山也.(『제왕운기』하, 단군조)
> 高山縣(一云 難等良)>高山縣(『여람』 34, 고산)
> 馬靈縣 本 馬突縣(一云 馬珍 又 馬等良)(『삼국사기지리지』 권3)

(9)에서 보면 '達'은 대표적인 고구려 지명어 중의 하나로 '높은 지역'과 '산', '산성(山城)'의 의미를 나타낸다. '月'로 표기되기도 하는데 [달]로 읽힌다. 백제 지명에서는 '山', '高'의 의미로 '等良', '月良', '月

奈’, ‘靈’, ‘珍’, ‘突’ 등이 쓰였으며 [달] 또는 [돌]로 읽는다. 특히 ‘達’
은 알타이 제어와 친근 관계를 갖는 어휘로 고대 토이기어의 ‘tar, ta
(山)’, 고대 일본어의 ‘tani(谷), take(獄), taka(高)’와 대응된다. ‘산’과 ‘골짜
기’ 또는 ‘높은 지대, 높은 지대에 형성된 취락지’를 뜻하는 어휘이다.

(10) 固城郡 本 古自郡 今因之(『삼국사기지리지』 권1)
　　 節城 本 蕪子忽(『삼국사기지리지』 권4)

(11) 城叱(‘혜성가 : 신라향가’)
　　 雜思(『조선관역어』)
　　 쇠잣(金城)(『용비어천가』 7)
　　 재령(嶺)(『훈몽자회』 상3)
　　 보비로 꾸민 수늙 노픈 곳 곳고(『杜초上』 5)
　　 三つの城(さし)を拔る(『일본서기』 권17)

　(10)과 (11)에서 보면 백제어 ‘城’은 [잣], [자]로 발음되었으며 중세
국어의 [재]로 계승된 어휘이다. ‘子兮’는 [즈히>재]로 변화되었고 ‘고
개’, ‘재’, ‘높은 봉우리’, ‘골짜기’의 의미로 쓰이고 있다.
　중세어의 ‘수늙’은 고구려어 ‘首泥(수니)’에서 계승된 어휘로 백제어
‘즈히’와 대응되는 어휘이며 일본어에서는 ‘さし(자시)’로 나타난다.

(12) 二拜峴 이배재　　　 (경기도 성남시 중원구)
　　 台峴　 태재　　　　 (경기도 성남시 분당구)
　　 상잣, 하잣(大峴)　　 (경기도 광주군)
　　 한티　　　　　　　 (경기도 성남시 분당구)

　(12)에서 보면 ‘고개’를 뜻하는 지명어로는 ‘-재, -잣 -치/티’ 등이

있음을 알 수 있다.

(13) 가시오름 (加 時里)   (제주시 표선면 가시리)
    불근오름 (赤岳)   (제주시 봉개동)
    oola   (산)   (몽고어)
    alin   (산)   (만주어)

(13)에서 보면 제주도 지명어 '오름'은 '산'이라는 뜻으로 제주도에서만 사용하는 지명어이다. 이는 몽고어 'oola(올라)'에 명사형 접미사 '-ㅁ'이 결합된 것으로 고려시대 몽고의 지배를 받았던 역사적인 흔적을 찾을 수 있다.

지명은 땅이름이다. 이름이 그 이름을 가진 사람과 운명을 같이하듯이 땅이름인 지명도 그 땅의 역사와 문화를 고스란히 담고 변화를 함께한다. 이러한 지명은 그 땅에서 사는 사람들이 사용하는 방언과 함께 그 지역의 역사와 문화를 현재에 알려주는 열쇠이면서 우리말의 역사인 국어사를 연구하는 중요한 단서이며 귀중한 자료이다.

참고
문헌

김형규(1989), 『국어사개요』, 일조각.
도수희(2004), 『백제의 언어와 문화』, 도서출판 주류성.
박병채(1990), 『고대국어연구』, 고대민족문화연구소 출판부.
박상규(1989), 제주도 지명에 나타난 한 어학적 요소에 관한 소고, 『제주도연구』 6집.
배우리(2006), 『배우리의 땅이름기행』, 이가서.
유창돈(1985), 『이조어사전』, 연세대학교 출판부.
정호완(2002), 『우리말의 문화적상상력2』, 이회문화사.
천소영(1990), 『고대국어의 어휘연구』, 고대민족문화연구소 출판부.
한국방언학회(1995), 『국어방언학』, 형설출판사.

http://ddc21.net/ddc/cms/contents.asp?conNum=545 동두천 시청

1. 자신의 고향이나 자신이 사는 동네의 지명이 담긴 의미에 대해 조사해 보자.

2. 다음의 지명어를 통해 지역의 환경이나 특성을 생각해 보고 그 어원과 의미에 대해 조사해 보자.

◎ 달홀 (강원도 고성군 : 高城郡)

◎ 한강과 한가람 (한강 : 漢江)

◎ 둑벌, 방죽내, 물뫼 (제천 수산면 : 堤川 水山面)

◎ 두메산골

◎ 두물머리 (두물리 二水里)

3. 최근 시군구 통합으로 인해 논란이 되고 있는 '성남, 광주, 하남'과 '마산, 창원. 진해'의 통합시 명칭에 대한 관련 기사를 찾아 읽고, 자신의 생각을 발표해 보자.

제11장 ┃ 天·地·人의 조화

─세계 속의 한글

1. 들어가기

본서의 이론편 '문자론'에서 표현 기능으로서의 문자와 문자언어에 대해 알아보았다. 그리고 우리의 문자 표현은 한자를 빌어 여러 단계의 표기로 발전하다가 '훈민정음' 창제라는 민족 최고의 문화유산을 갖기에 이르렀다.

진정한 국자(國字)의 필요성을 느낀 세종대왕은 여러 집현전 학사들로 하여금 우리의 현실, 사상과 감정을 제대로 표현할 수 있는 새로운 문자 창안을 독려하여 세종 28년인 1446년 비로소 '훈민정음'을 공포하기에 이른다. '훈민정음'이란 명칭은 세종대왕이 만든 문자체계로서의 이름으로 오늘날 '한글'이라고 부르고 있으며, 또 하나는 문자인 훈민정음을 해설하고 있는 한문본 책명이다. 이 책은 일반적으로 『훈민정음 해례본』이라 일컫는다.

많은 유학자들의 반대에도 불구하고 일반 백성들에게 공포된 문자는 창제 과정의 어려움만큼이나 힘든 시기를 거쳐 개화기까지 이런 저런 변화를 겪게 되었다. 그 명칭만 하더라도 '훈민정음'에서 '언문', '암클' 등으로 불리다가 오늘날 '한글'로 정착하게 되었다.

2. 창제 동기

훈민정음의 창제 동기는 명칭의 의미 그대로 '백성을 가르치는 올바른 소리'인 우리의 문자를 갖자는 것이다. 이러한 동기를 구체적으로 살필 수 있는 곳이 '훈민정음 서문'과 '정인지 서문'이다.

  (1) 훈민정음 서문
    ㄱ. 나·랏 :말ᄊᆞ·미 中듕國·귁에 달·아, 文문字ᄍᆞ·와·로 서르 ᄉᆞᄆᆞᆺ
      ·디 아·니 ᄒᆞᆯ·씨·
    ㄴ. 이런 젼·ᄎᆞ·로 어·린 百빅姓·셩이 니르·고·져 ·홇 ·배 이·셔·도,
      ᄆᆞ·ᄎᆞᆷ:내 제 ·ᄠᅳ·들 시·러 펴·디 :몯ᄒᆞᆯ ·노·미 하·니·라.
    ㄷ. 내 ·이·룰 爲·윙·ᄒᆞ·야 :어엿·비 너·겨, ·새·로 ·스·믈여·듧 字·ᄍᆞ
      ·룰 밍·ᄀᆞ노·니, :사ᄅᆞᆷ :마·다 ᄒᆡ·ᅇᅧ :수·비 니·겨 ·날·로 ·ᄡᅮ·메
      便뼌安한·킈 ᄒᆞ·고·져 ᄒᆞᆯ ᄯᆞᄅᆞ·미니·라.

  (2) 정인지 서문
    ㄱ. 蓋外國之語, 有其聲而無其字. 假中國之字以通其用, 是猶枘鑿之鉏
      鋙, 豈能達而無礙乎. (대개 외국어는 그 소리는 있으나, 글자가
      없어서 중국의 글자를 빌어다가 그 쓰임에 통하고 있으나, 이
      는 마치 모난 자루가 둥근 구멍에 들어맞지 않는 것처럼 서로
      어긋나는 것이니 어찌 능히 통달하여 막힘이 없겠는가?)

ㄴ. 昔新羅薛聰始作吏讀, 官府民間至今行之. 然皆假字而用, 惑澁惑窒.
   非但鄙陋無稽而已, 至於言語之間, 則不能達其萬一焉. (옛날 신라
   의 설총이 처음으로 이두를 만들어서 관부와 민간에서 오늘에
   이르기까지 이를 써 왔다. 그러나 이두는 모두 한자를 빌어서
   쓰는 것이어서 혹은 걸리고, 혹은 막혀서 다만 비루하고 근거
   가 일정하지 않을 뿐만 아니라 말 사이에 이르러서는 만분의
   일도 통달하지 못하는 것이다.)

ㄷ. 以二十八字而轉換無窮, 簡而要, 精而通. 故智者不終朝而會, 愚者
   可浹旬而學. (28자로써 전환이 무궁하고 간단하고도 요긴하며,
   정묘하고도 통하는 까닭에 슬기로운 사람은 하루 아침에 차치
   기 전에 깨우치고, 어리석은 사람이라도 열흘이면 가히 배울
   수 있다.)

위의 두 예에서 확인할 수 있듯이 훈민정음의 창제 동기는 자주(自主),
애민(愛民), 실용(實用) 정신에 있다 할 것이다.

3. 훈민정음의 기원

훈민정음의 기원 문제에 대해서는 고전(古篆), 범자(梵字 : sanskrit), 한
자의 약자(略字), 거란(契丹 : kitan), 티베트(西藏 : tibetan), 팔리(巴里 : pali)
문자 등과 같은 외국 문자기원설과 발음기관(發音器官), 태극(太極), 고대
(古代) 문자, 창호(窓戶) 기원설로 주장되어 왔다.

외국문자 기원설은 대부분 문자의 계통이란 측면에서 훈민정음의 기
원을 밝히려는 문제점이 있고, 반면 순수한 자형의 기원이란 관점에서
발음기관 상형설을 인정하고 있다. 훈민정음의 발음기관 상형설의 직접

적 근거는 『훈민정음』의 제자해에 명확히 나타나 있다.

(3) 正音二十八字 各象其形而制之
　　(정음 28자는 각각 그 모양을 본떠서 이를 만들었다.)

4. 훈민정음의 제자 원리

훈민정음 자·모음의 제자 원리는 한마디로 '상형설(象形說)'로 요약할 수 있다. 자음은 발음기관을, 모음은 천(天), 지(地), 인(人)을 본 따 기본자를 제정하였다.

4.1. 자음의 제자 원리

자음은 먼저 'ㄱ, ㄴ, ㅁ, ㅅ, ㅇ'의 기본자를 설정하였다. 이는 조음 위치를 기준으로 각각 발음 기관의 모양을 본떠서 만든 것으로 다음과 같다.

〈표 1〉 훈민정음 초성의 기본자

조음 위치	상형의 모습	기본자
아음(牙音)	혀뿌리가 목구멍을 막는 모습	ㄱ
설음(舌音)	혀가 윗잇몸에 닿는 모습	ㄴ
순음(脣音)	양 입술의 모습	ㅁ
치음(齒音)	이의 모습	ㅅ
후음(喉音)	목구멍의 모습	ㅇ

다음으로 5개의 기본자를 중심으로 획을 더하는 가획(加劃)의 방법으

로 글자를 만들었다. 기본자 'ㄱ'에 한 획을 더하여 'ㅋ'을 만든 이유는 'ㄱ'에 비하여 'ㅋ'의 소리가 세기 때문이다. 나머지 기본자와 가획자의 관계도 이와 동일하다.

<표 2> 훈민정음 초성의 가획자

조음위치	기본자	가획자	이체자
아음(牙音)	ㄱ	ㅋ	ㆁ
설음(舌音)	ㄴ	ㄷ, ㅌ	ㄹ
순음(脣音)	ㅁ	ㅂ, ㅍ	
치음(齒音)	ㅅ	ㅈ, ㅊ	△
후음(喉音)	ㅇ	ㆆ, ㅎ	

　기본자의 가획자인 이들 외에 이체자(異體字) 'ㆁ, ㄹ, △' 3자가 더 있어 도합 17자가 된다. 그리고 오늘날 된소리의 개념인 전탁음(ㄲ, ㄸ, ㅃ, ㅆ, ㅉ, ㆅ)은 기본자(전청)를 옆으로 나란히 합하여 만들었다. 23초성 체계는 아래의 도표와 같다.

<표 3> 훈민정음 초성의 체계

조음방식 조음위치	전청(全淸) 예사소리	차청(次淸) 거센소리	전탁(全濁) 된소리	불청불탁 (不淸不濁) 울림소리
아음(牙音), 엄쏘리	ㄱ	ㅋ	ㄲ	ㆁ
설음(舌音), 혀쏘리	ㄷ	ㅌ	ㄸ	ㄴ
순음(脣音), 입시울소리	ㅂ	ㅍ	ㅃ	ㅁ
치음(齒音), 니쏘리	ㅈ	ㅊ	ㅉ	
	ㅅ		ㅆ	
후음(喉音), 목소리	ㆆ	ㅎ	ㆅ	ㅇ
반설음(半舌音), 반혀쏘리				ㄹ
반치음(半齒音), 반니쏘리				△

4.2. 모음의 제자 원리

훈민정음 예의에 기록된 모음자는 총 11자로 기본자와 초출자, 재출자로 구성되어 있다. 모음은 먼저 ‘ㆍ, ㅡ, ㅣ’를 기본자로 만들었는데, 이는 각각 ‘天, 地, 人’을 상형한 것이다.

〈표 4〉 훈민정음 중성의 기본자

	상 형	형 태
기본자	形之圓 象乎天也	ㆍ
	形之平 象乎地也	ㅡ
	形地立 象乎人也	ㅣ

모음의 기본자들을 상호 결합하는 방법으로 4개의 초출자 ‘ㅗ, ㅏ, ㅜ, ㅓ’를 만들었다.

〈표 5〉 훈민정음 중성의 초출자

초출자	ㅗ 與ㆍ同而口蹙	ㅗ
	ㅏ 與ㆍ同而口張	ㅏ
	ㅜ 與ㅡ同而口蹙	ㅜ
	ㅓ 與ㅡ同而口張	ㅓ

모음의 초출자에 각각 ‘ㅣ’를 한 번 더 결합하여 4개의 재출자 ‘ㅛ, ㅑ, ㅠ, ㅕ’를 생성하여 11자의 모음 체계를 형성하게 된다. 다음과 같다.

〈표 6〉 훈민정음 중성의 재출자

재출자	ㅛ 與 ㅗ 同而 起於ㅣ	ㅛ
	ㅑ 與 ㅏ 同而 起於ㅣ	ㅑ
	ㅠ 與 ㅜ 同而 起於ㅣ	ㅠ
	ㅕ 與 ㅓ 同而 起於ㅣ	ㅕ

훈민정음 모음 체계의 기본자와 초출자 7자는 15세기 한국어의 모음 체계와 일치한다. 이들은 중세 한국어의 모음조화와 관련하여 양성모음(·, ㅗ, ㅏ), 음성모음(ㅡ, ㅜ, ㅓ) 그리고 중성모음(ㅣ)으로 분류할 수 있다. 이상과 같이 훈민정음의 자음과 모음의 체계는 모두 상형(象形)의 원리를 그 기본으로 하고 있다.

5. 훈민정음의 표기방법

5.1. 표음적 표기와 이어적기(連綴)

한 형태소가 환경에 따라 그 모습을 달리할 때 달라진 모습대로 표기하는 방식을 '표음적 표기'라 한다. 즉 소리 나는 대로 적는 것으로 '음소적 표기법'이라고도 한다. 그리고 '이어적기'란 받침이 있는 체언이나 용언의 어간 다음에 모음으로 시작되는 조사나 어미가 올 경우, 받침을 다음 음절의 초성으로 표기하는 것이다.

    (4) ㄱ. 받(밭), 놉고(높고)
          ㄴ. 사람＋이＞사라미, 사람＋올＞사라몰
          ㄷ. 깊＋이＞기피, 깊＋은＞기픈

(4ㄱ)은 기본 형태인 '밭'과 '높다(고)'의 실제 소리 나는 것을 표기한 것이며, (4ㄴ)과 (4ㄷ)은 체언과 용언의 이어적기로 실제 발음과 동일하다.

5.2. 거듭적기(重綴 및 混綴)

거듭적기는 이어적기와 끊어적기를 혼용한 표기방식으로 앞 음절의
종성을 뒷 음절의 초성에도 표기하는 방식으로 17세기에서 19세기, 즉
근대 한국어 시기에 해당하는 기간의 과도기적인 표기방식이라 할 수
있다.

    (5) ㄱ. 사룸＋이>사룸미
       ㄴ. 깊＋어(은)>깁퍼(깁픈)

(5ㄱ)의 '사룸'과 조사 '이'를 이어적기나 끊어적기할 경우, 두 형태
소의 어느 한쪽에만 받침 'ㅁ'이 연결됨에 반해 거듭적기의 경우는 두
형태소 양쪽 모두에 표기되어진다. (5ㄴ)도 동일한 설명이다. '깊'의 표
기는 근대 한국어 시기의 받침 규정(7종성법)에 따라 '깁'으로 변동된 것
이다.

5.3. 표의적 표기와 끊어적기(分綴)

표의적 표기는 한 형태소가 환경에 따라 그 모습을 달리할지라도 항
상 그 모습을 고정시켜 적는다. 즉 소리 나는 것과 관계없이 원형을 밝
혀 적는 것으로 '형태 음소적 표기법'이라고도 한다. 그리고 끊어적기
란 받침이 있는 체언이나 용언의 어간에 모음으로 시작되는 조사나 어
미가 붙을 때, 조사나 어미의 원형을 밝혀 적는 것이다.

    (6) ㄱ. 밭, 깊고

ㄴ. ㅂ룸＋이>ㅂ룸이, ㅂ룸＋애>ㅂ룸애

ㄷ. 높＋운>높운, 깁＋은>깁은

위와 같은 표기의 양상은 15세기에 부분적으로 적용되었고(용비어천가, 월인천강지곡), 이러한 현상이 많이 나타나는『소학언해』(선조) 문헌에서부터 본격화되었으며 1933년 한글 맞춤법 통일안 이후 완전히 정착되었다.

참고 문헌

강신항(1990),『增補版 훈민정음연구』, 성균관대학교 출판부.

김민수(1957),『註解훈민정음』, 통문관.

신상순 · 이돈주 · 이환묵 편(1988),『훈민정음의 이해』, 한신문화사.

이근수(1995),『훈민정음신연구』, 보고사.

이돈주(2002), 신숙주와 훈민정음,『새국어생활』제12권 제3호, 국립국어연구원.

이상혁(1999),『훈민정음과 국어연구』, 도서출판 역락.

전정례 · 김형주(2002),『훈민정음과 문자론』, 도서출판 역락.

1. 훈민정음 창제 이전의 표기법에 대해 알아보자.

2. 훈민정음 창제 당시 자·모음의 명칭에 대한 규정도 없었으며 그 배열 순서 또한 오늘날과 달랐다. 이에 대한 기원 문제에 대해 알아보자.

3. 훈민정음 자음과 모음의 제자 원리의 과학성에 대해 알아보고, 이를 현대 국어의 음성학적 지식으로 설명해 보자.

제12장 ▌국어학의 세계화
— 외국어로서의 한국어교육

1. 들어가기

최근 들어 한국의 경제성장, 서울올림픽·ASEM·APEC·2002년 한·일 월드컵 등 국제 행사의 성공적 유치 등을 통하여 국제사회에서의 한국에 대한 관심이 커지면서 한국어에 대한 관심 또한 지속적으로 높아지고 있다. 그러한 현실이 외국 각 대학에서의 한국어학과 내지 관련 단체의 지속적인 증가로 나타나고 있으며 고등학교에서는 한국어를 교양과목 또는 제2외국어로 채택하는 나라도 점점 늘고 있는 현실이다.

이러한 대외적 상황에 따라 국내의 대학에서는 너도 나도 할 것 없이 한국어 교육기관을 설립하여 외국인 학생 유치에 열을 올리고 있음과 동시에 학부와 대학원 정규 과정에 '외국어로서의 한국어 교육' 전공을 개설하여 양질의 한국어교사 양성에 힘을 쏟고 있다. 또한 정부 차원에서의 한국어 해외 보급 사업에도 힘을 쏟고 있다. 그럼 왜 많은 사람들이 한국어의 세계화를 이야기하는가? 그리고 왜 정부에서는 한국어 세계화 재단을 설립하였으며, 많은 학계나 교육기관에서 이 문제를 다루고 있는가? 또한 '한국어의 세계화'가 추구하는 궁극의 목표는 무엇일까?

한국어 세계화의 목표는 한국어 교육주체에 따라 일정 부분 다를 수 있지만 궁극의 목표점은 '한국의 세계화'라는 점에서 일맥상통하다. 즉 한국어 세계화는 결국 한국의 세계화를 위한 한 수단이다. 이와 함께 한국어 세계화는 그 자체로 궁극의 목적이 될 수도 있다. 한국의 세계화란 목표를 달성하기 위한 수단은 여러 가지가 있을 수 있다. 그런데 왜 한국어를 수단으로 하려는 것일까?

첫째, 언어는 바로 그 민족인 것이다. 즉 한 나라의 언어에는 그 민족의 혼과 정신이 녹아 있고, 사물을 인식하는 일정한 가치관이 담겨 국민의 공통된 의식을 창조하는 힘이 있다. 그리하여 언어의 소멸은 문화의 소멸이며, 문화의 소멸은 민족 정체성의 소멸과 직결되는 것으로 한국어의 세계화만큼 우리를 알리는 가장 빠르며 확실한 방법이 없기 때문이다.

둘째, 한국어의 세계화만한 잠재적인 부가가치 창출의 수단이 없을 것이다. 이는 영어의 세계화로 얻는 국가의 경제적, 정치적, 문화적 이득을 생각해보면 짐작이 가고도 남는다.

우리 정부도 이러한 중요성에 따라 한국어의 보존은 물론이며 한국을 알리기 위한 방편으로서의 한국어 위상 제고에 많은 관심을 기울이는 언어 정책을 펼치고 있다. 한 나라의 언어계획이나 정책은 여러 국가 정책 중 하나로, 나라마다 또는 시기마다 국가의 우선 정책이 달라질 수는 있지만 그 중요성이나 영향력에 있어 이만큼 중차대한 문제는 없다. 특히 세계 속의 한국을 위해서도 한국어의 세계화는 우리 언어 정책의 가장 중대한 주제임에 틀림없다.

2. 한국어 교육기관

한국어교육은 한국어를 교육의 대상이자 목적으로 가르치는 행위이다. 올해로 국내에서 외국어로서의 한국어교육 역사는 1959년 연세대학교 한국어학당을 기점으로 52년을 맞고 있다. 그 뒤를 이어 1969년 서울대학교 어학연구소의 한국어 과정이 개설되었다. 한편, 이들 두 대학 내 부설기관과는 달리 1962년 재외국민교육원(현 국제교육진흥원)에서도 한국어 프로그램이 시작되었다. 그러나 한국어교육의 본격적인 성장은 1980년대 후반의 고려대, 이화여대, 선문대로부터 출발하여 90년대의 서강대, 경희대, 성균관대, 한양대, 건국대를 거쳐 2000년대 들어서는 전국 각 대학으로 확산되는 양상을 보이고 있다.

대학 기관이 아닌 사설 한국어 교육기관의 수는 그리 많지 않다. 현재 활동적인 교육기관으로는 '가나다한국어학원, 한국어교육문화원, 시사한국어학원, 서울한국어아카데미' 등이 있다. 비록 시설 면에서는 대학과 비교하기가 힘들겠지만, 우수한 강사진과 각 교육기관별로 자체의 교재를 개발하는 등의 활동을 통해 한국어 교육에 힘쓰고 있다. 사설 학원답게 다양한 등급의 수업을 개설하고 유연성 있는 교육기간을 설정하여 인기를 모으고 있다.

2.1. 부속기관 중심의 교육

한국어교육과 관련해 설립된 각 대학 내 부속기관은 다음의 두 가지 영역을 그 핵심 사업으로 하고 있다.

첫째, 한국어를 배우려는 외국인 대상의 한국어교육이다. 현재 국내 각 대학에서 외국인을 대상으로 한 일반적인 한국어교육은 주로 '한국어학당', '국제어학원' 또는 '언어연구원' 등의 부설기관에서 운영하고 있다.

둘째, 한국어를 가르치려는 내·외국인 대상의 한국어교사 양성교육 (단기 교육)이다.

2.2. 대학원 중심의 교육

대학원을 중심으로 이루어지는 한국어교육은 대학 내 부속기관의 단기 내지 속성 과정의 한국어교사 양성프로그램을 대학의 정규 학문영역으로 한 단계 발전시킨 것으로, 아래와 같은 실질적인 목적을 충족하기 위해서이다.

첫째, 한국어를 가르치려는 내·외국인 대상의 한국어교사 양성교육 (장기교육)

둘째, '외국어로서의 한국어교육'을 전문적인 학문으로 정립화 할 필요성이와 같이 대학원 중심의 한국어교육 목표는 이를 하나의 전공 학문으로 자리매김하려는 것이다. 부속기관의 교사양성과정과 대학원 중심의 전문적이고 체계적인 교사양성과정이 한국어교사 양성에 기여하는 바가 크다 할 것이다.

2.3. 한국어교육과 교사

한국어교육의 주체는 교수자와 학습자 그리고 이 둘의 매개체인 교재 정도일 것이다. 어느 하나 중요하지 않다 말할 수 없을 만큼 중차대한 문제이지만 아무리 훌륭한 학습자 그리고 교재가 갖추어졌다고 하더라도 학습현장에서의 교수자의 역량이 부족하다면 목표한 학습 성취도를 얻기가 힘들 것이다.

3. 한국어교육과 교사의 자질

박영순(2006)에서 한국어교육은 한국어를 교육적 대상과 목적으로 하여 가르치는 행위 또는 현상을 말하는 것이고, 한국어교육학은 한국어교육을 대상으로 이에 관한 제반 문제를 연구하는 학문이라 정의하면서 한국어교육학의 분야를 아래와 같이 제시하고 있다.

<표 1> 한국어교육학의 분야

한국어교육학	언어내적 분야별	언어기능교육	말하기
			듣기
			읽기
			쓰기
		문법교육	음운론
			형태론
			통사론
			의미론
			한국어사
		문화교육	한국인의 가치관과 전통
			한국의 예술
			한국의 문화재
			한국의 생활 풍습
			한국의 문학
	언어외적 분야별	교육분야별	교육과정론
			교육방법론
			교육평가론
			교재론
			교사론
		학습자 연령 및 학력별	초등, 중학교…
		학습자 성격별	외국인, 동포…
		언어능력별	초급, 중급…
		언어권별	영어, 중어…

<표 1>에서처럼 한국어교육학의 영역은 언어내적 분야와 언어외적 분야로 크게 대별되고 있다. 이 중 어느 하나 소홀히 할 수 없는 양면성을 지니고 있지만, 현실적으로 한국어 교육에 임하고자 하는 교육자로서의 우선 순위를 매긴다면 당연 언어내적 분야일 것이며, 이 중에서도 한국어를 제2외국어로서 인식하고 있는 학습자들의 언어사용 기능

의 향상이라는 실질적인 목표를 생각한다면 '말하기, 듣기, 읽기, 쓰기'의 언어기능 교육에 상당 부분을 할애해야 할 것이다. 그리고 이러한 언어기능 향상을 도모하기 위해 한국어교사는 학습목표 언어인 '한국어'에 대한 전반적인 지식이 선행되어 있어야 하며 이러한 목표를 달성하기 위한 교육 분야의 교육과정, 교육방법, 교육평가, 교재와 같은 교육공학적인 방법론의 숙지가 뒷받침 될 때에 훌륭한 한국어교사로서의 자리를 차지할 것이라 생각된다.

박영순(2006)은 한국어 교사가 갖추어야 할 요건으로 학문적 자질, 언어적 자질, 교육적 자질, 한국어 교사로서의 자질, 교양인과 지식인로서의 자질, 도덕적 자질을 제시하면서 한국어 교사가 갖추어야 할 첫 번째 그리고, 가장 중요한 자질은 두말할 나위도 없이 한국어에 대한 실력이라 하였다. 즉 한국어 교사는 단순히 한국어가 모국어라는 조건만으로는 안 되고, 한국어를 체계적으로, 그리고 깊이 있게 공부한 전공자여야 한다는 것이다. 한국어의 문법을 체계적으로 설명할 수 있고, 적어도 영어와 같은 두 주요 언어와 대조 분석을 할 수 있어야 한다. 어떤 종류의 한국말도 다 알아듣고, 즉시 이해하며, 적절한 반응을 보일 수 있어야 함은 물론이다. 또한 표준 한국어를 정확하게 발음하고, 오류나 군더더기를 만들지 않으며 의미가 분명한 문장을 구사하고, 주제가 명확하게, 논리적으로 말할 수 있어야 한다.

4. 한국어교사 양성과정

한국어 세계화를 위한 한국어교육의 중요한 한 분야는 한국어를 가

르칠 수 있는 우수한 인재양성 교육이다. 외국인을 대상으로 한 한국어
교육이 효율적으로 이루어지기 위해서 양질의 한국어교사를 양성해야
함은 당연한 것이기 때문이다. 대학원과 대학 내 부속기관 중심으로 진
행되는 한국어교사 양성과정과 향후 발전방향에 대해서도 짧게 언급하
기로 한다.

4.1. 대학원의 한국어교사 양성과정

대학원을 중심으로 이루어지는 한국어교육은 대학 내 부속기관의 단
기 내지 속성 과정의 한국어교사 양성 프로그램을 대학의 정규 학문영
역으로 한 단계 발전시킨 것이다. 즉 대학원 중심의 한국어교육 목표는
이를 하나의 전공 학문으로 자리매김하려는 것이다. 이는 우수한 한국
어교사를 통한 내실 있는 한국어교육이 한국어의 세계화, 그리고 궁극
에 가서는 한국의 세계화를 위해 그 무엇보다 필요하다는 현실적 욕구
에서 출발한 것이다. 이러한 취지 아래 1990년대 후반을 기점으로 각
대학의 교육대학원을 중심으로 '외국어로서의 한국어교육'이라는 명칭
의 전공이 개설되어 운영되고 있으며, 한 걸음 더 나아가 일반대학원의
석·박사 과정에도 '한국어교육'이 개설되는 점 등이 의미 있는 일이
다. 이로 인해 국어국문학의 학문 영역의 확대와 한국어교육 관련 전문
연구인력을 체계적으로 확보할 수 있다는 긍정적인 면도 있다. 현재 대
학원을 중심으로 진행되고 있는 곳은 다음과 같다.

> (1) 가톨릭대(교육대학원), 경희대(교육대학원), 계명대(일반대학원), 고
> 려대(교육대학원), 군산대(교육대학원), 동덕여대(일반대학원), 동아

대(교육대학원), 부산외국어대(교육대학원), 상명대(교육대학원), 서
울대(대학원 국어교육과 한국어교육), 선문대(교육대학원), 연세대
(교육대학원), 영남대(일반대학원), 이화여대(일반대학원 및 교육대
학원), 한국외대(교육대학원 및 일반대학원), 한양대(교육대학원) 등

참고로 학부 과정의 한국어교사 양성기관은 다음과 같다.

(2) 경동대(한국어교원과), 경희대(동아시아어학과군 한국어학과), 경희
사이버대(한류문화언어학과), 대불대(한국어학과), 동신대(국제한국
어학과), 배재대(인문대학 외국어로서의 한국어학과), 부산외국어대
(한국어문학부 외국어로서의 한국어전공), 숙명여대(국제한국어교
육전공), 우석대(문화사회대학 한국어학과), 이화여대(한국어교육전
공), 한국외대(한국어교육과) 등

외국인 학습자를 대상으로 한국어를 교육시키는 전문가를 양성하는
교육기관의 전공 커리큘럼을 한 예로 보이면 다음과 같다.

(3) ㄱ. 전공필수 : 외국어로서의 한국어교육론, 외국어로서의 한국어
교재 및 교수법, 외국어로서의 한국어 교육실습, 한국어학 개
론, 논문지도Ⅰ, 논문지도Ⅱ
ㄴ. 선택과목 : 한국어사, 한국어 음운교육론, 한국어 문법교육론,
한국어 의미교육론, 외국어로서의 한국어 교육평가론, 외국어
교수법, 이중언어교육과 심리언어학, 외국어로서의 한국어교육
과정 연구, 한국어 말하기 / 듣기 교육론, 한국어 읽기 교육론,
한국어 쓰기 교육론, 한국문학의 이해, 한국문학교육론, 한국
문화의 이해, 한국어 특수과제

위의 예에서 보듯 한국어교육학의 다양한 영역을 다 포괄하고 있는

모습이며, 이러한 교과과정을 통해 한국어교사가 갖추어야 할 기본적인 자질 중의 하나는 한국어에 대한 기초적이고 전문적인 지식이라는 사실이다. 물론 한국어교육의 교과과정이 한국어에 대한 지식에만 있다고 할 수는 없지만 그 중심축은 한국어교육의 영역에서와 마찬가지로 언어사용 기능 신장을 위한 한국어의 전문적인 지식에 있음은 이론의 여지가 없어 보인다.

4.2. 부속 기관의 한국어교사 양성과정

1990년대 이후 한국어교육의 양적인 팽창과 함께 각 대학의 부속기관들은 한국어교사를 양성하기 위한 프로그램을 운영하기 시작하여, 늘어나는 한국어교육 수요자들의 교육을 대비해왔다. 부속기관에서 한국어교사 양성과정을 운영하고 있는 대학은 다음과 같다.

> (4) 강남대, 건국대, 경북대, 경희대, 계명대, 고려대, 단국대, 동의대, 배재대, 부산대, 부산외국어대, 상명대, 서강대, 서울대, 서울시립대, 선문대, 성균관대, 숙명여대, 신라대, 연세대, 영남대, 이화여대, 전북대, 중앙대, 창원대, 충남대, 충북대, 한국방송통신대, 한국외국어대, 한림대, 한양대 등

각 대학의 한국어교사 양성과정이 질 높은 양질의 한국어교육을 위해 노력한 부분은 높이 평가받아야 할 것이나 사실 그 이면을 들여다보면, 대학별로 표준화된 교수법이 정립되기보다는 각 대학의 현실에 맞게 구성해 진행하다보니 이중, 삼중의 재교육으로 시간을 보내기도 한다.

5. 한국어교사와 한국어교육 평가

외국어로서의 한국어교육 관련 평가 시험은 교사 자격증 취득을 위한 시험과 학습자들의 한국어 능력을 평가하는 시험으로 나눌 수 있다. 이 두 시험의 기준과 영역 등을 통해 한국어교사에게 필요한 부분을 찾아볼 수 있을 것이다.

5.1. 한국어교원 검정능력시험

한국어교원 검정능력시험은 '한국어학, 일반언어학 및 응용언어학'과 '외국어로서의 한국어교육론, 한국문화'로 한국어교원의 기초적인 소양을 평가하고 있다. 그리고 이러한 시험에 응시하기 위해 아래 도표와 같은 일정 시간 이상의 한국어 관련 지식을 이수해야 한다.

〈표 2〉 한국어교원 자격취득에 필요한 영역별 이수시간

영　역	과목 예시	시　간
한국어학	국어학개론, 한국어음운론, 한국어문법론, 한국어어휘론, 한국어의미론, 한국어화용론(話用論), 한국어사, 한국어어문규범 등	30시간
일반언어학 및 응용언어학	응용언어학, 언어학개론, 대조언어학, 사회언어학, 심리언어학, 외국어습득론 등	12시간
외국어로서의 한국어 교육론	한국어교육개론, 한국어교육과정론, 한국어평가론, 언어교수이론, 한국어표현교육법(말하기, 쓰기), 한국어이해교육법(듣기, 읽기), 한국어발음교육론, 한국어문법교육론, 한국어어휘교육론, 한국어교재론, 한국문화교육론, 한국어한자교육론, 한국어교육정책론, 한국어번역론 등	46시간

영 역	과목 예시	시 간
한국문화	한국민속학, 한국의 현대문화, 한국의 전통문화, 한국문학개론, 전통문화현장실습, 한국현대문화비평, 현대한국사회, 한국문학의 이해 등	12시간
한국어교육 실습	강의 참관, 모의 수업, 강의 실습 등	20시간

5.2. 한국어능력시험

한국어능력시험은 학생들의 한국어에 대한 성취도를 평가하는 시험으로 이 평가의 기준에 대한 완벽한 숙지는 한국어교사의 수업 계획이나 방향 설정에 큰 영향을 줄 것으로 본다. 한국어능력시험의 문항 구성과 '쓰기' 영역 주관식(작문) 문항에 대한 평가 기준에 대해 알아보면 아래와 같다.

<표 3> 한국어능력시험 문항 구성

영 역	어휘·문법	쓰 기		듣 기	읽 기
유 형	객관식	주관식	객관식	객관식	객관식
배 점	100	60	40	100	100
문항 수	30	5~7	10	30	30

<표 4> '쓰기' 영역 작문 평가 범주

평 가 범 주		평 가 내 용
내용 및 과제 수행		요구된 내용을 적절하게 포괄하며, 과제를 적절히 수행하였는가를 평가
글의 전개 구조		적절한 문단 구조를 이용하고 담화 장치를 적절하게 사용하여 응집성 있게 구성하였는가를 평가
언어사용	어 휘	어휘를 적절하고 정확하며 유창하게 사용하였는가를 평가
	문 법	문법을 적절하고 정확하며 유창하게 사용하였는가를 평가

평 가 범 주		평 가 내 용
언어사용	맞춤법	맞춤법에 맞게 표기하였는가를 평가
사회언어학적 격식		작문의 장르적 특성 등에 맞추어 격식(register)의 사용이 적절한가를 평가

한국어교사는 학생들의 학업성취와 오류 분석을 위해 각 단계별, 등급별 학습 목표 및 제 언어능력에 따르는 적절한 수업모형안을 학생들에게 제시해야 한다. 이를 위해 한국어교사는 한국어능력평가의 등급별 기준을 인지하고 있어야 한다.

각 급별 기본 학습목표와, 어휘·발음·문장의 능력 수준의 정도를 표로 정리하면 다음과 같다.

〈표 5〉 초급(1, 2급)의 언어능력 기준

구 분		초급의 언어능력
1급	기본 학습 목표	한글자모 순서, 한글맞춤법의 기본 구조, 질문과 응답을 구성하는 문법 사항 등의 기본적인 사항을(아직 익숙하지는 못해도) 이해는 해야 한다. 기본적인 인사와 기본적인 문형과 기본 어휘 1,000단어 정도(빈도, 난이도, 중요도를 감안)를 가지고 단문 중심의 특히 빈도가 짙은 관용적 표현이 가능하도록 한다. 중간언어 단계를 폭넓게 인정한다.
	어휘	기본적인 인칭 및 지시 대명사, 수사(1-100), 고빈도의 명사 및 용언들을 알고 있어야 한다.
	문장	인사말, 의문문과 응답용 서술문 간의 변화 규칙, 최소한의 긍정과 부정, 기초 수량 표현, 주어+술어 혹은 주어+목적어+서술어 형식의 기본 문형 구조를 이해해야 한다.
	발음	모음 '어'와 '으' 그리고 '의'를 느리더라도 정확히 조음할 수 있다. 예사소리와 된소리의 차이를 인지하고 문장의 억양도 구별한다.
2급	기본 학습 목표	기초적인 한국어를 듣고 말하고, 읽고 쓸 수 있다. 음절식 읽기에는 숙달되어야 한다. 기본 어휘 1,500~3,000단어 정도의 문장을 이해하며, 기본적인 요구를 충족하는 대화가 가능한 정도이다. 중간언어 단계를 약간 인정한다.

구 분		초급의 언어능력
2급	어휘	기본적인 사회생활을 할 수 있는 어휘, 특히 각종 상품명, 기본적인 고유명사, 자신의 전문분야의 기본어휘를 습득한 상태이고, 기본적인 변칙 활용 용언을 이해한다.
	문장	단문의 대등적 연결, wh-question에 대한 간결한 답변, 격조사의 익숙한 사용, 부정의문문의 원리에 숙달해 있다. 길고 짧은 부정형에 다 익숙하다.
	발음	된소리와 유성음을 잘 구별하고, 모음조화와 자음접변에 익숙하다. 두음법칙을 이해한다.

<표 6> 중급(3, 4급)의 언어능력 기준

구 분		중급의 언어능력
3급	기본 학습 목표	평이한 한국어를 듣고 말하고, 읽고 쓸 수 있다. 일상생활의 언어활동에서 빈번히 듣는 말이나 평이한 문장을 천천히 들으면 충분히 이해하고 짧은 문장을 이용하면 일반적인 의사전달이 가능하며, 웬만한 일상회화에 불편이 없는 정도이다. 일부 통속어를 이해한다.
	어휘	일상생활에서의 어휘에는 불편함이 없다. 모르는 단어는 설명을 통해 이해 가능(추상적 의미가 아니면)하다. 중요 시사어휘를 이해한다.
	문장	종속적 연결문, 빈도 높은 변칙 용언 등을 숙지하고 있다. 용언에서 부사형을 익숙하게 만든다. 기본적인 피사동 변형이 가능하다.
	발음	두음법칙에 익숙하다. 기본 음운과 대부분의 형태음운적 변동 규칙을 숙지하고 있다. 문장 전반의 억양은 아직 고르지 못하다.
4급	기본 학습 목표	일상생활에 필요한 일반적인 한국어 구사가 가능하다. 전화를 이용한 문제 처리도 가능하다.
	어휘	일상적 어휘는 충분히 숙달하였다. 그러나 추상적 어휘는 생활과 전문 영역 주변에서만 가능하다. 부분적으로 한자 사용 및 이해가 가능하고, 까다로운 변칙 용언도 잘 사용한다.
	문장	드문 말이 아니면 사실상 모든 피사동 변형이 가능하다. 비유와 숙어적 용법이 아니라면 일반 문장 구조를 대부분 이해한다. 감탄문을 이해하고 적절히 사용한다.
	발음	천천히 발음하면 한국어 억양 재생이 가능하다.

〈표 7〉 고급(5, 6급)의 언어능력 기준

구 분		고급의 언어능력
5급	기본 학습 목표	일상생활이나 직업상의 용무를 보는 데 필요한 일반적인 한국어 구사가 가능하다. 일상생활에서 보통 접할 수 있는 공공 텍스트(신문기사, 설명문, 서간 등)나 텔레비전, 라디오의 뉴스, 평이한 해설 등의 시사 문제들을 이해하며, 일상 언어활동에 있어서 불편없이 자신의 의견을 이야기할 수 있는 정도이며, 통속어를 상당 수준 이해한다
	어휘	빈도가 높은 추상적인 어휘는 이해한다. 그 밖의 추상적인 어휘도 설명을 통해 이해 가능하다.
	문장	빠른 발화가 아니라면 대부분의 문장 구조 이해, 문장 구조에 대한 질문을 통해 자신의 실수를 정정하거나 새로운 문형을 이해한다.
	발음	한국인들의 보통 빠르기의 발화를 알아듣고, 이에 대응한다.
6급	기본 학습 목표	사회생활이나 직장에서 필요한 한국어를 이해하며, 고도의(현대사회의 일반적 상식 범위 내의) 내용의 한국어 구사가 가능하다. 수준 높은 문장(신문, 잡지, 교양서, 문예작품 등)이나 텔레비전, 라디오, 강연 등의 시사적인 내용을 충분히 이해하고 문장이나 말로 정확히 전달할 수 있으며, 토의, 토론에서 자신의 말로 정확히 이야기할 수 있는 정도이다. 자주 쓰이는 한자에 독음을 달 수 있다.
	어휘	대부분의 일상적 어휘와 전문적 어휘를 구사한다. 그 밖의 어휘도 문맥에 의지하거나 사전을 능숙하게 이용하며 해결한다.
	문장	괴팍한 문장이나 지나치게 빠른 말이 아니면 사실상 거의 다 이해한다.
	발음	정상적인 발화에서 발음과 관련된 문제가 없다.

어떠한 교육이든지 학습에 대한 적절하고도 정확한 평가를 통한 학습 성취도의 고취가 교사들이 갖추어야 할 중요한 요소인 점은 한국어교육을 담당하는 교사들에게도 마찬가지이다. 즉 무엇을 평가할 것이며, 또 어떻게 평가할 것인가에 대한 기술적인 문제에서부터 한국어 말하기, 듣기, 읽기, 쓰기의 평가라는 영역별 평가의 명확한 기준 설정이 밑바탕에 깔려있을 때에야 비로소 학습자와 교수자를 통한 한국어교육의 효과가 극대화 될 수 있다.

앞에서 살핀 바처럼 한국어교사 자격시험으로서의 한국어교원 검정 능력시험과 학습자들의 한국어능력시험에 대한 영역 및 평가의 기준 등을 기초로 한국어교사는 한국어에 대한 기본적이며 전문적인 지식을 반드시 갖추고 있어야 한다.

참고 문헌

국립국어원(2005), 『외국인을 위한 한국어문법1』, 커뮤니케이션북스.
국립국어원(2005), 『외국인을 위한 한국어문법2』, 커뮤니케이션북스.
국제한국어교육학회 편(2005), 『한국어교육론 1-3』, 한국문화사.
김민수(1990), 미국에서의 한국어 교육의 현황과 과제, 『이중언어학회지』 6, 이중언어학회.
김정숙(1997), 외국어로서의 한국어 교육 원리 및 방법, 『한국어학』 6, 한국어학회.
박영순(2006), 『외국어로서의 한국어 교육론』(개고판 2쇄), 도서출판 월인.

1. 국어학과 외국어로서의 한국어교육학의 공통점과 차이점에 대해 알아보자.

2. 한국어교육의 역사적 발전 과정에 대해 조사해 보자.

3. 한국어교육에 있어서의 교사양성과정에 대해 알아보자.

제13장 ▌‘알맞은’과 ‘알맞는’의 차이
−한글맞춤법 속의 언어규칙

1. 들어가기

김민수(1973)에서는 한국어학이 본래 한국어의 본질을 사실대로 구명하는 것을 목적으로 함에 비해 한 국가의 정치나 문화의 한 수단으로 생각하고 이에 적합하도록 불합리를 변경하는 연구가 정책론이라 하였고, 어떤 목적 밑에 이에 순응하도록 강구해야 하는 것이 특색이며, 표준어·국어순화·국자·표기법·국어교육 등의 문제를 다 포함한다 하였다. 그러나 지면상 우리 실생활과 관련한 한글맞춤법에 대해 몇 가지 알아보기로 한다.

2. 한글맞춤법의 역사적 과정

한글맞춤법은 1933년 조선어학회의 규정으로 출발하여 오늘에 이르

렀다. 이의 역사적 과정을 해방 이전과 이후로 구분하여 살펴보면 다음
과 같다.

2.1. 해방 이전의 과정

1) 1894~1909

15세기에 훈민정음의 반포가 되었지만 여전히 한자가 국자의 노릇을
해왔다. 그러나 고종 31년인 1894년 갑오경장은 우리 국자에 대한 새
로운 인식의 전환기로서, 공문서에 국문 또는 국한문을 채택하였다. 이
에 따라 「관보」나 교과서도 국한문을 채택하였다.

2) 1910~1920

1910년 한일합방을 맞이하면서 일본어가 공용어가 되었다. 그러나
1912년 4월 「보통학교용 언문철자법」에서 '경성어(京城語)를 표준(標準)
으로 함'이라 하여 明文으로서 우리의 표준말이 정식으로 규정된 시기
이기도 하다. 한편, 이 시기에 일제에 의한 「조선어사전(朝鮮語辭典)」이
편찬되는데, 표준말의 규정과 사전으로서 언문일치(言文一致)시대의 첫
번째 문헌이라는 가치가 있다.

3) 1921~1930

1910년대 편찬된 「조선어사전」을 토대로 1912년 「언문철자법」의 모
순을 개정한 「개정언문철자법」이 나왔다. 그리고 이 시기는 조선어학회
의 출현으로 국어사전 편찬을 위한 정서법, 표준어 등의 문제를 집중
연구하였다. 즉 사전의 어휘 표제어에는 표준어를 써야 하기 때문이었다.

4) 1931~1945

이 시기의 대표적 업적은 1933년 「한글 맞춤법 통일안」과 1936년의 「사정한 조선어 표준말 모음」이다. 전자는 1930년 12월 13일 조선어학회 12인의 위원의 심의 결과 1932년 12월에 「한글 맞춤법 통일안」의 원안이 작성, 1차 2차 독회를 거쳐 1933년 10월 29일 공표되었다. 후자는 정식으로 우리의 손에 의한 표준말을 사정했다는 의의를 지닌다. 이 기간의 1937년에 맞춤법의 첫 번째 수정이 이루어진다. 즉 1936년 10월 28일(한글 기념일)에 발표된 「사정한 표준말 모음」의 부록에 실린 표준말 제7항과 제8항의 표준말 어례 전부를 삭제하고 「한글 맞춤법 통일안」의 각 항 용어와 어례들을 모두 사정된 표준말로 수정하였다. 그 후 1940년 6월의 두 번째 개정이 이루어지는데, 부분적 수정에 불과 하였다.

2.2. 해방 이후의 과정

1) 1945~1960

이 시기의 가장 커다란 업적은 바로 한글학회 「큰 사전」의 편찬 사 업이다. 사실 이 사업은 1930년에 착수한 것으로 1942년 조선어학회의 「조선어대사전」으로 완성될 예정이었다. 그러나 일제의 조선어학회 사 건으로 1947년에 1권의 「조선말 큰 사전」이 나왔다. 다시 1950년에는 한글학회의 「큰 사전」으로 명칭을 변경하여야 했고, 1957년 10월 한글 날 전 6권으로 완결을 보게 되었다. 이 기간의 1946년, 1948년과 1958 년에 부분적 수정이 가해지는데, 1946년의 개정안에는 6개 항의 수정 이 이루어졌다. 반면 1948년과 1958년의 수정안은 개정이라 말하기가 어렵다. 1948년은 1946년의 것을 한글로 바꾸었을 뿐이며, 1958년의 것은 문법 용어만을 문교부의 용어로 바꾼 것이기 때문이다.

2) 1970~1990

한글맞춤법이 여러 차례 수정을 거치게 되었지만, 실제적인 면에서 이의 규범이 잘 지켜지지는 않았다. 앞에서 살핀 것처럼 1933년의 통일안을 기본 골격으로 한 규정이기에 그 사이에 변화한 어문 규정이 반영되지 않았다는 점이 가장 커다란 이유이다. 이에 문교부는 1970년에 한글맞춤법 위원회를 구성하여 재검토에 들어가 1979년 「맞춤법안」을 발표하게 되었지만 여러 문제점으로 인해 학술원 주관 하에 다시 검토에 들어가 1984년 「한글 맞춤법 개정안」을 제출하게 된다. 그러나 이 문제는 국가뿐 아니라 국민의 문자생활에 상당한 영향을 미친다는 시각 아래 1985년 국어연구소에 「맞춤법 개정안」의 검토를 위촉하였다. 국어연구소는 각계 각층의 여론을 수렴하여 1987년 4월 「한글 맞춤법 개정안」을 완성, 세상에 발표한 후, 약간의 수정을 거쳐 같은 해 9월 문교부에 제출한 것을 1989년 1월 19일 「한글 맞춤법」으로서 '문교부 고시 제88-1호'로 공포하게 된다.

3. 한글맞춤법의 내용

한글맞춤법의 총칙은 3개항, 즉 제1항 '한글 맞춤법은 표준어를 소리대로 적되, 어법에 맞도록 함을 원칙으로 한다', 제2항 '문장의 각 단어는 띄어 씀을 원칙으로 한다', 제3항 '외래어는 '외래어표기법'에 따라 적는다’로 구성되어 있다.

3.1. 한글맞춤법의 원칙

「한글 맞춤법」 제1항의 규정은 “한글맞춤법은 표준어를 소리대로 적되, 어법에 맞도록 함을 원칙으로 한다.”이다.

현재 한국어의 표준어는 “교양 있는 사람들이 두루 쓰는 현대 서울말”로 규정하고 있으며, ‘소리대로 적는다’는 것은 표음문자인 한국어의 당연한 규정이다. ‘사람’을 [사람]으로, ‘구름’을 [구름]으로 적는다는 것이다. 마지막으로 ‘어법에 맞도록’의 규정은 여러 이형태들의 표기에 일관성을 지니게 하는 규정이다. 예를 들면, ‘꽃’이라는 명사가 조사와 결합하여 형태 변화를 일으키는 환경에 놓일 때를 보면 그 차이를 쉽게 확인할 수 있다.

    (1) ㄱ. 꽃+{-이, -을, -도, -만…}
       ㄴ. 꼬치, 꼬츨, 꼬또, 꼰만…

(1ㄱ)의 명사 ‘꽃’이 다양한 조사와 결합할 때 그 소리 나는 대로 표기한 것이 (1ㄴ)이다. 이렇게 소리 나는 대로만 적을 경우 ‘花’의 동일한 의미를 지니는 단어가 ‘꼬치, 꼬츨, 꼬또, 꼰만’과 같이 다양한 형태가 되어 문자 생활의 혼란과 함께 독서의 능률 또한 저하될 것이다. 그러나 이들을 ‘꽃’으로 고정하여 아래와 같이 표기하면 그 의미 파악이 쉬울 것이다.

(2) 꽃이, 꽃을, 꽃도, 꽃만

이상과 같은 이유로 한국어의 표준어 규정은 '어법에 맞도록 한다'는 원칙을 하나 더 부가하여 어떤 한 단어의 원형을 밝히어 적는다는 것을 마련한 것이다.

3.2. 제3장 소리에 관한 것

「한글 맞춤법」 제3장에는 '된소리', '구개음화', 'ㄷ소리 받침', '모음', '두음법칙', '겹쳐나는 소리'에 대한 규정이 있지만, 여기서는 '두음법칙'을 중심으로 기술하고자 한다.

1) 일반적 원칙

한국어의 두음법칙은 어두에 'ㄴ, ㄹ'로 시작하는 한자음이 자리할 때 일어나는 제약현상으로, 구체적 조건에 따르는 표기의 용례는 다음과 같다.

〈표 1〉 두음법칙의 원칙

	조 건	표 기	예 외
10항	녀, 뇨, 뉴, 니 →	여, 요, 유, 이	냥(兩), 년(年)
11항	랴, 려, 례, 료, 류, 리 →	야, 여, 예, 요, 유, 이	리(里), 리(理)
12항	라, 래, 로, 뢰, 루, 르 →	나, 내, 노, 뇌, 누, 느	

이 일반적 원칙에서의 어두 위치란 형태소의 표면적 위치를 의미하는 것이 아니고, 실질적 위치를 의미한다. 즉 표면적 위치만 보면, '신

여성, 역이용, 내내월' 등의 '여성, 이용, 내월'은 어두의 위치가 아니기에 두음법칙의 적용을 받지 않는 것처럼 보인다.

그러나 사실 이들은 '신＋여성', '역＋이용', '내＋내월'로 분석이 되기에 '여성, 이용, 내월'에 두음법칙이 적용된다. '한국여자대학, 해외여행, 비논리적'도 같은 이치이다. 그리고 '개-연, 숫-용'은 고유어 뒤에 한자어가 결합한 구조이기에 '연, 용'을 하나의 단어로 인정하여 두음법칙을 적용한다. 두음법칙의 자리가 형태소의 실질적 어두 위치에서 적용된다 할 때, '신년도'나 '고랭지'도 같은 형태로 취급할 수 있을 것 같지만 이들은 '신＋연도', '고＋냉지'로 분석되지 않는다. 즉 '신년＋도'와 '고랭＋지'로 분석되기에 이들은 두 번째 자리에 위치한 것으로 보아 두음법칙의 적용을 받지 않는다.

구조적 차이에 따라 '미-립자, 소-립자, 수-류탄, 파-렴치'로 분석되는 이들은 '미입자, 소입자, 수유탄, 파염치'로 써야 될 것 같지만, 사람들의 발음 습관이 본음의 형태로 굳어져 있다는 이유로 규정안에서 예외 사항으로 다루고 있다.

한편, 제3장 6절의 13항 "한 단어 안에서 같은 음절이나 비슷한 음절이 겹쳐 나는 부분은 같은 글자로 적는다."는 규정에 따라 '연연불망(戀戀不忘), 유유상종(類類相從), 누누이(屢屢-이)'로 표기하고 있다. 사실 두음법칙의 조항에 따른다면 '연련, 유류, 누루'처럼 적어야 되지만, 이들의 실제발음이 [여년], [유유], [누누]로 굳어졌기 때문이다. 따라서 이 밖의 경우는 본음대로 적어야 한다. '낭랑하다, 열렬하다, 늠름하다, 역력하다' 등이 그렇다.

2) 량(量)과 란(欄)

'량'과 '란'의 표기는 한자어 다음에 오느냐 고유어 다음에 오느냐는
조건에 따라 그 표기가 달라진다.

<표 2> '량'과 '란' 표기

어 휘	조 건	실 례
량 란	고유어나 외래어	일-양, 알칼리-양 어린이-난, 고십(gossip)-난
량 란	한자어	노동-량, 작업-량 공-란, 투고-란

3) 렬(列)과 률(律)

'렬(列, 烈, 裂, 劣)과 률(律, 率, 栗, 慄)'의 표기는 '모음이나 ㄴ받침' 뒤에
결합되느냐 아니냐에 따라 다음과 같이 표기한다.

<표 3> '렬'과 '률' 표기

어 휘	조 건	표 기	실 례
렬, 률	모음, ㄴ받침 뒤	열, 율	나열, 백분율
	그 외	렬, 률	명중률, 합격률

3.3. 제4장 형태에 관한 것

이 장은 '체언과 조사', '어간과 어미', '접미사가 붙어서 된 말', '합
성어 및 접두사가 붙는 말', '준말'에 대한 규정으로 이 가운데 '어간과
어미' 그리고 '준말'의 규정에 대해 알아보자.

제4장 18항에서 용언들의 어미가 바뀔 경우, 그 어간이나 어미가 원칙에 벗어나면 벗어나는 대로 적는다고 규정하고 있다. 이에 따라 몇 가지 구체적 예를 살펴보자.

[어간의 끝 'ㄹ'이 줄어질 적]

어간 끝 받침 'ㄹ'이 어미의 첫소리 'ㄴ, ㅂ, ㅅ' 및 '-(으)오, -(으)ㄹ' 앞에서 줄어지는 경우 준대로 적어야 하는데, 현실 언어생활에서 '하늘을 날으는 비행기'처럼 잘못 표현된 경우가 종종 있다. '날다'의 경우 '날+-으는'으로 어간의 'ㄹ'이 탈락하게 되고, '나는'으로 활용하게 된다. 따라서 '하늘을 나는 비행기'로 표현해야 한다. '거칠은 손'의 경우도 '거친 손'이 올바르다.

[어간의 끝 'ㅎ'이 줄어질 적]

형용사의 어간 끝 받침 'ㅎ'이 어미 '-네'나 모음 앞에서 줄어지는 경우, 준대로 적어야 한다. 그렇다면 '얼굴이 누렇네'와 '얼굴이 누러네' 그리고 '노랗다'의 활용은 어떻게 될까? 위의 조건에 따라 '누렇다'는 '누러네, 누런, 누러니'로 '노랗다'는 '노라네, 노란, 노라니' 등으로 활용한다.

[어간의 끝 'ㅂ'이 'ㅜ'로 바뀔 적]

어간의 끝 'ㅂ'이 'ㅜ'로 바뀔 때, 'ㅏ, ㅗ'에 붙은 'ㅂ' 받침 뒤에 어미 '-아(았)'가 결합하면 모음조화의 규칙에 따라, '가까와, 아름다와, 괴로워'로 적었었다. 그러나 바뀐 맞춤법에서는 현실적인 발음을 취하여 ‘워’로 적는다. 즉 ‘가까워, 아름다워, 괴로워’ 등이다. 그러나 예외적으로 ‘돕다’와 ‘곱다’는 ‘도와, 고와’로 적고 있다.

[‘알맞다’의 활용]

가끔 학교 시험에서 ‘다음 중 알맞은 / 알맞는 답을 고르시오’란 표현을 볼 수 있는데, 이 두 표현 중 올바른 표기는 무엇일까? 형용사는 현재 관형사형으로 ‘-은’을, 동사는 ‘-는’을 취한다. ‘알맞다’의 품사는 형용사이다. 따라서 ‘알맞은’의 표기가 맞다. 반면 동사 ‘맞다’의 관형형은 ‘맞는 답’이 된다.

[종결형어미 ‘-오’와 연결형어미 ‘-이요’]

종결형에서 사용되는 어미 ‘-오’는 ‘요’로 소리나는 경우가 있더라도 그 원형을 밝혀 ‘오’로 적는다. 그리고 연결형에서 사용되는 ‘이요’는 ‘이요’로 적는다.

    (3) ㄱ. 이것은 책이오.
        ㄴ. 이것은 책이요, 저것은 붓이오.

2) 준말

제39항 어미 ‘-지’ 뒤에 ‘않-’이 어울려 ‘-잖-’이 될 적과 ‘-하지’ 뒤에 ‘않-’이 어울려 ‘-찮-’이 될 적에는 준 대로 적는다. 그리고 제40항 어간의 끝음절 ‘하’의 ‘ㅏ’가 줄고 ‘ㅎ’이 다음 음절의 첫소리와 어울려 거센소리로 될 적에는 거센소리로 적는다. 그리고 붙임 2)에서는 어간의 끝음절 ‘하’가 아주 줄 적에는 준 대로 적는다.

〈표 4〉 줄임말의 규칙

	ㄱ	ㄴ	ㄱ	ㄴ
39항	적지 않은	적잖은	변변하지 않다	변변찮다
40항	간편하게	간편케	흔하다	흔타
붙임 2)	거북하지	거북지	생각하건대	생각건대

이와 관련하여 '서슴치 / 서슴지'의 구별에 어려움이 있다. 준말의 일반적 원칙에 따른다면 '무심하다, 당하다, 허송하다'에 어미 '-지'가 결합하면 준말 형태는 '무심치, 당치, 허송치'가 된다. 즉 이들은 어간의 'ㅏ'가 준 '무심ㅎ-, 당ㅎ-, 허송ㅎ-'에 '-지'가 결합한 형태가 되기 때문이다. 그러나 '서슴-'은 어간으로서 '하'가 없는 말이다. 아래의 예에서 보듯 올바른 표기는 '서슴+지'가 된다.

(4) ㄱ. *학생들이 수업 시간에 서슴치 않고 잔다.
　　 ㄴ. 학생들이 수업 시간에 서슴지 않고 잔다.

이와 함께 원래의 어간에 '하'가 없는 말에 '하'를 잘못 덧붙여 쓰는 경우가 있다. '삼가다'가 그렇다. 실제 생활에서 '음식물 반입을 삼가해 주십시오.'로 많이 사용하지만 이는 잘못된 표현으로 '음식물 반입을 삼가 주십시오'로 해야 한다.

3.4. 제6장 그 밖의 것

1) 그러므로/그럼으로, 하므로/함으로

이들 단어들은 의미와 그 구조에서 차이를 드러낸다. 즉 어간 '그러-, 하-'에 어미 '-므로'가 결합한 구조로 '그러니까, 그렇기 때문에'와 '하기 때문에'의 의미를 가진다. 구체적으로 다음과 같다.

>   (5) ㄱ. 철수는 부지런하다. 그러므로 잘산다.
>   ㄴ. 철수는 열심히 일한다. 그럼으로 보람을 느낀다.

>   (6) ㄱ. 철수는 부지런하므로 잘산다.
>   ㄴ. 철수는 열심히 일함으로 보람을 느낀다.

2) 던(지)/든(지)

'던지'는 지난 일을 나타내는 연결어미이고, '든지'는 어느 것이 선택되어도 관계가 없는 물건이나 일의 내용을 열거할 때 사용하는 보조사이다. 구체적 용례는 다음과 같다.

>   (7) ㄱ. 그 날 얼마나 울었던지 몰라.
>   ㄴ. 가든지 오든지 마음대로 해라.

3) 너머/넘어

'너머'란 말은 실제적으로 넘는 동작이 따르지 않고 어느 뒤에 있는 공간을 가리킨다. 반면, '넘어'는 동사 '넘-'에 '-어'가 연결된 구조로 동사 '넘-'의 의미가 그대로 살아 있는 경우이다. 다음과 같다.

>   (8) ㄱ. 산 너머 집
>   ㄴ. 토끼가 산을 넘어 간다.

4) 부치다/붙이다

'부치다'와 '붙이다'는 동일한 어원이지만 의미에 따라 구별해야 한다. 즉 '붙이다'는 '붙다'에 사동접사 '-이-'가 결합하여 '붙다'의 의미가 살아 있고, '부치다'는 그렇지 않다.

<표 5> '부치다'와 '붙이다'

부치다	힘이 부치는 일이다. 편지를부친다. 논밭을 부친다. 빈대떡을 부친다. 식목일에 부치는 글. 회의에 부치는 안건 인쇄에 부치는 원고 삼촌 집에 숙식을 부친다.	붙이다	우표를 붙인다. 책상을 붙였다. 흥정을 붙인다. 불을 붙인다. 감시원을 붙인다 조건을 붙인다. 취미를 붙인다. 별명을 붙인다.

5) 미장이/멋쟁이

'표준어' 규정에 따르면 '-장이'와 '-쟁이'는 서로 구별해 사용해야 한다. '-장이'는 기술자에게 그리고 그 외에는 '-쟁이'를 써야 한다. 여기서 기술이라는 것은 수공업적인 기술을 의미하는 것으로 점을 치거나 그림을 그리는 것은 이러한 기술에 포함되지 않기에 '점쟁이, 환쟁이'로 표현한다.

표준어 규정 제9항은 'ㅣ' 모음 역행 동화에 의한 발음은 원칙적으로 표준 발음으로 인정하지 않는다. 다만 '서울내기, 시골내기, 신출내기, 풋내기', '냄비', '동댕이치다' 등의 경우는 'ㅣ' 모음 역행 동화가 적용된 형태를 표준어로 삼는다.

참고문헌

국립국어원(2001), 『한국 어문 규정집』, 인쇄 : 크이홍보(주).
이희승·안병희 공저(1989), 『고친판 한글맞춤법 강의』, 신구문화사.
김민수(1973), 『국어정책론』, 고려대출판부(『국어정책론』(재판), 1984. 탑출판사).
최병선(2009), 『교양의 조건, 한글맞춤법』, 도서출판 역락.

1. 국어학에서 한글맞춤법이나 표준어규정에 대한 영역은 어떤 위치를 차지
   하는지에 대해 생각해 보자.

2. 우리 주위에서 잘못 사용하거나 혼란한 표기법이 있는지 조사해 보자.

3. 한글맞춤법 총칙의 이론적 근거에 대해 자세히 알아보자.

찾아보기

저자 소개

박상규 (현재) 경원대학교 국어국문학과 교수
전공 : 우랄·알타이 언어·민속학
고려대학교, 경희대학교 대학원 수료(문학박사)
중국 남경대학 특별초빙교수(역임)
논문 100여 편 및 저서 50여 권

한성일 (현재) 경원대학교 국어국문학과 교수
경원대학교 대학원 수료(문학박사)

김진호 (현재) 경원대학교 국제어학원 주임교수
경원대학교 대학원 수료(문학박사)

김준희 (현재) 경원대학교, 건국대학교 강사
건국대학교 대학원 수료(문학박사)

김희지 (현재) 성남 성일여자고등학교 교사
경원대학교 대학원 수료(문학박사)

한국어학의 이해

초판 인쇄 2010년 2월 16일
초판 발행 2010년 2월 26일

지은이 박상규 한성일 김진호 김준희 김희지
펴낸이 이대현
편 집 이소희
펴낸곳 도서출판 역락
서울 서초구 반포4동 577-25 문창빌딩 2층
전화 02-3409-2058(영업부), 2060(편집부)
팩시밀리 02-3409-2059
이메일 youkrack@hanmail.net
등록 1999년 4월 19일 제303-2002-000014호

ISBN 978-89-5556-754-0 93710
정 가 16,000원

* 잘못된 책은 교환해 드립니다.